THE ALGEBRA OF
蓋洛威教授的
人生財富課
WEALTH

史考特・蓋洛威 Scott Galloway ◆ 著
廖建容 ◆ 譯

給艾力克（Alec）和諾蘭（Nolan）
請讀一下這本書，好好照顧你老爸。

目錄

序章　財富的底層邏輯　　　　　　　　　　　7

第一部　自律　　　　　　　　　　　　　25
1　品格與行為　　　　　　　　　　　　29
2　修煉強大的品格　　　　　　　　　　43
3　經營你的人際網絡　　　　　　　　　63

第二部　專注　　　　　　　　　　　　　79
4　關於工作與生活平衡　　　　　　　　82
5　請不要追隨你的熱情　　　　　　　　88
6　追隨你的天賦　　　　　　　　　　　93
7　如何選擇職業　　　　　　　　　　 105
8　職涯的最佳實踐　　　　　　　　　 130

第三部　時間　157

9　時間的力量：複利　161
10　把握當下　168
11　未來的保障　207

第四部　分散投資　217

12　投資的基本原則　221
13　聰明資本家的入門手冊　237
14　資產類別與投資範圍　268
15　投資的終極魔王：稅務　313
16　投資老鳥的忠告　330

後記　人生的全貌　338
致謝　341
參考資料　343
延伸閱讀　357

序章

財富的底層邏輯

　　資本主義是人類歷史上最具生產力的經濟體系，卻也是一頭凶猛的野獸。它偏袒既得利益者勝過創新者、富人勝過窮人、資本勝過勞動，並且在分配快樂與痛苦時，往往更接近扭曲而非公平。理解並掌握資本主義與投資之道，能讓你不用為經濟而焦慮，擁有選擇權、控制權與人際連結。這本書討論的不是世界「應該怎樣」，而是「實際上是怎樣」，同時為你指出如何在這個體系裡勝出的最佳做法。

　　致富的途徑很多。來自布魯克林社會住宅、高中輟學的尚恩・卡特（Shawn Carter），憑藉他天生對語言節奏的才華，打造出Jay-Z這個品牌，成為史上首位億萬富豪嘻哈歌手。羅納・瑞德（Ronald Read）是家中第一位高中畢業生，他一輩子

都在當清潔工，過著非常節儉的生活，只投資藍籌股。當他九十二歲過世時，留下了800萬美元的遺產。家境比較好的華倫‧巴菲特（Warren Buffett）從小在奧馬哈的證券經紀人辦公室出入，把學到的知識應用在自己的投資事業，他的個人資產淨值超過千億美元。

我給你的第一個建議是，別假設自己是Jay-Z、瑞德，或是巴菲特。這幾個人都屬於極少數特例，他們不僅有天分，更有非凡的運氣。比較不浪漫、但更常見的是那些節儉的清潔工和謹慎的投資人，雖然早期的人生軌跡沒有爆發式成長，卻更穩健。特例可以帶來啟發……但不適合作為榜樣。

我二十多歲的時候立志要成為特例。我想成為成功的資本家，也願意為成功的資本家工作。在努力奮鬥的過程中，我跟一位好友聊到投資理財的話題。他告訴我他已經存了2,000美元在他的退休帳戶。那時我完全沒有退休金。「如果我六十五歲時還會在意2,000美元這種小錢，」我回答，「我會把槍塞進嘴裡。」

那樣的想法非常傲慢，而且是錯的。比起我朋友的生涯，我選擇的「奮力一搏」策略風險更高、更痛苦，而且壓力更大。事實證明，我的策略奏效了。還是我只是碰巧走運？顯然是如此。我創辦過九家公司，其中幾家很成功，讓我得以開創媒體事業，獲得財務上與情緒上的成就。財務保障只是達到目

的的手段，我們真正的目標，是在沒有經濟壓力的情況下，把充裕的時間與資源留給我們與人的關係。我的朋友獲得財務保障的方式，不像我的方法伴隨著那麼多變數和壓力。我走的路讓我成功了，但如果我能早一點掌握幾個關鍵原則，或許就能更快成功、少點焦慮。

致富方程式

如何獲得財務保障？好消息是，這個問題有答案。那壞消息是？這個過程需要花很長的時間。本書將關於市場與創造財富的各種資訊，提煉成四個可執行的大原則。

財富＝
專注＋（自律 × 時間 × 分散投資）

這不是那種典型的個人理財書。你不需要填任何試算表，也沒有一整頁篇幅的表格，詳細比較十種不同的退休計畫或是共同基金費用結構。我不會叫你把信用卡剪掉，或是在冰箱上貼勵志名言。不是因為這類忠告沒有價值，也不是因為你真的可以不做任何試算表就得到財務保障，而是因為現在已經有許多書籍、網站、YouTube 影片和 TikTok 內容創作者在教你這些東西，並提供實用的建議，助你脫離錯誤的方向，回到正軌。

簡單來說，我不想跟理財專家蘇西‧歐曼（Suze Orman）爭地盤：如果你現在過著被帳單追著跑的日子，請你先跟她學習。這本書是寫給已經有規劃，並且想充分運用自身優勢的人。今日收入水平相同的兩個人，多年後可能會因為各自面對事業與金錢的方式不同，而擁有完全迥異的人生。

我們會探討如何打下好的基礎，不只是打好財富的基礎，還包括所有能帶給我們優勢的能力、人際關係、習慣與優先順序。書中的觀念都有科學的驗證與支持，但最重要的是，這些概念都可以變成你自己的原則。本書的最後會簡要說明一些關於目前的金融體系與市場的核心概念。這對於所有在這個體系裡生活與工作的每個人都非常重要，但學校幾乎沒有教過，多數的個人理財讀物也避而不談。本書提及的觀念都是我從自己事業的起伏跌宕中學到的教訓，也是從我創辦公司、聘雇數百名成功人士並與他們共事，以及觀察我教過的一代又一代的年輕人的經驗，他們在畢業之後都取得大大小小的成就。

為什麼要談財富？

財富是我們得到財務保障的手段。換個說法，擁有財富使我們免於經濟上的焦慮。當我們沒有謀生的壓力，就能自由選擇生活方式，我們與他人的關係也不會受金錢壓力的影響。這

個道理聽起來很普通、甚至很簡單。但事實絕非如此，我們生活在一個全球競爭的市場，這個市場很擅長製造層出不窮的問題，而這些問題只能透過購買更昂貴、更好的東西來解決。

這就是本書的第一課：財務保障並不取決於你賺了多少錢，而取決於你留住了多少錢，並且知道對你來說「夠用」的標準在哪裡。就如雪瑞兒·可洛（Sheryl Crow）說的，幸福不是「擁有你想要的，而是想要你已擁有的」。重點不在於得到更多⋯⋯而是確認自己需要什麼，用對的策略達成目標，使你有餘力專注在其他事物上。

我的目標非常直截了當。**財務保障就是獲得充足的資產（不是收入，是資產），使這些資產創造的被動收入高於你選擇的消費水平，也就是你的燒錢率（burn rate）**。被動收入就是你用錢賺到的錢：你借別人的錢所產生的利息，你的房地產增值，你的股票所產生的股息，你把房子出租給房客所得到的租金。我稍後會再細談這個部分，以及其他的被動收入來源。簡單來說，被動收入不是你靠工作得到的報酬。而燒錢率指的則是你每個月、每一天為生活支出的金額。假如你的被動收入高於你的生活開銷，你就「不需要」工作（雖然你可能會想要工作），因為你不需要靠勞動所得來支付你的開銷。

財務保障＝
被動收入＞燒錢率

這就是財富。取得財富的途徑有很多種，最可靠的途徑會需要花時間、也會需要努力，但大多數人都能做到。而追求財富應該成為我們的優先要務，愈早愈好。財務保障就代表掌控力，代表你知道自己有能力規劃未來，有能力把時間用在你覺得重要的事情上，而且有能力照顧好依靠你的人們。

你應該追求財富

追求財富這件事並不一直受到推崇。很合理地，在現在這個愈來愈關注所得不平等的社會，財富往往被視為制度不公平的產物。「每一個億萬富豪都代表政策的失敗。」或許如此，或許不是。不過那不是我們的重點。你的當務之急是你自己的財務保障，而不是去關心別人的道德問題。

「錢不說話，它只會咒罵。」巴布・狄倫（Bob Dylan）曾這麼說過。我的經驗是，當你擁有的錢變多了，它說話的語氣也會跟著改變。錢不夠用時，它會對你怒吼，錢累積愈來愈多時，它的語氣就變得動聽。但如今，多數人聽到的是愈來愈刺耳的咒罵聲。在美國，房價中位數已是年所得中位數的六倍

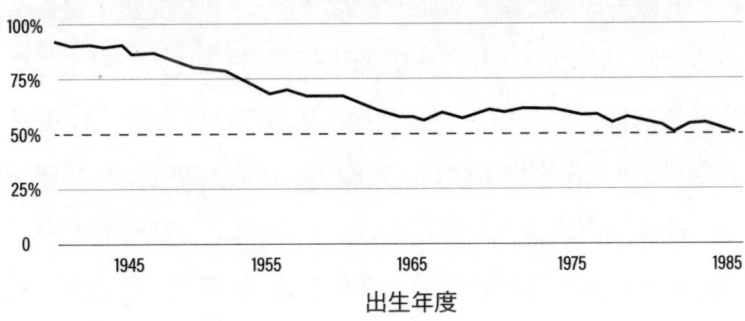

三十歲人口收入高於父母三十歲時的收入之占比

出生年度

資料來源：The Equality of Opportunity Project

（五十年前只有兩倍），此外，首購族的占比幾乎不到歷史平均值的一半，創下史上最低記錄。醫療債務是消費者破產的首因，高達半數的美國成年人需要借貸才付得出500美元的醫療費。除了最富裕的族群，一般人的結婚率自1980年以來下降了15％，人們沒錢結婚，更沒錢養小孩。儘管美國的整體景氣有破記錄的成長，1980年代出生的美國人當中只有50％的人收入比他們的父母在同年齡時的收入更高，這個比例是史上最低。25％的Z世代認為自己一輩子沒辦法退休。離婚、憂鬱和失能也都是造成財務壓力的原因。

狄倫在2020年以四億美元天價賣出所有歌曲的版權。錢不會再咒罵他了。狄倫在1965年寫這首歌時，富豪所享有的生活中，有90％的東西中上階層的人也有能力得到。最有錢的人住

更大的房子,穿更高檔的名牌服飾,在私人俱樂部、而不是一般的高爾夫球場打球。然而,過去六十年,我們見證了富豪產業複合體的崛起。今日的富豪度假,不只是入住比一般家庭更高級的房間,而是搭乘別種飛機(狄倫的座機是灣流IV型私人飛機),入住專屬度假村,參觀不一樣的景點(通常是在晚上一般民眾不得進入的閉門時段)。前1%的富豪看的是另一群醫生,在另一種餐廳吃飯,到另一類商店購物。在過去,財富代表著更好的座位,現在則象徵著人生的全面升級。

我們的幸福,取決於我們的期待,抱持不切實際的期待,幸福也必定落空。但是每當你走出家門或拿起手機,就會發現這個社會和社會裡的各個組織,不是在對你唱情歌,就是在咒罵你。1%與99%的人生的差距,每天都赤裸地呈現在你眼前——圍繞著所謂的「網紅」產生了一整個模仿與炫耀財富的產業。炫富文化一直在提醒我們:不是讓你看見你達成了什麼,而是提醒你還沒有什麼。

這個體制或許需要修正,但在那之前,你必須忍受它。或是更進一步,努力培養能力與找到策略,提高你在體制內繁榮發展的機率。邱吉爾說過,民主是最糟的制度,但仍勝過我們以往嘗試過的所有制度。資本主義也是如此。不平等會激發企圖心,獎勵誘因會帶動成果,世界就這樣運轉下去。如果這個體制對你有利,你要盡力發揮。如果對你不利⋯⋯你還是要

盡力發揮。無論如何，這一切都不是你的錯。對社會來說，比起你成為百萬富翁，還有更大的風險需要擔憂。在你取得財務保障之前，你的時間不屬於你，你的壓力大多也是徒勞。（前面說過了：錢會當著你的面咒罵你。）

追求財富不代表你是不道德、貪婪或自私的人，你也不需要如此。事實是，這些特質只會讓你更難取得財務保障，即使成功後也無法得到真正的快樂。想跨越通往財富的障礙，你需要盟友。你可能聽過，要盡早開始存錢或投資，但同樣重要的是，要盡早開始累積盟友和支持者。在生活的各層面，你都要設法取得主場優勢。當別人被問到：「誰最適合這份工作、這筆投資、這個董事會席位？」你應該（也可以）成為他們腦中浮現的第一人選。但人生最終極的目標，應該是擁有豐富美好的人際關係，而不是死的時候銀行裡留下最多的錢。

你的人生數字

一般的個人理財建議都圍繞著「退休」（工作與不再工作的分界點）來規劃。這是一個過時的架構，也不符合我們的理財哲學。我希望你能在停止工作之前就取得財務保障，愈快愈好。獲得財務保障之後，你還是可以選擇繼續把精力放在工作與職業成就上。我就是這樣。當工作變成衝浪板、而不是救生

圈時，它帶來的壓力會少非常多。當我們有自信時，表現會更好。在這方面，工作跟約會有點像——你愈不需要對方，對方就愈需要你。

你可以應用本書提供的原則，如果你非常努力，再加上一點好運氣，就有可能在四十歲之前，在加勒比海的郵輪上享受人生，不再需要靠工作賺錢了。又或許，你可能在七十多歲時，以董事身分擔任公司執行長的導師，每小時收費四位數。財務保障使你有選擇權。而財務保障可以濃縮成一個數字：足以支撐你的生活方式的資產基數。你可能決定繼續工作，有許多研究指出，工作能延長壽命與提升幸福感。真正會致命的是壓力，而壓力大多來自缺乏財務保障。沒有經濟壓力，工作就會從不得不做，變成一種使命。

你需要有多少存款？每個人的數字不同，你有屬於你的數字。這個數字比較像是一個目標，財務保障並沒有所謂的及格與否。盡可能接近你的目標，會讓你的生活更輕鬆、更令人滿足。美國作家湯瑪斯·史丹利（Thomas J. Stanley）曾說，「財富不是取決於智力，而是算術。」請記住我們的公式：被動收入大於你的燒錢率。

那你的燒錢率是多少？或是更精確的說，你希望長期維持的燒錢率是多少？當你年紀愈大，這個問題就愈容易回答，因為你離「長期」已經更近了。但即使你才剛出社會，或甚至還

是學生,都能從零開始建立預算,對自己的財務狀況有些基本的概念。你可以詢問家人,他們有哪些生活開銷,也可以調查一般人的食衣住行成本。你不需要精準預測四十年後的支出數字,也不該這麼做,這是不可能、也沒有必要的任務。只要掌握大概就夠了,你可以在目標漸漸出現的時候,不斷修正。

這是一種財務的練習,每個人的差異很大。隨著你不斷累積人生經驗,你會愈來愈了解自己,也更知道自己需要什麼。每個人的目標燒錢率都不相同。以我父親為例,他需要的不多,一些生活基本開銷,在衛斯理棕櫚園(Wesley Palms,輔助照護生活社區)有一間單人公寓,可以在串流平台上看到多倫多楓葉冰球隊的比賽,以及每週一次外出晚餐(七點前就回家)吃墨西哥菜配一杯米奇拉達雞尾酒(michelada)。我可不是這樣的人,我的燒錢率猛烈多了,像超新星燃燒一樣。總之,無論你喜歡Pabst平價啤酒、還是Prada精品,先試算一下自己一整年的開支,然後加總起來。加上20%的稅(如果你打算住在加州、紐約或是其他高稅率州,就加上30%)。這就是你的年度燒錢率。

接下來,把剛剛的燒錢率乘以25,這就是你(大概)的目標數字,也就是能確保你的被動收入大於支出的資產基數。為什麼是25倍?這是假設你的資產在考慮通膨之後,能產出4%的收益。不同的財務規劃師建議的數字會稍有不同,但4%是

合理的估算,乘以25也比較容易計算。當然,這只是很粗略的概算。我們對稅務的預估是簡化的。你的燒錢率也會隨著家裡有小孩而增加、孩子離家獨立後而變少。此外,我們也還沒考慮到社會安全福利,三十年之後它還會不會存在,誰也不知道。(我猜還會存在,因為老人愈來愈長壽,他們都會去投票,因此會最先被刪除的預算更可能是學校、太空計畫,以及一半的海軍編制,最後才可能輪到砍社會福利金。)不過,所有偉大的藝術作品,都始於草稿。

假如你的年度燒錢率是80,000美元,那麼你的目標數字就是200萬美元。如果你投資的資產達到這個數字,那你就贏了——你打敗了資本主義。(但資本主義當然沒那麼簡單:200萬是你現在的目標數字,如果你要在二十五年後保有那個資產基數,考慮通膨後必須提高到500萬,我們晚一點會再談這一點。)

兩件外套,一隻手套

幾年前,我們全家到法國谷雪維爾(Courchevel)滑雪。我一直維持這個嗜好,為了把兩個兒子困在山上,逼他們跟我相處。一天下午,我待在飯店房間裡,以工作為由沒去滑雪。我的大兒子當時十一歲,他走進我的房間,我立刻察覺情

況不太對勁。我的兒子們有個習慣,每次進房間一定會宣告自己的存在,不是問問題、就是發出某種聲音(「我可以看電視嗎?」、「媽媽在哪裡?」、打嗝聲。)但這一次,安靜無聲,直到他走到我面前,我發現他在哭。

「怎麼了?」

「我弄丟了一隻手套。」更多眼淚。

「沒關係,只是一隻手套而已。」

「你不懂,那是媽媽剛買給我的手套,花了80歐元,很貴。她一定會生氣。」

「她能諒解的,我也一天到晚弄丟東西。」

「但我不想要她再幫我買新手套,那一雙要80歐元。」

我很能同理他的心情。我兒子丟東丟西的習慣,是遺傳到我。我前妻曾說,如果我的「小弟弟」不是黏在我身上的話,我也有可能搞丟,然後它可能會出現在紐約蘇活區擺滿二手書和《四海好傢伙》(*Goodfellas*)劇本的小桌子上。我從來不帶鑰匙出門,因為帶了也只會弄丟。

所以我完全了解兒子的心情。我們決定沿著他走過的路往回找他的手套。一路上我一直在想:這是他該學習的人生教訓嗎?幫他買一雙新手套會把他寵壞嗎?我低頭看他,發現他還在哭。突然間,我回到自己九歲的時候。

我的父母離異之後,我家的經濟壓力變成了經濟焦慮。焦

慮始終盤旋在我媽和我的心裡，在我們的耳邊低聲地說，我們很沒用，我們是失敗者。我的媽媽從事祕書工作，她很聰明，也很勤奮。我們家一個月的收入是800美元。九歲時我對媽媽說，我不需要保母，我知道一週8美元的保母費可以拿來用在別的地方。而且，每次冰淇淋車開到附近時，保母都給她的孩子一人30分錢，只給我15分錢。

「冬天到了，你需要一件外套。」媽媽對我說。我們到西爾斯百貨（Sears）買了一件尺寸大一號的外套，媽媽覺得這件外套我可以穿兩、三年。那件外套花了33美元。兩個星期後，我把外套留在童軍的活動會場，我向媽媽保證，下次參加活動時就能把外套找回來，但外套從此不見了。

於是我們再去買一件外套，這次到傑西潘尼百貨（JCPenney）。媽媽對我說，這件外套是提前給我的聖誕禮物，因為我們沒有多餘的錢再買禮物了。我不知道那是事實，還是她想教我一些人生道理。可能兩者都是。無論如何，我為這個提前到來的聖誕禮物裝出了開心的表情。那件外套恰好也是33美元。

幾個星期後，我弄丟了第二件外套。放學回家後，我心裡很害怕，等著媽媽回到家發現，我們家吃緊的經濟狀況，又再被重擊一次。我聽見媽媽用鑰匙開門，她一走進家裡，我就緊張地脫口而出：「我把外套弄丟了。沒關係，我不需要外

套⋯⋯我發誓。」

我很想哭,而且是放聲痛哭。但更糟的情況發生了。我媽媽開始哭泣。然後,她試著冷靜下來,走到我面前,握緊拳頭,用力在我的大腿捶了好幾下,彷彿她想在董事會拍桌疾呼,而我的大腿就是桌子。我不知道這件事讓我更難過、還是更不知所措。後來,她上樓進了房間。一小時後,媽媽走下樓,我們從此都沒再提過這件事。

經濟焦慮就像高血壓──它一直都在,隨時會把小毛病變成致命重病。這不是比喻。在低收入家庭成長的孩子,血壓通常比富裕人家的孩子血壓更高。

回到阿爾卑斯山的滑雪場,一個老爸跟只剩一隻手套的兒子在攝氏零下13度的氣溫下走了三十分鐘。我試圖機會教育,又唱歌又跳舞的想讓兒子知道,物質不重要,人與人的關係才是真正重要的。在我上演這齣老套家庭溫馨劇的時候,兒子停下腳步,接著快步衝向菲利浦‧普萊因(Philipp Plein)店前的一棵小聖誕樹。前一天,他八歲的弟弟就在同一家店裡吵著要我幫他買一件250歐元、背面有水鑽骷髏圖案的帽T。在聖誕樹的頂端,就在星星的位置,有一隻電光藍的兒童手套。一位有創意的好心人士撿到手套,把它放在小孩的視線高度,讓這個亮色手套的失主能一眼就看見。兒子取下手套,發出嘆息聲,把它緊緊抱在胸前,看起來鬆了一口氣、心滿意足。

我們活在金融產業的創新時代，但沒有任何一種加密貨幣或支付應用，可以幫我做到我最想做的事——把錢送回到過去，給我愛的人們。我在兒時經歷的不安全感與羞愧感，永遠不會消失。但沒關係，這給了我動力。

　　你追求財富的動力可能來自其他地方。或許是他人的肯定，或是一種使命感。或許你想追求金錢才能帶給你的好生活、精品及體驗。或許你渴望解決世界上的某些問題。根據我的經驗，崇高的動機能驅使我們努力，渴望也是強大的動力，但恐懼的威力遠超出前二者。你的動力從何而來，只有你知道。找到它，培養它，隨時帶著它。你會需要動力，因為這條路並不輕鬆。

致富之路很辛苦，但有方法

　　所以，你要如何得到財務保障？方法只有兩種。聰明的方式是靠繼承財產，而我們大多數的人則需要走辛苦的那條路。道理很簡單：努力工作賺錢，把一部分的錢存下來、拿去投資。如果你設法創造最多的收入，把開銷降到最低，把中間的差額拿去做明智的投資，我可以合理地推斷，你就能獲得財務保障。

　　這個計畫的執行說起來容易，做起來困難。它不只是財

務，也不是看懂試算表就可以了。財富來自把人生過好：辛勤努力地工作、懂得節儉，以及運用智慧。這不代表你要捨棄所有欲望，還是有空間讓你享受樂趣、去犯錯、體驗人生。但你會需要努力工作，也必須有一定程度的自律。一切努力終會值得。財富方程式包含四大部分：

自律指的是在工作上與工作以外的生活都過著有覺察、有節制的生活。一定要存錢，但也包含培養健全的品格，以及與社群連結。這些事情很重要。

專注的核心是賺取收入。我說過，光靠收入無法使你變成有錢人，但它是必要的第一步。而且你需要有一定水準的收入。我們會協助你規劃與發展事業，透過工作創造最多的收入。

時間是你最重要的資產。一切的關鍵，都始於宇宙最強大的力量：你必須理解複利。我們會教你如何讓複利為你所用。時間才是真正的貨幣，是我們每個人從出生就擁有的唯一資產，也是創造財富的基礎。

分散投資是我們對傳統個人理財議題的解讀，我們提供一份能幫助你做出明智投資決策的指南，讓你成為具備財務素養的市場參與者。

好，那我們現在就開始吧。

第一部 自律

FOCUS
+
(STOICISM
×
TIME
×
DIVERSIFICATION)

長久以來阻礙我獲得財務保障的原因，是我頑固地相信自己是與眾不同的。市場也強化了這個信念。我創立公司、成為雜誌專訪人物，為我的新創公司募集了數千萬美元。我（顯然）正在邁向數千萬、數億美元的財富，因為我（顯然）就是與眾不同。而幾次接近成功的經驗，更加深了我的這種信念。

我深信成功就在眼前，完全沒想過要節儉、存錢和投資。首次公開募股（IPO）或併購隨時都可能發生。我在二、三十歲時每年可以輕鬆存下一萬到十萬美元，但更多的財富就在一步之遙，我為什麼要犧牲享受？對嗎？大錯特錯。2000年的網路公司泡沫化、經歷離婚、碰到金融風暴，我每次眼看就要成功時，結果總是落空。然後，在我四十二歲時，我的長子出生了。

兒子出世時，有如聽到天使歌聲？家庭電影的溫馨時刻？恰好相反。我覺得天旋地轉，差點站不住。我覺得自己很沒用，但不是因為產房裡的血和哀嚎聲，而是突然感受到強烈的慚愧感。我搞砸了。我本來可以有幾百萬美元的銀行存款，但我沒存錢。我失敗了。幾分鐘之前我還覺得沒關係，因為我只辜負了我自己，但那個當下我無法承受的事實是，我也連累了兒子。

我之所以失敗，是因為不明智的決定，而不是因為我缺

乏相關知識。我有企管碩士學位，我成功募到幾百萬美元的資金，每週發薪水，每季讓公司獲利。我懂錢，但我不擅理財。這個狀況不只是發生在我身上。一個關於英國消費者的研究發現，人們陷入債務問題是因為欠缺財務素養與自制力，但資料顯示，「使消費者過度負債的主因，是缺乏自制力，而不是財務素養不足」。

財務保障不是智力上的練習，它是行為模式的結果。我們如何避免落入導致過度負債的行為模式，培養致富的行為模式？換句話說，我們該如何讓自己的行為與目標保持一致？表面上看，這似乎是自制力的問題。但自制力令人聯想到意志力，彷彿必須咬緊牙關、死守計畫。但那太累了，要長期對抗自己的衝動是很耗費心神的。一定有某個更深層的力量，使有些人能長期地實踐自己的目標。

簡而言之，關鍵就是：品格。面對現代資本主義的誘惑、人性的脆弱、各種挫折與壞運氣時，我們的行為必須能持久經得起考驗，而要做到這點，行為就必須根植於真正的品格。如果光用想的就能創造持久的行為改變，那我們的新年新希望都會實現，我們也不會忘記寫感謝卡給別人。我們的行為反映了我們是什麼樣的人，與「想法才是最重要」的一般說法恰好相反。

這一部會分成三個段落來探討如何培養品格。首先，我會

探討培養品格的機制與原則。再來，我會說明我如何在自己的人生應用這些原則，並提供建議，與你分享可以如何培養健全的品格。最後，我會從社群的格局來看品格。人類是社會性動物，唯有透過與他人合作（有時與他人競爭），我們才能實現所有的潛能。

1
品格與行為

人類自古以來就想要培養品格。好消息：我們知道怎麼做；壞消息：很難做到。但這件事既不神祕、也不複雜。「品格」與「行為」是一個自我強化的循環。我們的行為反映我們的品格，而我們的品格就是我們行為的產物。這個循環可以是良性的，或是惡性的，完全取決於你的選擇。這個道理不只適用於財務成就。想過上忠於自我的人生，就要活得有意義、有一致性，即使有所不足也全力以赴。追求財富與追求幸福一樣，都需要全心投入。

歷史上，人類已經學習這件事很多次了，包括透過斯多葛學派。斯多葛哲學萌芽於古典希臘，發揚於羅馬帝國，近幾年透過現代的新詮釋又重回主流。斯多葛哲學家把一個人的品

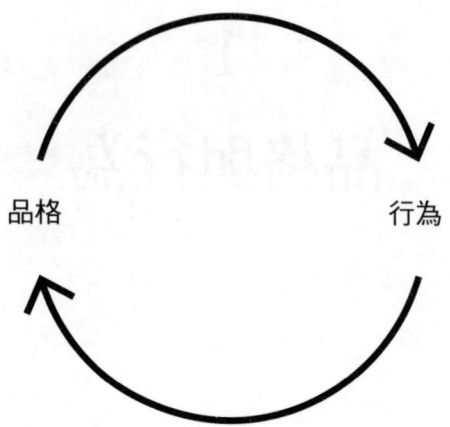

格視為最崇高的美德，留下非常多關於如何培養品格的著述。這一部的內容談很多斯多葛哲學，因為我從斯多葛哲學家以及現代詮釋者的說法學到很多，他們的教導影響了我對職涯與生活的態度。儘管如此，這本書並不是要解釋斯多葛哲學是什麼，也不僅限於這個學派的教導。古羅馬皇帝奧里略（Marcus Aurelius）並沒有像我一樣建議大家要「結交有錢的朋友」，但我覺得他應該會認同這一部絕大部分的內容。

　　斯多葛哲學家在希臘思考何為美德的同時，釋迦牟尼的弟子也正在宣揚佛法，強調正確的意念、行動與正念，成為佛教的核心精神。幾百年後，耶穌教導人們公理正義與拒絕誘惑的重要，提醒我們：「心靈固然願意，肉體卻軟弱了。」在十九世紀的美國，哲學家梭羅（Thoreau）寫道，哲學的目的並非只

是「進行幽微縝密的思考」，而是要「解決人生的問題，不只是理論上的，更是實際上的問題。」我認為每種文化與哲學或多或少都涵蓋了我在這裡討論的內容，請從這些思想傳統中擷取對你有幫助的智慧。

資本主義就是要你花錢

從加州大學洛杉磯分校（UCLA）畢業後，我曾到歐洲旅行。我在維也納機場換了300美元的美國運通支票（不要問我為什麼……這個舉動即使在當時也很莫名其妙）。總之，我在美國運通旅行社櫃台以4%的手續費兌換外幣（再說一次，完全不合理），拿到好幾疊匈牙利福林，瞬間覺得自己是有錢人。只要再搭一小段火車，我就能抵達布達佩斯，享受消費的狂歡。

我在一家店的櫥窗看見一款很好看的皮革旅行提袋，於是走進那家店。結果，店裡的顧客根本不是在買包包，而是在買縫紉用的針線。我還來不及開口詢問，櫃台後方的女士就指著那個提袋說：「不賣」。不久後，我帶著厚度稍微變薄的福林紙鈔回到美國運通旅行社櫃台，學到了一次外幣兌換與買賣價差的深刻教訓。

世界經過三十五年的資本主義洗禮之後，無論你是在匈牙

利的布達佩斯、還是在美國喬治亞州的布達佩斯（沒錯，真的有這個地方），想買含橄欖油成分的敏感性牙膏，還是法國土司風味的早餐穀片，都不成問題。你都能找到這些產品，而且下單當天下午就能送到你家門前。不管你對共產主義有什麼看法，不可否認的是，它確實讓人過得比較節儉。

「賺一塊錢最好的方法，就是存一塊錢。」是個很棒的忠告。然而，我們每天都會遇到好幾百個訊息與主張，鼓勵我們花錢。資本主義動用一整個社會的創意與能量，只為一個目的——說服你花錢。這是社會運作的原動力。我們面對的誘惑，從結帳櫃台的口香糖，到亞馬遜網站結帳前的加購頁面，再到付費升等豪華經濟艙，享有優先登機和免費飲料的禮遇。順帶一提，你想為你的旅程「增加保障」（買保險），以防意外情況，還是勾選「我不想為我的旅程增加保障」，並感覺自己是不負責任、甚至是失職的大人？別擔心，只要39.95美元，美國航空（或是它的保險合作夥伴）就能讓你不再覺得自己那麼失職。

渴望是本能

資本主義有著得天獨厚的優勢。人類歷史上99%的時間裡，多數人活不過三十五歲，而頭號死因就是飢餓，欠缺「物

資」。所以,你耳邊響起的不是YOLO(你只活一次),而是更強烈的YNSN(你現在就需要物資)……否則會死。

我們出於本能會去尋找糖、油和鹽,因為這些東西在人類大部分的生存史都是短缺的。我們的味蕾只要接觸到這些物質,就會啟動一連串的化學反應,讓我們產生愉悅感。我們的大腦會把這種愉悅感的記憶跟很多東西連結在一起,包括巧克力包裝紙的顏色,或是我們最喜歡的連鎖漢堡店所在的十字路口。大腦這麼做是為了幫我們畫出通往終極獎勵的路徑、那種最棒的感覺:生存。

更糟的還在後頭。確保「生存」之後,另一個本能就會開始向你大喊:繁衍後代。我當然可以一直叫年輕人要存錢、要投資。但二十多歲的人都背負著尋找另一半的任務。而要找到另一半,就需要發出信號和花錢。沛納海(Panerai)腕錶和Manolo Blahnik精品女鞋能滿足你對演化的義務,找到比你更強壯、跑得更快、頭腦更聰明的對象,讓你的基因與之結合、永遠延續下去。

我二十三歲時,在摩根士丹利(Morgan Stanley)工作滿一年後,拿到一筆30,000美元的獎金。在那之前,我帳戶裡的錢從來沒超過1,000美元。終於有了可以累積財富的基礎了。有基礎了?才怪。我立刻去買了一輛BMW 320i(女士們,我來了)。車的顏色是海軍藍,後照鏡上還掛了一副蛙鏡。為什

麼？因為我每週都會去游泳（對，只游一次）。這些舉動跟交通工具或運動完全無關，只為了發出一個信號：我很強壯、還很有錢……所以你應該跟我上床。當然，事情沒那麼簡單。不過，某種程度上，發出信號其實是合理的：讓自己的外表更有吸引力、出現在有機會找到對象的社交場合，像是科切拉音樂節（Coachella）、夜店、度假勝地坎昆（Cancun）等等。

現代人面臨雙重劣勢。我們活在一個過度消費、資源卻愈來愈稀缺的世界，而且我們的經濟活動就建立在這個差距之上。這是一個你想破頭也無解的難題。

你的行為決定你是誰

關於職涯、財務和投資的建議，我們從來不缺。在書架、網路以及社交與家庭聚會上，這類忠告到處都是。但如果不化為行動，再多的忠告都毫無意義。你的目標與行動之間的落差，可以相當真實的反映你未來在情感與財務上的成就。當我們提到我們崇拜的人，我們形容他們「勇敢」、「有創業家精神」或是「有創新力」。這些形容詞都代表不同程度的行動，具體來說，就是用行動實踐他們的價值觀、承諾和計畫的那些人。就如榮格（Carl Jung）所說的：「你做的事、而不是你說你會做的事，決定了你是誰。」

遺憾的是，我們不斷接收到的訊息，都在教導我們有哪些捷徑可以縮短目標與行動之間的落差。史蒂芬·柯維（Stephen Covey）在寫自我成長經典書《與成功有約》（*The 7 Habits of Highly Effective People*）之前，不只研究成功人士，也回顧了研究成功學的文獻。他發現二戰之後，世界從他所謂的「個人品德」轉變為「個人魅力」。過去的書鼓勵讀者培養品格：建立原則與價值觀，以節制、勤奮與忍耐這些美德作為成功的基礎。反觀較近代的忠告，則只聚焦在如何改變性格：如何向他人展現自己，就如這一類自我成長書的始祖《卡內基教你跟誰都能做朋友》（*How to Win Friends and Influence People*）的書名。

柯維觀察的主要是1980年代，但你只要上網就會發現，這個趨勢正在不斷加速。社群媒體上充滿各種「生活祕訣」（有一種東西叫蘑菇咖啡嗎？）、最佳約會「開場白」，以及其他「異類訣竅」。人生的每個面向都能靠某種流行減重飲食法改善。個人魅力類型的忠告之所以流行，是因為它會帶來一時的效果，但在面對長時間、重大的挑戰時，它經不起考驗。（一項針對一百二十一個研究進行的調查發現，所有流行減重飲食法在一年後對體重的影響都會歸零，無論是基於哪一種理論，或是得到哪個名人的推薦。）

就像跟隨流行減重飲食法最終都還是會回到之前的體重，追求成功的技巧也就只是技巧（只是某個特定行為），無法產

生持久效果。假如我對你說,成功的祕訣是早上五點半起床,沖冷水澡,然後去慢跑八公里,這些都不是糟糕的建議。你如果照做,那一天可能頭腦更清楚,生產力更高。或許你會執行幾天,假如你非常自律,甚至會堅持幾星期。然而新鮮感終究會消退,而清晨的戶外依然又暗又冷。我的職業生涯中經常與有錢人相處,他們有些人確實會在清晨五點半起床,也有沖冷水澡的習慣,但那不是令他們成功的原因。那些習慣來自於一種勤奮、自律的生活方式。品格與行為是分不開的。

用古老智慧抵禦現代誘惑

斯多葛哲學定義了四項美德:勇氣、智慧、正義與節制。我認為這四者是抵擋誘惑的關鍵,對我們非常有幫助。

勇氣 指的是堅持,現代思想家通常稱為「恆毅力」。當我們有勇氣,就不會讓恐懼指引我們的行動,包括對貧窮、丟臉、失敗的恐懼。相反的,我們會成為一個勤奮、正向而有自信的人。行銷人最擅長利用我們的恐懼與不安全感。勇氣比香奈兒便宜,而且效果更好。

智慧 就如斯多葛哲學家愛比克泰德(Epictetus)所描述,是「分辨事物的能力,使我能清楚告訴自己,哪些東西是外在的、非我能掌控,哪些則是我能掌控、有所選擇的。」

或者像美國作家普露（Annie Proulx）在〈斷背山〉（*Brokeback Mountain*）中寫道，「如果無法改變，就只能與之和平共處。」

正義 是願意為公眾的利益而努力，並且認知到所有人都是互相依存的。羅馬皇帝奧理略相信正義即「所有美德之源」。行為正義，代表為人誠信、充分思考過自身行為的所有後果。要培養好習慣，我們無法單靠自己的力量，後面會探討為什麼個人品格也是社群功能的一部分。

節制 對我個人來說，這是最重要的美德，因為這是在現代文化中最被考驗的特質。資本主義正是建立在人們缺乏自制力，以及對於地位與消費的執著上。這不只體現在超大份薯條與名牌精品包，西方社會鼓勵的不只是揮霍，更鼓勵情緒上的放縱、受害者心態與自憐。節制是對放縱行為的抵抗，或至少是一種管理的方法。

慢下來，先別急著反應

要如何實踐這些美德？如何培養品格，讓自制變成我們自然的直覺，而不是與衝動對抗的漫長戰役？首先，我們可以從慢下來開始。

一天中，你或許要做出上百個有點重要的決定：早餐吃什麼、要不要去健身房運動、如何回應同事在 Slack 上發的訊

息，以及下班後好不容易有一點屬於自己的時間，要用那些時間做什麼。我們往往根據直覺或情緒，不假思索的做那些決定。那是最快的反應方式。事後回顧，我們常把自己的反應歸咎於當下的處境，不吃早餐是因為快遲到了，回給同事的訊息很簡短冷淡，是因為對方講的話根本就不合理。

回想一下前面提到的美德「智慧」——知道什麼是你能掌控的。要區分並不困難，奧理略說得很清楚：「你能掌管的是你的心——不是外界的事物。」心理學家維克多・弗蘭克（Viktor Frankl）說：「在刺激與回應之間有個空間。在那個空間裡，我們有權力選擇如何回應。而我們的回應，決定我們是否得以成長、得到自由。」我們無法掌控環境，但能掌控我們的回應。

假如你能在每天上百個決定的某幾個之中，找到弗蘭克所說的、那個在刺激與回應之間的空間，想想你的價值觀，以及你為自己定的計畫，你就在鍛鍊下一次做出好決定的肌力。即使一天只有一次，對自己說，「這件事我能掌控，我可以選擇我的回應。」選擇你認為正確的行為，而不是你當下想採取的行為，你就在斯多葛哲學之路上往前邁進了。

這不代表你不能生氣——我常生氣，甚至有點太常了。這也不代表你不能感到灰心、沮喪或是覺得丟臉，這些都是人類面對挫敗與犯錯時的正常反應。你的目標是意識到自己的憤

怒或恐懼（或是貪念），但不讓這些情緒決定你的行為。

品格與行為會形成不斷互相增強的循環。先從少數行為開始做起，你會漸漸培養出品格，助你做出更多的好決定。

養成習慣

我們能藉由養成習慣來增強這個循環。健康的習慣能利用大腦的自動反應傾向，把它導向我們想要的主動回應。過去幾十年，科學與文化界對「習慣的力量」充滿興趣，這也是其中一本暢銷書探討的主題。事實證明，我們大部分的行為都出於習慣，而這是一件好事。如果我們每件事都需要深思熟慮才能做決定，那可能連早餐都吃不完。

關鍵在於主動培養習慣，使我們對刺激的反射自動化回應，就跟我們花時間有意識選擇的回應一樣。如果能訓練自己在更多情境下做出理想的慣性回應，我們就能保留更多的認知與情緒能量，來管理最重要和最困難的決定。

刻意培養習慣的架構有很多種。查爾斯・杜希格（Charles Duhigg）在《為什麼我們這樣生活，那樣工作？》（*The Power of Habit*）提到「暗示—慣性行為—獎勵」的循環。《原子習慣》（*Atomic Habits*）作者詹姆斯・克利爾（James Clear）則提出「暗示、渴望、反應、獎賞」的概念。我相信還有其他的架

構。就像斯多葛哲學與佛教，許多方法其實殊途同歸。

你現在就該開始做的，是什麼？

2016年末的一個星期四夜晚，我寫了我的第一篇部落格文章。我最新創辦的公司L2的工作團隊一直在討論如何宣傳。結果我們想出了一個超創新的點子：經營部落格（部落格已經存在二十年了）。我在日常工作中經常寫東西（給投資人的信、向客戶提案等等），我寫東西很追求精準與精彩，但我不認為自己能算是作家，也不覺得我能夠長期每週都固定做同一件事。我一直都是「等靈感來了再說」的人。總之，要生出第一篇文章並不難：我批評祖克柏，嘲弄矽谷執行長約會習慣，團隊幫我加了幾張精彩的圖表。我們叫它《不留情／沒惡意》（No Mercy / No Malice），然後用電子郵件發給客戶名單上的數千人，甚至還得到了一些正面回饋。

然後，一星期過去，又到星期四了。我必須再寫一篇文章。新鮮感變少了，愈來愈像工作。但我完成了，把文章寄出去了。接著，下一個星期四又來了，然後是再下一個星期四。第三個星期四晚上的文章標題是：「我真是愈來愈不討厭自己了」，你大概可以猜到我當時的心情。這件事不再好玩，但我愈來愈有成就感，因為有愈來愈多人注意到這個部落格，而且

我們發表的是有內容的東西,而且每週更新。我的大腦開始把寫作這件事,與「有人讀我的文章、給我回饋」的感覺連結起來。星期四晚上變成了一個暗示,寫作本身並沒有變得比較容易,但是告訴自己要坐在電腦前開始寫東西,已經成為一個習慣。一年、兩年過去,我已經是能夠在截稿日前穩定產出文章的人。我的習慣漸漸變成我的身分,我成為一個作家。

現在,《不留情》的文章篇幅更長、分析更深入、品質也更出色了。它在2022年獲得威比獎(Webby award),每週發送給超過五十萬讀者。這個產品的背後運用了我堅信的一個核心概念:**任何偉大成就,都少不了他人的助力。**在 Prof G Media,有一個團隊負責管理所有的溝通管道,包括《不留情／沒惡意》。但即使如此,每星期四晚上,我還是會倒一杯薩卡帕酒(Zacapa),和我的狗狗們坐在沙發上,開始動筆寫作。因為我是一個作家。

這是我的第五本書,想起來真是不可思議。我連自己寫出了第一本書,都覺得不可思議,我竟然真的從發想、寫作、編輯,到出版一本書。我原本完全可以不去寫大綱、不向出版經紀人提案,不犧牲我的週末與深夜時間 —— 我大可以什麼也不做。這的確是個好主意,但它只占了價值的10%,另外90%的價值,就發生在每個星期四的夜晚。有一個問題,值得每個人拿來問問自己:**什麼是你應該「現在就去做的事」?你今天應**

該開始的是什麼? 克利爾的《原子習慣》狂賣了八十億冊,他說:「你的身分,來自於你的習慣。」

2
修煉強大的品格

前面談的這些是原理與基本原則。我們如何應用（或不用）這些原則是個人的選擇，但個人經驗還是能與別人分享。我（還）不是好行為與好習慣的模範生，但在過去十五年左右，我找出了一些適合我的原則。不意外地，這十五年也是我在財務與人際關係上獲得豐收的一段時期。

我的生活不是一直都是這樣的。我人生的前四十年都在追逐西方文化認為重要的東西，追求更多的多巴胺刺激。就像我前面說的，（我自認）與眾不同，想得到更多更多，但總是沒能成功。我的第一段婚姻，以及創辦兩家成功新創的專注力，曾有一段時間為我提供了穩定的支撐。但是我在三十三歲時離婚了，也退出了那兩家公司的日常營運。我不只是從事業退

出,而是有意識的抽離,包括我的婚姻、社群,甚至是朋友。這股衝動背後確實隱藏了一個洞見──我當時擁有的顯然不是我要的,但那樣的領悟被埋藏在極度的自我中心底下。

我搬到紐約,開始只為自己而活,接一些工作,交一些表面朋友（更像一起派對狂歡的同伴,而不是朋友）,不依賴任何人、也不成為任何人的依靠。我是生活在曼哈頓島上的孤島。湯姆·伍爾夫（Tom Wolfe）曾說,「任何人到紐約很快就會融入。」我也很快就習慣了獨來獨往的生活。或許因為我是獨生子,或是因為我逐漸能回到自己真正的樣子,我是內向的人。我可以連續好幾天不跟任何人互動,也覺得很自在。

我在紐約大學講課,到俱樂部與高級餐廳參加派對,到聖巴瑟米（St. Barts）度假,偶爾當避險基金顧問──當一個自私的人對我來說並不難。我回歸到穴居人的狀態,只在需要食物、性或是打獵（賺錢）的時候才會離開公寓。那些空虛的經驗提供了勉強足以讓生活過下去的樂趣。

現在的我比較看得出自己當時的缺點。以前的我對於該把精力用在哪裡,沒有一個內在的判斷標準,所以我會對當下所有的外在刺激做出反應。當時最能吸引我的外在刺激就是金錢,但我不是為了建立財務保障,而是滿足我想獲得他人認可的強烈渴望。我想要擁有好東西,也想有能力照顧我媽媽,但我透過別人的眼光來看自己的價值,並拿他人對財務成功的標

準，當作我自己的標準。我確實得到那些東西了。我獲得地位、也能夠享樂，但沒有得到真正的財務保障與持久的幸福感。我不知道還有別種生活方式。

是什麼改變了這個情況？轉捩點就是我的第一個孩子誕生。但外在改變只是一個契機，我依然必須穿過那扇門。羞愧與懊悔的感覺促使我盤點自己的人生，並做出改變。我的人生旅程在那個時刻才真正開始。以下是我一路走來的洞察。我會先從事後證明行不通的經驗開始談，再談到什麼才真正有效。

努力不等於品格

從華爾街到矽谷都有一個關於職場的天大謊言：如果你沒日沒夜的瘋狂工作，就代表你是個自律、有美德、強大的人。這個錯誤的對等關係是我多年來的信條。我在工作時非常自律，我工作超級認真，即使不是在為自己創造財富。我一廂情願的告訴自己，努力工作就代表我有品格。

我二十幾歲時在摩根士丹利工作，通宵工作是一種美德。「你昨晚工作到幾點？」穿著愛馬仕紳士吊帶、野心勃勃的我們，總是用這句話互相挑戰。現在流行的則是「奮鬥迷思」（hustle porn）和高蛋白代餐，但我們明明只要花三分鐘就能做一個火雞肉三明治。

在下一章，我會告訴你要努力工作，我認為這很重要，不只是為了財務保障，更是為了自我實現。「做困難的事」真是最棒的忠告。儘管努力工作是個人與職涯成功的必要條件，但光是努力不夠，而且更重要的是，這不是重點。努力工作這件事本身只是在把能量投入到資本主義的無底洞。你要變得更強大，才能養活自己與別人；要取得權力，才有辦法伸張正義。為工作而工作只是一種經濟上的自嗨。

有太多人用努力工作當作藉口，忽視伴侶、忽略健康，甚至對人冷酷、無禮、剝削的藉口。我說過，追求財富只是故事的表象。把努力工作等同於品格，就像是用手指塞住耳朵唱歌，讓自己聽不見內在的聲音，告訴你真正該做的是什麼。

努力是必要的，而且要付出代價。你正在低估或是忽略那個代價嗎？一個確認的方法是看你的花費習慣。回顧我二、三十歲的人生，我發現自己對於花錢缺乏自制力。我值得擁有好東西，因為我那麼努力工作（我這樣告訴自己）。我不需要存錢，因為我那麼努力工作，而且我一定可以賺更多（我這麼告訴自己）。我在關於「專注」的章節寫到的各種致富方法，都需要同時留意關於「時間」的章節中提到的花費與儲蓄忠告。

比起不明智的花錢習慣，「努力工作等於品格」這個錯誤觀念還隱藏著更嚴重的失敗。我在職涯的前二十年最大的錯誤，就是沒有把精神投資在別人身上、在人際關係上，而工作

太忙是最好用的藉口。但我終將自食惡果——交易性的友誼和酒肉朋友永遠不會要我為自己負責,他們也絕對不會叫我不要亂花錢。再說一次,財富是需要全面投入的人生計畫。

如果你的目標是錢,那你賺的永遠不夠

1970年代,心理學家坎貝爾(Donald Campbell)與布里克曼(Philip Brickman)在研究幸福這個主題時發現一個事實:生活處境的改變對於幸福感的影響很有限,因為我們會適應新的處境。他們在其中一項研究中,把高額樂透得主與半身癱瘓的人作比較。結果意外地發現,樂透得主並沒有比控制組的一般人更快樂,而半身癱瘓的人,幸福感也只比控制組稍低一些(另外,他們對未來的樂觀程度非常高)。後續其他研究針對不同的樂透得主與不同的樂透金額,發現樂透得主的幸福感有顯著提高,但提升的程度並沒有達到我們想像中一夕致富會帶來的快樂程度。

坎貝爾與布里克曼以「享樂跑步機」(hedonic treadmill)一詞來描述他們從數據看到的事實:無論我們已經朝目標跑了多長的距離,我們還是在原地跑,只是讓跑步機的履帶轉得更快而已。

歷史學者、《人類大歷史》(Sapiens)作者哈拉瑞(Yuval

Noah Harari）寫道，「歷史有幾個鐵律，其中之一就是奢侈品最終會變成必須品，並衍生出新的義務。」生活水準的提升幾乎是不可避免的，而且是一場無止境的競賽。從看到同事身穿名牌、自己站在一旁顯得寒酸（遠距工作或許可以幫你省下不少治裝費），到為小學一年級的孩子請家教，因為其他同學可能已經請了兩個家教（幾乎沒有任何收入水準可以滿足小孩的開銷需求）。

每當你的生活水準在某方面有一點改善，其他方面就會開始顯得遜色、需要再升級。而每一次的升級，都會讓你更接近再下一次的升級，使得繼續升級更理所當然。這不只是虛榮的升級而已，你可能會結婚，也可能會生小孩，你自然而然會想得到更好的醫療保障、吃得更健康，或是開安全性能更好的車。你會想為你的收入和你買的好東西買保險。很少人能夠讓收入的提升速度，追上我們的腦袋適應新收入水準的速度。

我是巴頓與格雷（Barton & Gray）航海俱樂部的會員，擁有一艘船的部分所有權。我不想買船，因為我不喜歡航海，而且我認識有買船的人都在抱怨維護一艘船有多燒錢、多麻煩。總之，你可以跟巴頓預約時間，然後一位彬彬有禮的工作人員會開著一艘很棒的船來接你，船上裝滿了酒、冰塊和腰果。他會載你和你的家人出海一個下午，然後（最棒的部分是）把你們一家人載回碼頭後離去。

享樂跑步機

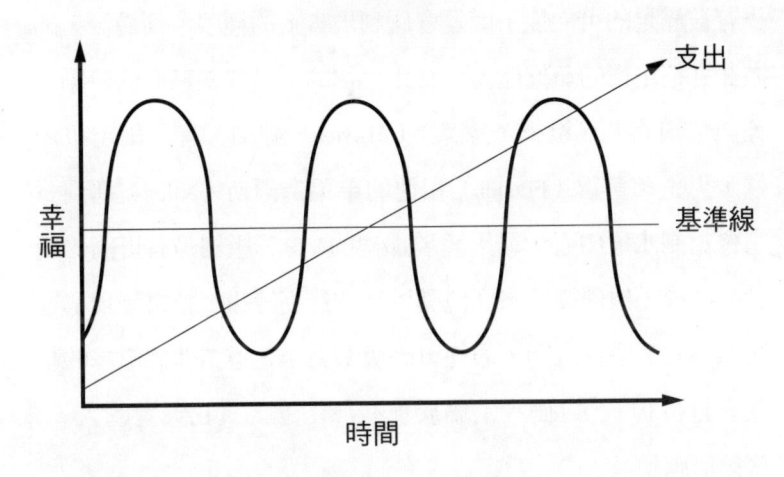

資料來源：Illustration Concept by TicTocLife

　　有一天，我搭著巴頓與格雷的船從棕櫚灘（Palm Beach）港口出海，看到一艘很棒的遊艇。我通常對海上交通工具都沒興趣，但那一刻我心想，我真想擁有那艘遊艇。我有一個朋友也在這艘（此時看起來顯得很寒酸的）船上，他告訴我那是前Google執行長施密特（Eric Schmidt）的船。看起來真不賴。我們經過施密特的船之後，我們又看到了賈伯斯（Steve Jobs）委託製造的船（賈伯斯在船完工之前就過世了）。施密特的船更大，但賈伯斯的船更酷。我的第一個念頭是：施密特會不會站在自己的船上，看著賈伯斯設計的船心想，「我真想擁有那艘船。」

永遠會有更棒的船、更快的車、更豪華的房子。但這些至少有被滿足的可能性，或是會碰到現實上的極限。到最後，碼頭費會超出你的負擔能力。真正可怕的，是那些無形的獎勵。經典情境喜劇《歡樂一家親》(Frasier，神劇)有一集超級巧妙，男主角費雪(Frasier)和他的弟弟奈爾斯(Niles)進到一家會員制水療中心，結果發現那裡的VIP等級總是有更高的級別。最後，他們終於來到他們以為的最高等級，結果發現那裡居然還有一扇白金門，通往更高級的區域，這讓他們原本的享受大打折扣。「這個天堂屬於那些無法進入真正天堂的人。」奈爾斯感嘆道。

無形獎勵之王是什麼？當然非金錢莫屬。因為金錢只是數字，而數字是無窮的。因此，永遠不會有足夠的時候。天行者路克向韓索羅承諾，拯救莉亞公主的獎賞是「超乎你能想像的財富」。韓索羅回答：「我不曉得耶，我的想像力可是很豐富的。」這正是金錢主導的社會裡的矛盾問題——我們總是能想像更多的錢。

金錢不只永遠超出你的想像，錢的另一個討厭的特性，是當你擁有更多的錢，你的錢會變得更沒價值，經濟學家稱之為「邊際效用遞減」。如果你的銀行帳戶有100元，每增加一塊錢你都會很有感，而增加1,000元對你來說是可以改變人生的數字。但如果你的銀行帳戶有1,000萬元，增加1,000元對你來說

就根本不痛不癢。

關於幸福感與收入水平的研究也證實了這一點。與早期研究結果相反,最新的研究(截至2023年)結果發現,高收入與更高的幸福感有關,但幸福感的增加程度落後於收入增加的程度,而對某些人來說,幸福感與更高收入並無相關。收入從60,000美元躍升到120,000美元時所帶來的幸福感提升,與從120,000美元到240,000美元的幸福感提升幅度相同。以此類推,要想得到同樣幅度的幸福感提升,你的收入就需要再翻倍到480,000美元,這個結果與邊際效用遞減這個早已被證實的概念是一致的。你擁有的愈多,你從每個額外單位得到的效益就愈少。賺的愈多,獲得的快樂卻有限。

錢只是你筆中的墨水,不是你的故事。它能寫出新的篇章,也能使某些篇章更光鮮亮麗,但只有你能決定故事的劇情會如何往下發展。

足夠

你不一定要被跑步機困住。我們無法從跑步機下來,但了解它的運作方式之後,我們就可以不再當它的奴隸。研究顯示,遺傳決定了我們50%的快樂程度。這與我們的人生經驗一致,我們都認識一些總是看起來很開心的人,也認識一些總

是鬱鬱寡歡的人。（這兩種人都超煩。）然而，50％是先天傾向，代表你能掌控另外的50％，這50％不是環境的產物，或是運氣，或是其他的東西。

驅使我們在跑步機上努力奔跑的動力是天生的，也很有用！關鍵在於如何設定外在獎勵，使你有餘力專注於內在滿足。年輕人應該以金錢為動力，但要視其為達成目標的手段，並專注在達到某種程度的財務保障。超過這個階段，金錢的意義就成為個人的選擇：更多的錢可能會使你更快樂，並為你帶來新機會，但報酬也有可能在某個時間點開始變成負的。對於事業與（你一輩子花不完的）金錢的執著，會開始削弱真正的滿足感來源：人與人的關係。偉大的羅馬斯多葛哲學家塞內卡（Seneca）寫道，「若沒有能一起分享的人，再有價值的東西也無法帶來真正的喜悅。」許多成功人士往往是等到他們已經擁有了那些有價值的東西時，才明白這個道理。

不要忽視運氣成分

我回顧自己的成就時，有兩個因素特別重要：出生在1960年代的美國，以及人生中有一個人對我的成就懷著近乎不理性的熱忱（我媽）。我媽媽雖然成長於一個缺乏親情溫暖的家庭，她對我卻毫不吝於展現情感。對我來說，這份愛造就了

「希望某人認為我很棒或有價值」,與「確信我很棒而且有價值」之間的差別。

要預測你能否成功,最可靠的指標是你在什麼年代、什麼地方出生。然而,西方文化教導我們要追求獨立和凡事靠自己,其中隱含的訊息就是,結果(無論好壞)完全取決於我們的努力。假如我們沒有意識到運氣(更廣泛的說法是,在我們掌控之外的力量)對結果的重大影響,我們就容易學錯教訓,在未來成功的機率也會降低。

成功人士往往低估了運氣對自身成就的貢獻,這會讓他們碰到麻煩。他們可能會高估自己的能力,把財富投資在他們不該涉足的新事業,最後血本無歸。這個情況可能發生在任何規模的成就,無論是年薪100,000美元的菜鳥銷售主管因為當日沖銷傾家蕩產,或是億萬富豪買了一支足球隊。在你剛獲得巨大成就之後,也就是你最有可能犯下最大錯誤的時刻,因為你開始誤信成果是你一個人做到的。沒錯,你很聰明,也很努力,但任何偉大成就都少不了他人的助力,而時機(與運氣的其他特點一樣)決定了一切。

每個人的情況不同,但一般來說,當我們得到正面結果時,往往會把功勞歸於自己,並把負面結果歸咎於外在因素(有時被稱為歸因偏誤)。回想你最近幾次在職場或私人生活上取得的重要成果,若是成功,想一想:是怎麼成功的?若是

失敗，想一想：是什麼原因造成的？通常結果都是兩種情況皆有，所以如果你總是把結果歸因於單一原因，或是你發現自己在解釋成敗時有明顯的偏誤，那只表示你也是人。

撇開歸因偏誤不談，忽略運氣的影響對於不成功的人來說也同樣危險。這正是「只要有心，就能做到任何事」這個信念的潛在危害，因為這個觀念暗示了：如果你沒成功，那一定是你的錯。事實是，每個人都會犯錯，而大多數的失敗有一部分的確是個人的問題，但大部分是運氣造成的，許多事都超出我們掌控之外。一位創業家第一次創業失敗，並不能算是失敗，最好的情況是，她能因此成為更精明、更渴望成功的創業家。

我這一生經歷過太多次失敗了，而我克服失敗的能力也成為我成功的本錢。我們總是關注傳統的成功基本要素——教育水準、敢冒險、動用人脈等等，但我發現最重要的特質，就如邱吉爾所說的，是「克服失敗的意志，而且在過程中從不失去熱情。」

事情永遠不像表面看起來的好或壞

當我們換個角度看待我們的失敗（與成功），要遵從邱吉爾的建言就會容易許多。就如同我們傾向於低估運氣的成分，我們也容易高估當下的重要性，年輕時尤其如此。我們往往會

以當下的情緒狀態想像未來的狀態,但其實我們終究都會回歸基本面。培養自己的品格,有力量去感受痛苦並享受樂趣,同時認知到一個永恆的真理:「這一切終將過去。」

一項以年長者為對象的意見調查發現,年長者這輩子最大的遺憾是:擔心太多事情。當你回顧過去,會發現自己最自責的事,其實並沒有那麼嚴重。同樣的,當你回想自己最顛峰的表現時,也會發現當時其實只是運氣很好。

當你能區分事件本身,以及你對事件的感受和反應時,要培養這種觀點會容易許多。萊恩・霍利得(Ryan Holiday)在《障礙就是道路》(The Obstacle Is the Way)中寫道:「事物本身沒有好與壞,差別只在我們的感受。事件的本身並不等於我們對自己說的故事、為事件賦予的意義。」別誤會,發生什麼事的確很重要,但我們當下對事情的反應通常是更誇大、反射性、情緒性的。現代媒體使情況變得更糟,往往把每個事件的意外發展都描述成災難。別讓媒體蒙蔽了你看事情的觀點。

憤怒、冷處理與最好的報復

我很難克制自己的怒火。憤怒一直是我的問題,阻礙我邁向成功與實現自我。這個特質是遺傳的。我爸的話不多,至少他對我沒什麼話可說。他很有魅力,性格強烈,也常突然爆

怒。我和許多男孩一樣，非常崇拜自己的爸爸。父親週末來接我去跟他住時，我會坐在副駕駛座，盯著他看。他會開始自言自語，但我發現那又不完全是自言自語，而像在對某個人說話。或許是同事？無論是誰，對話會愈來愈火爆，然後他會開始低聲咒罵想像對話中的另一方。他總是很火大，總是。

我一旦被惹火，怒氣通常很難平息。我在四十歲之前，到哪裡都會隨身攜帶一張隱形的計分卡。任何對我的輕視、無禮或不尊重，都需要以同等的力道回敬對方，否則這世界就沒有公平可言。天哪，我過去浪費太多精力在這種事上了。別跟我犯同樣的錯。你不知道對方遇到了什麼事。或許他剛被炒魷魚、剛申請離婚，或是發現他的孩子有糖尿病。或許他天生就是個爛人。誰在乎？你不該在乎。你不需要對每一次的輕視、每個無足輕重的不公平做出反應。

當然，說起來容易，做起來很難。發怒有短期價值，它能釋放壓力。對於不滿的情緒，無論是不處理、還是向對方抗議，都會造成我們的負擔。沒付租金卻待在我們腦袋裡的人事物，都是在白白侵占我們的空間。那些精力與能力可以用在對我們更有益的地方。

斯多葛哲學對憤怒的應對方法，是冷處理（indifference）。我們無法掌控別人做什麼，但我們能掌控自己的反應。有些人會用冥想來清空腦袋。但這對我而言幾乎是不可能的任務。我

的做法是訓練自己把別人放逐到內心的黑暗深淵。首先，我會依循財務分析師琳恩・奧登（Lyn Alden）的建議：「不要把你的敵人視為敵人，把他們當成一般人。讓他們認為你是他們的敵人，但你要從中學習，然後向前邁進。」我會試著理解有什麼可以學習（我做了什麼導致這個行為，我能修復這個情況或關係嗎？）。然後我會把那個人丟進黑暗深淵，希望往後都不用再想起這個人。

但我必須承認，有時這還不夠，有些人就是不願意待在黑暗深淵，沒關係，反正我知道如何報仇。二十五年前，地產投資信託公司普洛斯（ProLogis）執行長莫哈丹（Hamid Moghadam）對我說了一句話，很有效地幫助了我處理我的憤怒，我從此每天都記在心上。當時我跟紅杉資本（Sequoia Capital）正在進行長達多年的纏鬥，說得更明確一點，我是在跟紅杉資本的一個氣量極小的合夥人鬥（我說過，我的怒氣很難消除）。哈米德聽我抱怨到一半，對我說，「史考特，最好的報復就是讓自己過得比現在更好。」多棒的建議啊。

多運動，沒得商量

我能給你的最重要的財務建議，跟財務沒有直接關聯：多多運動。這是全面提升短期與長期生活品質最有效的方法。

我認識許多高效人士，有些人習慣早起，有些是夜貓子，有些人辦公桌面永遠整齊乾淨，有些則是不拘小節的天才，有些內向，有些外向——但這些人最普遍的特徵，是他們都非常重視運動。科學研究也支持這一點。一篇評論總結了橫跨不同環境、文化與職業的六十多個研究，得到的結論是，「職場體能活動對生產力有實質效益，這方面的科學證據是肯定的。」找一種你喜歡的運動吧，投資運動絕對值得，還可以為你賺到健康和生產力。

根據我的經驗，運動能讓你把你花掉的時間賺回來。如果你一週花四小時或六小時運動，那些時間你之後都能再賺回來，因為你會變得更有精神、心情更好，也更能投入工作。運動與品格也能形成正回饋迴路：我們花愈多時間運動，就愈有目標感；當我們愈有目標感，就會願意花愈多時間運動。拼命工作帶來的壓力，會對我們的神經系統造成很大的傷害，運動能幫助我們調節神經系統，分泌改善情緒的神經化學物質，並幫助我們睡得更好。另一篇研究回顧了九十七個研究發現，運動對憂鬱症的療癒效果比心理或藥物治療的效果高出50%。記者科特勒（Steven Kotler）致力於研究頂尖人物的巔峰表現，他總結得很好：「運動是巔峰表現的必備條件。」

在住家附近快步健走、爬山，都可以達到效果。如果你已經有一段時間沒有運動，最好從快步健走開始。走的速度要

快到心跳速率提高，這可以讓你擁有清晰的頭腦，改善你的心情。先從這裡開始。

我喜歡短時間的高強度運動和舉重。美國文化對舉重有一種迷思，人們認為舉重會降低你的靈活度（事實恰好相反），或是會使身材變得太粗壯（只有當你刻意想鍛鍊肌肉才會如此）。事實是，阻力訓練可以改善心情和記憶力，對健康有長遠的好處。根據我個人的經驗，運動讓我更有自信，覺得自己很強大。（我以前會說，你最好讓自己變得強大到走進一個房間時，應該要覺得自己有能力打倒並吃掉房間裡任何一個人。有人跟我說這個說法太激烈了，會嗎？）

決策方程式

人生是由大大小小的各種決定累積而成的。「決策」沒有被視為一門學科，並被放進高中課綱裡，是很奇怪的事。書店裡應該要有一區是專門教人做決策的書。小布希總統在描述自己的職責時曾說「我是那個做決定的人」，結果遭到嚴厲批評，但是他的確提到了總統的一個重要職責。杜魯門總統在他的辦公桌上放的「責無旁貸」牌子也是同樣的意思。白宮有一群專家負責做所有次要的決定和多數的重要決定。真正會到總統桌上的，都是那些最困難的決定。在你的人生當中，你也需

要做那些超困難的決定，只不過沒有幕僚幫你做其他決定。因此，花點時間思考你如何做決定、如何做出更好的決定，是相當值得的投資。

你最好讓自己做的正確決定比錯誤決定更多。靠直覺可以幫你應付生存和繁衍後代相關的決定，但這個複雜世界裡有不計其數的挑戰與獎賞。我發現我需要一個架構、一套價值觀，來幫助我定義我要如何過生活，作為我篩選想法的濾鏡。

- 對我而言，資本主義的市場競爭是一個重要原則。什麼會創造最大的價值？什麼做法最可能成功，即使它不是我認為應該採取的做法？
- 我漸漸學會傾聽我的情緒，但我不一定要聽從情緒的指令。直覺很有用，但你必須懂得分辨這是潛意識的智慧，還是大腦杏仁核按了恐慌按鈕，或是貪婪（慾望）的按鈕，貪婪真的害人不淺。
- 我稍後會提到，要做重大的決定時，徵詢他人的意見至關重要。
- 最後，當我要做最重要的決定時，我會把自己放在死亡的陰影下來思考。「記住你遲早會死。」（Memento mori）斯多葛學者說道。聽起來很黑暗嗎？其實不會。我是無神論者，我相信人生結束時，一切就真的結束

了。芙烈達‧卡蘿（Frida Kahlo）曾說，「我要華麗的退場，而且不想再回來了。」思考死亡幫助我整理人生，並看重能帶給我平靜的決定。我知道當我來到人生的終點時，比起冒險帶來的負面結果，沒去冒的險會令我更痛苦。

我們一定會做出很多糟糕的決定，這個重要生活技能的其中一部分，就是了解如何面對錯誤。年輕時，我相信自己能透過領導與說服力，讓我做的每個決定都是對的。比起做出最好的決定，我更聚焦在證明自己的決定是對的（因為我超優秀）。快速做決定確實有好處，速度多少能彌補選錯方向帶來的傷害。但決斷力與不愛修正方向，其實是兩回事。人們往往把死守一開始的決策當成是有原則的表現……其實不然。**你的決策應該是指引你的準則與行動計畫，而不是死守到把自己逼入絕境**。當你得到新資訊，或是有說服力的觀點和洞見時，最好給自己一些改變想法的可能性。在錯誤的路上後退一步，就是在往對的方向前進一步。

一位成功的企業負責人最近告訴我，根據他的經驗，真正領先的不是做出最好決定的人，而是做最多決定的人。做更多的決定，代表你會得到更多回饋，而且你會愈來愈擅長做決定。每一個決定都是一次調整方向的機會，你做的決定愈多，

做錯決定的風險就減少一些。持續做對的決定可以建立自信，一再做出錯誤決定只會增加傷痕。

3
經營你的人際網絡

長久以來阻礙我的一個盲點,是我不知道自己其實需要他人,也應該主動投資在人際關係上。你的社群是多層次的,從家人、導師,到職場人脈,再到無數的供應商、夥伴、員工,甚至是平時遇到的陌生人。我所認識最成功的人,都透過社群創造出極大價值,而他們回饋給社群的價值往往更多。

品格的一個重要面向,會影響成功與否,那就是認知到並且相信所有人都是互相依存的。柯維在《與成功有約》中談到我們與他人之間的三種關係:依賴、獨立與互賴。獨立精神深植於美國文化中,但老實說,獨立很難長久維持,也未必高效,甚至可能有害,因為很容易會變成自私自利。柯維描述的「互賴」,是成功人士建立關係的核心。斯多葛哲學中有類

似的詞彙，叫做「共感」（sympatheia）。羅馬皇帝奧理略曾寫道，「萬物彼此交織，互相共鳴。」因此他說，「視他人為你的四肢，如同你自身的延伸。」

別當蠢人

我們的行動會影響自己，也會影響別人。你要志在讓這兩者同時都受益。經濟史學家契波拉（Carlo Cipolla）在《蠢人基本定律》（*The Basic Laws of Human Stupidity*）用一個矩陣來描述我們對自己與他人產生的影響。

在左下象限（提醒：你絕對不會想落入這個象限），契波拉定義的蠢人，是對他人造成損害，自己也沒得到好處，甚至可能自己也有所損失。我們總是會低估社會上的蠢人數量，因為愚蠢與其他特質或學歷並不直接相關（他們可能有博士學位，也可能是總統）。我們（非蠢人）可能會因為愚蠢行為受害，因為那些舉動缺乏邏輯也難以預測，讓人難以想像和理解（或是有效地防禦）。正如哲學家席勒（Friedrich Schiller）所說，「諸神也難與愚蠢對抗。」

你要意識到：愚蠢是真實存在的，然後要學會明辨、當個不愚蠢的人。更重要的是，要渴望成為「聰明的人」，這同樣也是真實存在的，而且是一件高尚的事。

契波拉的蠢人矩陣

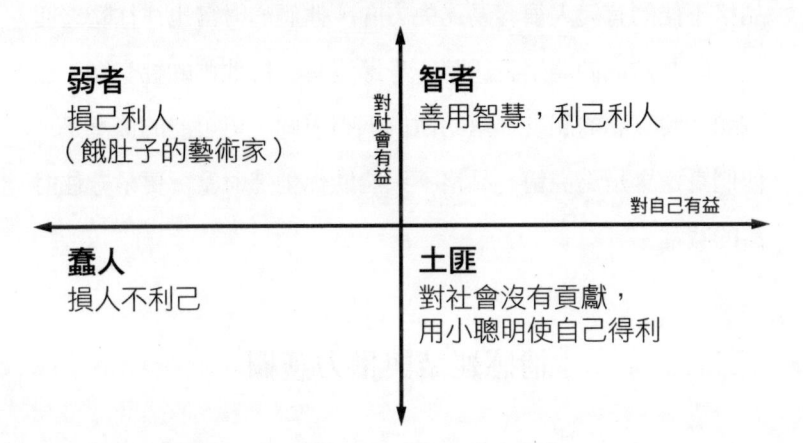

弱者
損己利人
（餓肚子的藝術家）

智者
善用智慧，利己利人

對社會有益

對自己有益

蠢人
損人不利己

土匪
對社會沒有貢獻，
用小聰明使自己得利

資料來源：Carlo Cipolla, The Basic Laws of Human Stupidity

偉大成就都來自於他人

　　大家對有錢人時常有一種刻板印象，就像《辛普森家庭》裡的「郭董」伯恩斯先生：狡詐、不老實、靠欺騙他人（或很多人）獲取財富。但就我個人的經驗，真實情況往往剛好相反。多數富有的人其實是有品格好的人，他們待人和善、勤奮工作、在花費與享樂上都懂節制，而且很有原則。這其實不難理解：當你身邊的人都希望你成功的時候，成功當然就容易得多。健全的品格，就是可以加速財富累積的力量。

　　每項原則都有例外，有些品格不佳的人也能為富豪，甚

至是因為壞品格才致富。但我們不該因此效法這些人。此外，品格不佳的有錢人很容易迷失方向，他們的財富也往往隨之而去。因為當他們開始犯錯時，身邊沒有支持他們的社交網，沒有願意說真話的朋友，幫助他們調整方向。更可能的情況是，他們身邊全是馬屁精。品格不只能助你創造財富，更是守住財富的關鍵。

情感連結與權力護欄

找機會服務他人。對多數人而言，最基本也最強大的情感連結是家庭。摩門教家庭會把收入（或財富）的一部分奉獻給教會。這是一種強大的動機，因為它使你的工作與更崇高的使命產生連結。根據我的經驗，當一個人為崇高的使命而努力工作，他們往往有能力賺到更多錢來彌補那10％的付出。民主制度會促使政治領袖為選民服務，企業會要求執行長與股東的利益連結（理論上是如此，實務上也大多是如此）。

你愈成功，這一點就顯得愈重要。任何領域的成功，都會帶來權力——財富的力量、影響他人職涯的力量、改變世界的力量。權力就像毒品一樣，會使人低估代價，誇大報酬。比起沒有權力的人，有權力的人在心理上更傾向依直覺行動。這也導致了職場上的性騷擾。權力對性衝動有潛在的影響，許多

性侵犯者與性騷擾者都有一個特點,他們都認為對方歡迎自己的逾矩行為。事實是,權力確實會令人上癮。

這個問題的解決方法,就是讓自己為他人服務,對象可以是個人的(自己的孩子)、制度性的(教會)或組織結構性的(董事會)。在《華爾街》(*Wall Street*)這部電影中,自私貪婪的代言人戈登・蓋柯(Gordon Gekko)對他的徒弟說,「如果你需要朋友,就去養條狗。」這句台詞很經典,突顯了蓋柯的極端自私。但它也是很好的忠告,不只是因為狗狗很忠實(事實)或很親人(也是事實),也因為狗狗需要你。

打造廚房內閣

隨著你建立權力的護欄,你也應該逐步建立一個能提供非正式顧問的廚房內閣。「廚房內閣」(kitchen cabinet)一詞源於美國總統安德魯・傑克遜(Andrew Jackson),他會定期與一群不屬於政府體系的親信顧問會面。成功領導者對廚房內閣的概念大概都不陌生,這些在正式組織結構之外的人,會給你坦率無私的建言。

經營職涯的過程中,為自己打造一個廚房內閣,這些人要能夠使你進步,同時也要確保你腳踏實地(因為他們會對你說真話)。他們應該是你信任的人、真心為你想的人,也是敢在

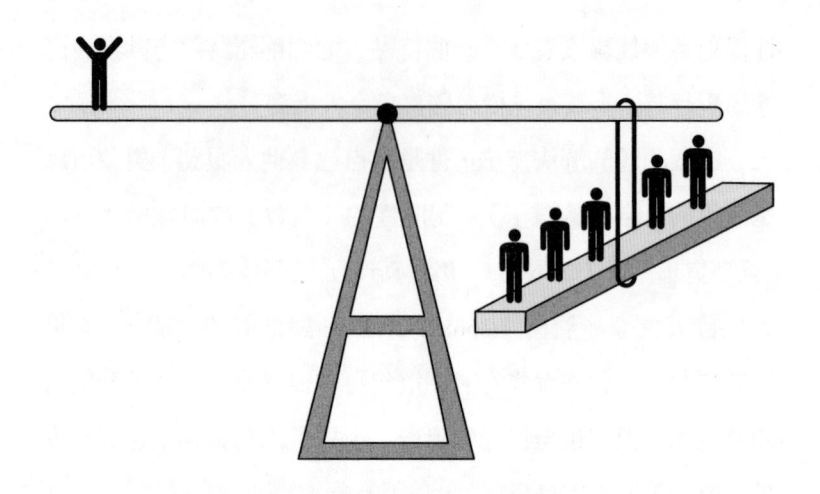

你失去判斷力的時候告訴你實話的人。你的廚房內閣,就是在你需要職涯建議,或是在事業或私人問題上需要決策、想聽第二意見,或是單純想測試想法是否可行時,都可以去找的那一群人。

廚房內閣的成員最好本身是聰明、經驗豐富的人,但那不是這些人能帶給你最主要的價值。這群人最大的價值是:他們不是你。你很難從瓶子的內部讀到酒標上的文字,身在其中有時很難看清全局。你的廚房內閣可以提供你無論再聰明或努力都無法自給的東西:一個不同的觀點。尋求他人的建議不代表你必須照單全收。建議最有價值的部分,通常不是指引你該怎麼做,而是對方問你的問題——那些能夠壓力測試你的思考過程的問題。

即使在我最自私的時期，我依然非常看重別人的建議（不一定會聽從）。我有一個口袋名單，都是我信任、也了解我的人，他們會告訴我真話、而非我想聽的話。一些最有價值的建議不是告訴我該做什麼，而是不該做什麼。我這輩子做過太多蠢事，但也因為有人在關鍵時刻對我說：「欸，也許⋯⋯不要這樣吧。」讓我逃過了好幾次堪比十五輛連環車禍的災難。

慷慨一點

很多時候，做對的事很困難。被別人背叛時要控制情緒反應，或在團隊效率出現嚴重問題時展現管理能力——這些都會考驗我們的品格。但其實更多時候，做對的事其實很容易，簡單到我們很常忽略了那些機會。那真是太可惜了，因為當我們在「做好事不難」的情境下做出對的選擇，就會養成慷慨、優雅與體諒的習慣，這些習慣會在我們面臨真正的挑戰時，成為可以倚靠的力量。記住，你所做的事決定了你是誰。

所以，慷慨一點吧。我說的不只是給為你服務的人小費，也包含更廣義的慷慨：無論是在餐廳、飯店、診所、搭Uber時，甚至是在最考驗耐心的機場，練習用善意對待每一位服務你的人。我們活在服務經濟時代，一天會被別人服務好幾次。每一次的互動都是實踐美德與培養品格的機會。店員做錯了你

的拿鐵，或是碰到多重預訂，這都是你可以選擇的機會：你可以發揮愛計較的精神，狠狠修理對方造成你的不便，也可以展現氣度，讓所有人的一天變得更美好一點。

善良可以降低壓力荷爾蒙，讓你更快樂。把錢花在別人身上，對降血壓的效果堪比健康飲食。利他行為甚至真的能減輕疼痛。所以，再點一份薯條，然後給廚師20美元吧！大家都開心。我愛科學。

跟有錢人做朋友

從小，我們就靠模仿在學習。我們的潛意識一直在觀察我們周遭的人做了什麼，然後學著照做。我們跟誰混在一起，對我們的影響非常大。結論顯而易見：你要為你的潛意識尋找最好的學習榜樣。

我們的大腦天生就會把我們的行為與他人的行為連結起來。所謂的鏡像神經元，就是一種特定的生理迴路，在我們採取行動時會被激發，我們觀察他人採取同樣的行動時也會被激發（甚至只是想像別人採取行動，有時候也會被激發）。人類是社會性動物，我們總是不停在與人比較、互相學習，不斷調整自己的行為，來迎合我們所屬團體的規範。連吃東西的時候也是，如果旁邊的人也在吃，我們會吃得更多。人類是極為擅

長模仿的動物,這是我們在兒時最主要的學習方式,而且會延續到成年。事實上,有研究指出,成人更容易無意識地複製他人的行為。小孩比較聰明,他們更傾向只模仿能解決問題或得到獎勵的行為,成年人更容易盲目模仿老師的動作,甚至是他們的習性。這種模仿,也包括我們面對金錢的方式。78％的年輕人表示他們會有意識的模仿朋友的理財習慣。我猜實際的數字可能接近百分之百。

哲學總是走得比科學更快一步。兩千年前塞內卡就寫道:「多親近那些能使你變得更好的人。歡迎那些你能幫助他們變得更好的人。這個過程是雙向的:教學相長。」

這是我比較有爭議的建議之一,那就是你也應該優雅地放下阻礙你前進的人際關係。這個推論往往會激怒人們。我想說清楚,我不是建議你跟小時候的所有死黨絕交,或是只憑某人的財力就與他斷絕往來。長久的關係有無法取代的價值,真正的友誼是珍貴的禮物。

但令人難過的事實是,過去堅固的友情也有可能變得有害。不是每個人都能跨越不成熟的行為和只拿不給的自私態度,幾乎每個人都有這樣的朋友。那不是你該模仿的行為,你也沒有義務要與某人為伍,只因為你們恰好是高中同學或曾經是同事。斯多葛哲學家愛比克泰德曾說:「最重要的是,密切的觀察,絕不要把自己跟以前認識的人或朋友綁在一起,讓自

己被限制在他們的水平。這麼做會毀了你的一生⋯⋯。你只能選擇是要贏得朋友的喜愛、永遠不改變自己，還是拋下朋友，成為更好的人⋯⋯如果你兩者都想要，最後只會兩頭空，既沒有變成更好的人、也沒有留住過去的友誼。」

找到有錢人、與他們交朋友，你可以模仿他們的致富與生活的方式。這點很重要，特別是如果你跟我一樣，在不太有錢的環境中長大，也沒有很多機會接觸錢。有錢人通常會認識其他有錢人，這個人際網絡是無價的。人們通常太過強調人脈的重要性，人脈通常無法彌補能力或努力的不足，但它能增加你運用能力與努力的機會。

但要小心，當你的有錢朋友談到他們的投資時，你要保持警覺（其實這適用於任何談論自身投資經驗的人）。人們通常更喜歡談論自己投資成功的經驗、而非失敗經驗。所以聽別人聊投資話題時，你很可能會覺得自己是唯一投資失利的人。學習別人的成功經驗，但心裡要知道他們也有輸的時候。

學會聊錢

跟你認識的人聊錢的話題。有錢人（與老闆）總是說我們不該談論錢，因為那不禮貌。鬼扯！無論我們有沒有選擇，我們都活在資本社會，而金錢就是這個社會的作業系統。當然，

有錢人不希望別人談論錢，因為這樣其他人就會更懂理財。音樂家會談音樂，程式設計師會聊程式設計，打高爾夫球的人會聊高爾夫球（而且真是沒完沒了，我一點也不後悔自己放棄這項運動）。而無論你喜不喜歡，我們每個人都是某種資本家，所以我們為何不敢聊錢？你會收集到關於收入的資訊，修正你的節稅策略，比較自己與別人的預算，壓力測試你的緊急應變計畫。把談論錢變成家常便飯，你就會愈來愈擅於理財。

最重要的關係

你這輩子做的最重要的財務決定，不是大學讀什麼科系、在哪裡工作、買哪支股票，或是要住在哪裡，而是你選擇誰當你的人生伴侶。你與配偶的關係是你這一生最關鍵的關係，會對你未來的經濟狀況產生巨大的影響。

從經濟角度來看，結婚（並且維持婚姻）是對你最有益的決定。已婚人士的財富比單身人士高出77%。一般來說，你維持已婚狀態的每年財產淨值都會增加16%。比起單身人士，已婚人士的壽命更長，也比較快樂。有許多原因可以解釋這個情況，但我比較有共鳴的一個原因是，配偶會使人產生責任感，而責任感是成功的關鍵。如同公司董事會和股東會要求執行長負責，你的配偶會幫助你到達你想去的地方，因為你的成敗與

他息息相關。我看過的最成功的伴侶檔是雙方都非常努力想滿足彼此的期待。

然而,所有重大決定都附帶風險。最不划算的經濟行為就是離婚。在美國,平均來說,離婚會使你的財富縮水四分之三,不論男女。

維持美滿婚姻是一輩子的課題,包含許多因素,但多數人不願意承認的是,金錢這項因素的影響程度很大。在美國,要預測一對夫妻是否會離婚,最有效指標不是外遇、教養方式或事業目標,而是雙方對財務的看法有沒有共識。最常引起美國夫妻爭吵的話題,第二名就是錢(第一名是說話的語氣或態度)。金錢觀不合的美國夫妻之中,有一半的人表示這種衝突對伴侶親密關係產生負面影響。缺錢是關係中最大的壓力源之一(或沒有之一),這可以解釋收入較低的美國人離婚率明顯更高。你結婚的對象比你更懂理財,是很大的優點(更懂理財不代表小氣喔)。如果你的另一半比你更不懂理財也沒關係(有半數的配偶都是如此),但你要清楚知道自己選擇了什麼。我有一個朋友收入非常高,他的另一半亂花錢的習性已經到了病態的地步。這個人會為了晚餐派對要用的鮮花裝飾直接花掉1,500美元,我沒在開玩笑。在理財這件事上,他們簡直是破產狀態,這也成為兩人的焦慮與壓力來源。不健康的金錢習慣會以各種形態呈現,而且會逐漸侵蝕雙方的關係。

從關係的一開始,你們就要務實地看待錢。婚姻包含許多東西,其中之一就是經濟合約,這代表你們需要討論跟錢有關的事。對錢避而不談或許是美國社會上最糟的一項潛規則。找時間坐下來,先從宏觀的角度談論彼此的金錢觀。我們要怎麼處理錢的事?我們的生活上有哪些事可以驗證彼此的金錢觀?(因為問題不是我們「希望」怎麼處理錢的事。)我們希望達到什麼樣的經濟水平?為了維持在那個水平,我們各自要做出什麼貢獻?(有些最重要的貢獻其實與錢無關。)經濟狀況不好的時候,特別要做這方面的溝通。就和面對董事會一樣,壞消息不是問題,意外的消息才是問題。

第一部 重點整理

- **讓行為對齊目標**。財務保障不是智力練習的產物,而是行為模式的結果。光靠知識或計畫無法讓你獲得財務保障。
- **培養長遠的品格**。讓行動與目標連結的關鍵,就是品格。資本主義利用人類的弱點製造了各種誘惑,品格是你對抗人性弱點與資本主義誘惑的利器。
- **放慢一點**。留意你每天無意識做的許多決定,像是不吃早餐、對別人的輕視做出反擊等等。在反應之前,告訴自己:「一切在我的掌控中,我可以選擇如何回應。」
- **認知自己的情緒**。不要否認憤怒、羞愧或恐懼的情緒,這些都是自然、健康的情緒。但不要讓情緒決定你的行為。你一定會有需要宣洩情緒的時候,想辦法找一個健康的出口。
- **培養習慣**。找出你想要的行為,用科學方法養成習慣,把這行為變成直覺反應。
- **做就對了**。要小心分析癱瘓。不要誤把計畫當成行動。比起用理論推想,你透過嘗試與犯錯所學到的與得到的成長會更多。
- **追求獎勵,但不要依賴它**。你需要動機,金錢與地位這類獎

勵是很有力量的激勵。然而，世界上永遠有更大的房子、更高級的俱樂部可以追逐——你賺的愈多，錢就變得愈沒有價值。不要期待光靠金錢能得到幸福。

- **認知到運氣扮演的角色。**我們只能掌控事情一部分的結果（無論是好是壞）。多數人往往把更多的正面結果歸功於自己，把負面結果歸咎於環境。有些人恰好相反。注意你的傾向為何，當你在評估結果時，也要把自己的傾向考慮在內。
- **多運動。**規律運動與健康、成功和快樂之間有絕對的相關。抽時間做一些運動，你最後一定會把用掉的時間賺回來，因為你的生產力提高了。舉重，跑步，動起來。
- **做明智的決策。**檢視你做決定的過程，觀察哪些決定是好的、哪些是不好的，從中學習。當我們來到人生的盡頭，比起選擇冒險卻失敗了，選擇不冒險往往更令人遺憾。
- **別當蠢人。**愚蠢的行為不僅對自己有害，也對社群有害。你的成敗取決於你的人脈，以及你倚賴的生態系統是否健康。
- **尋求引導與建議。**要重視在人生中幫助你腳踏實地、對你的行為提供其他觀點的人與組織。特別是在你取得財富與權力之後，因為那時候不會有太多人願意告訴你真話。
- **記得慷慨一點。**你會得到更好的服務、活得更快樂，而且更長壽。

- **跟有錢人當朋友**。有錢人是如何與錢相處的參考，也能讓你得到更多機會，以及提升你的抱負。
- **學會聊錢的事**。無論你喜不喜歡，金錢是現今社會的作業系統。把談論錢變成常態，這個習慣很重要，不要迴避談錢。
- **投資與另一半的關係**。你人生中最重要的決定，就是與某人成為攜手過人生的伴侶。這是你這輩子最重要的關係。婚姻可以提升財務保障，但需要努力維持與長期的投入。

FOCUS

+

(STOICISM

×

TIME

×

DIVERSIFICATION)

第二部 專注

我們專注在哪些事物上，定義了我們是誰。無時無刻，我們的大腦都在處理從感官與潛意識傳來的大量資料。我們的意識（我們對自我的感知）對這些資料幾乎全部忽略。我們在每個時刻都只能鎖定一個思緒，追蹤一串非常特定的刺激。專注就是選擇要把注意力放在哪裡。

日復一日、年復一年，社會不斷給我們各種誘惑與恐懼、更多的渴望與選擇。我們的人生是由我們的選擇堆疊而成。我們可以漫無目標，某一年發展得很好，某一年迷失方向。或者，我們也可以帶著遠見與彈性，刻意選擇一條路。我們可以有意識的前進，可以專注在某個目標。

我們需要透過數十年的持續努力，才能建立財務保障。要做到這一點，我們必須保持專注。我的成功來自許多因素，那些事大多不在我的掌控之中。我唯一能掌控的，也是你能掌控的東西。我很努力工作，真的很努力……而且很專注。努力工作就像是汽車的馬力，它能把你的事業目標不斷向前推進。但如果缺乏專注，你有可能只是在原地空轉，白費力氣。

光是知道要專注還不夠。因此，第二部就要告訴你如何專注，以及專注的方向──主要是你的職涯，因為我想你會需要在工作上投入很多精力。這一部提出的各種建議來自我的成功經驗與我犯的許多錯誤，以及我在同事、客戶、學生和朋友身上看到的可行做法。我會大致依照時間順序，從如何選擇職

涯方向開始,再配合你的職涯發展進程,提供一些洞察。儘管每個人選擇的職涯都不相同,而且會不斷變化,但我認為這些原則適用於多數的領域與情境。

4
關於工作與生活平衡

這個說法你應該聽過很多次：你可以擁有一切，但不是同時擁有。這是至理名言，但這個道理在每個人身上都以不同方式顯現。我的人生發展是有順序的：我現在的人生在許多方面很平衡，但我在二十和三十多歲的生活超級失衡。在我的記憶中，我從二十二到三十四歲的生活除了商學院，可能只有工作，長時間待在辦公室、到外地出差、被迫取消的計畫，以及放棄了一些體驗人生的機會。我年輕的時候為了拼事業，生活沒有平衡可言，付出的代價包括我的婚姻、髮量，以及二十幾歲的十年人生。這些代價非常真實。但回顧這段人生後續的發展，我覺得那些代價是值得的。如果可以重來，我可能會改變一些做法，但絕不會減少我的工作量。

對許多人來說，人生本來就該如此。事實上，我不知道有誰在發展事業的前二十年沒有拼命工作的，除非他是富二代。一項以兩百三十三位百萬富豪為對象的最新研究指出，其中86％的富豪每週工作都超過五十小時。

沒錯，不是每個人都能夠或想要花那麼多的時間和精力在工作上。雖然我不相信有任何（合法）的方式可以不靠努力工作就得到財務保障，你還是可以有一些善用時間的方法。這就是本章接下來要談的主題，無論你一週工作三十小時、還是六十小時，你都會希望那些時間能發揮最大效益。假如你的工作時數比較接近三十小時，那你絕對要確保能充分運用那些工作時間。

接受事實

基於一些我們無法掌控的選擇與因素，你能用在工作上的時間其實是有限的。所以千萬不要讓你的心理因素進來攪局。我的意思是，你要接受一個事實：在人生的關鍵時期，你必須把工作擺第一（對多數人來說，是從二十歲到四十幾歲的階段，但這不是絕對的）。你勢必要花很多時間工作，你想要用不滿的情緒填滿這段人生嗎？

如果你做的是你擅長的事、收入很不錯、或是你隨著熟練

度上升而愈來愈有熱情,那你會比較容易接受工作在你人生扮演的角色,這是一個良性循環。如果你痛恨因為平日晚上和週末必須加班(更因為你必須付出的情緒與認知能量),而必須放棄你的嗜好與樂趣,你就無法拿出最好的工作成果,你工作表現不會好,最糟的是,你也無法享受你的下班時間,因為怨恨的情緒會讓一切變質。提醒自己:或許你現在想像未來的自己很不真實,但未來的你會非常感謝現在的你做的犧牲。

同理,不要假裝成別人的樣子,或是對自己的局限感到不滿。你一定會遇到一些人,他們人脈很廣、身材超好、還有時間到美國愛護動物協會(ASPCA)當志工、寫美食部落格,而且在工作上名利雙收。你要先認定,你不是那種人(他們很可能也不是你所想的那樣,你永遠不知道那些人背後犧牲了什麼、或是得到了什麼支持)。我很早就明白,我不是那種人。我有才華,但我無法不靠努力就發大財,你也一樣。平心靜氣的接受自己的局限吧。

彈性

如果你自由安排你執行其他義務的時間,就可以把更多時間拿來工作。科技已經使知識性工作變得更有彈性,但不是所有的工作都有那種彈性。需要協作的工作、管理職與在大型組

織內工作，通常還是有固定的時間安排。需要面對客戶、患者或直接與顧客接觸的工作，也比較缺乏時間彈性。你能投入工作的時數愈少，彈性對你的幫助就愈大。

你可以透過累積聲譽贏得工作上的彈性，但不是所有的組織都可以如此。在一家公司工作五到十年後，表現好的員工會贏得（好）主管的信任，通常可以調整自己的工作時間。但如果他們換到另一家公司，就必須重新贏得主管的信任。

隨著你愈來愈資深，優秀的管理能力可以為你帶來更多彈性。人生中最快樂的時刻，就是當你把複雜任務指派給你的團隊，並且百分百有信心他們能達成任務的時候。（管理是一種能力，不是人格特質，管理是可以學習的。）

所以，如果你想確保自己擁有工作以外的私人時間，那你的職涯發展要非常注重個人表現，為自己建立使命必達的名聲，假如你在組織內工作，還要有非常好的管理與分派工作的能力。

組隊勝過單打獨鬥

要讓效率最大化，最重要的關鍵是找到對的伴侶。兩人一起生活，能完成的事會超過兩個單身人士的加總，因為要讓一個家順利運作，本來就會需要投入最基本的時間和精力，所以

最好有人與你分擔工作。這在有小孩的情況下當然更明顯，但其實很多人低估了婚姻本身對事業發展的助力。

我認識的成功人士大多都與另一半在家庭和事業的責任上扮演不同的角色。就像你在追求平衡時應該以一輩子來想，而不是以一天為單位。同樣的，成功的伴侶關係多半追求的是共同的平衡，而非個人的平衡。你不用預設自己一定是負責事業的角色，或是投入家庭責任的角色，因為這其實也跟時間的彈性有關。我在L2公司的創業夥伴就是很好的例子，她當時在電視新聞業工作，孩子還很小，但她能全心投入工作，是因為她的丈夫當時才剛創業。雖然她丈夫也非常忙碌，但他們的分工是有彈性的。所以當有人需要去學校接生病的孩子回家、或是有人要來家裡修理東西時，她不需要離開攝影棚。

限制反而能成為力量

即使你有其他的優先要務，也不要低估你能做的、能完成的事。我在創立品牌顧問公司「先知」（Prophet）時得到了第一手觀察。公司創立初期，我們很難找到需要的人才。我能找到客戶，但我無法吸引夠多的優秀員工來滿足公司的快速發展。原因顯而易見：有經驗的顧問不需要來為一個剛從商學院畢業的二十六歲新鮮人（也就是我）工作。我們（誤打誤撞）

的解決方法,是聘請剛生完小孩並想要回到職場的女性。大公司對員工的要求相對強硬,他們也有條件這麼做。我們是名不見經傳的新創公司,所以需要發揮更多創意。最後,我們找到幾位聰明又有經驗的顧問願意來上班,因為我告訴她們,她們可以早點下班,甚至一週可以在家工作幾天(居然!)。

這些人是我們公司最有生產力、最有價值的員工。她們要管理很多事情:要應對客戶、菜鳥團隊、自己的顧問工作,再加上家庭的責任。所以她們不得已一定要有效率。其他沒有準時完成工作的同事,生活相對沒那麼忙碌,但這反而變成了他們的劣勢,因為他們覺得可以悠哉地吃很久的午餐,在辦公桌上管理自己的夢幻美式足球隊,然後再加班把事情做完就好。這驗證了一句老話:「如果你想搞定一件事,就交給那個很忙的人。」

總而言之,重點在於專注。專注就是懂得說「不」。賈伯斯說他身為執行長最重要的工作,就是說「不」。馬斯克(Elon Musk)在打造地表最棒的車時,他的座右銘是:「最棒的零件就是沒有零件。」思考可以如何簡化與精實你的人生,使你能專注於真正重要的事,然後就開始去做吧!

5
請不要追隨你的熱情

如果有人叫你追隨自己的熱情,那通常表示這個人已經是有錢人,而且他多半是靠聽起來一點也不浪漫的產業(例如煉鐵)致富的。你的任務是找到你擅長的事,然後投入數千小時必要的恆毅力與犧牲,讓自己變得卓越。在你到達這個境界的過程中,成長的感覺、技藝愈來愈純熟帶來的成就感,加上你得到的財務報酬、他人的認同與同事的情誼,就會使你對那個專業產生熱情。沒有人從小就會說:「我對稅法充滿熱情」,但全美國最優秀的稅務律師不僅擁有財務保障,還能認識更多的好對象,而且他們對稅法充滿熱情,因為他們真的很擅長他們的工作。你不太可能在你不喜歡的領域發光發熱,但專長能讓你產生熱情。

我們往往不知道自己對什麼有熱情

「追隨你的熱情」這個忠告最糟的部分，或許是對多數人來說，它是不可行的。史丹佛心理學家戴蒙（William Damon）發現，二十六歲以下的年輕人當中，只有20％的人能說出指引他們人生方向的熱情是什麼。也就是說，五個人之中有四個人，就算想要也無法追隨熱情，因為我們根本不知道自己對什麼有熱情。即使我們能說出自己的熱情，通常也是社會定義的，反映了文化的期待，而不是我們天生的熱情。研究年輕人志向的研究者發現，年輕人的熱情其實非常容易受外在環境影響，例如某堂課的教室布置這種因素。對多數人而言，引導我們前進、像北極星的那種熱情，並不是與生俱來的，而是我們在努力的過程中找到的。

作家卡爾·紐波特（Cal Newport）在他的著作《深度職場力》（*So Good They Can't Ignore You*）中駁斥了他所謂的「熱情迷思」。他從這個迷思最知名的傳播者——賈伯斯開始談起。2005年，賈伯斯在史丹佛大學的畢業演說中，鼓勵學生要「找到你所愛，然後以此為業」。那場演說在YouTube上有超過四千萬次觀看。然而，紐波特指出，賈伯斯自己的事業發展與他給的建議矛盾。在創立蘋果以前，賈伯斯對很多事情有熱情：冥想、書法、果食主義、赤腳走路。他對科技最初的興趣是做

出能免費打長途電話的裝置（如果你無法理解這是什麼，去問你爸媽）。他最終找到的志業，都不是上述任何一項。他想做的是推廣他的朋友沃茲尼克（Steve Wozniak）製作的業餘電腦。賈伯斯不是找到他所愛，而是發現了他的天賦。他開始對行銷消費者型電腦充滿熱情（他後來稱之為「心智的腳踏車」），正是因為那是他非常擅長的事。

與熱情相符的職業糟透了

如果你覺得必須先對某件事充滿熱情，才能開始通往專業的艱難之路，你最後往往會找到那些供過於求的職業，很可能比較適合當愛好，而非職涯選擇。只有2%的職業演員能靠演戲維生。最頂尖1%的音樂家掌握了錄音音樂市場77%的收益。有一半的視覺藝術家從自己創作獲得的收入甚至不到10%。數位媒體的出現原本應該要打破這種不平等，但事實上卻加劇了「贏家通吃」的現象。YouTube上排名前3%的頻道占了整個平台觀看次數的85%，即使某位內容創作者達到了那個門檻（大約每月百萬次的觀看），他們的熱情所換來的年收入大約也只有15,000美元。

在娛樂業與其他看似光鮮亮麗的職業，選角總監、製作人、資深副總（也就是握有實權的那一小群人），他們都心知

肚明，才華非常廉價，而且要多少有多少。除非你已經是能賺錢的明星，否則他們沒有理由投資你或栽培你。投資銀行、運動、音樂和時尚產業都有這個問題。我以前的客戶香奈兒是全世界最具影響力的品牌之一，產品價位動輒數千美元，毛利率超過90％。擁有香奈兒股份的家族是億萬富豪，但香奈兒雇用無薪的實習生。這些億萬富豪不想付7.25美元的時薪給那些想追逐時尚夢的年輕人（大多是女性），為什麼？因為他們可以。**「追隨你的熱情」，其實只是「準備好被剝削」的另一種說法。**

即使你的熱情指向有潛力的職業，這個建議同樣成立，至少對年輕人是如此。法學院裡有一大堆小時候看了電視劇《法網遊龍》（*Law and Order*）就夢想成為法律人的學生，但他們從業幾年後大多會選擇離開這個行業，而且對自己當初的選擇感到後悔。一個職業在外人眼中的樣子（更糟的是電視上的樣子），通常和圈內人看到的不同。真實情況不一定更糟，只是不同。職業運動員（尤其在團體運動領域）熱愛競爭，但他們退休後最懷念的往往不是那些勝利，而是隊友之間的情誼、為團隊貢獻的時刻、與隊友在球場上苦練累積的感情，這些都是粉絲看不見的一面。

工作會澆熄熱情

「追隨你的熱情」這個觀念不但對你的職涯發展不利，也會消耗你的熱情。工作是很辛苦的，你一定會遇到挫折、不公平待遇和失望。如果你是因為熱情而進入某個領域，那份熱情最終很可能會熄滅。作家摩根‧豪瑟（Morgan Housel）曾說，「做你熱愛的事，卻無法掌控時程，那感覺跟做你討厭的事是一樣的。」Jay-Z追隨他的熱情，現在成為億萬富豪。請假設你不是Jay-Z，在週末追隨你的熱情就好。

6
追隨你的天賦

　　天賦跟熱情不一樣，天賦看的見、可被測試，更可能轉換成高收入的職涯，而且愈打磨會愈精進。熱情或許可以讓你更擅長某件事，而天賦絕對可以讓你更擅長某件事。經濟學家把一個人的天賦與他的工作之間的契合度稱為「契合值」(match quality)。許多研究指出，契合值愈高，人們的表現會更好、進步更快、賺的錢也更多。做你擅長的事，會形成良性循環。你會更快取得成就，這些成就會提升你的自信，激勵你更努力投入。你的大腦運轉也會更高效，因為獎勵性神經化學物質會提升你的記憶力和技能學習。整個過程不再只是辛苦煎熬，而是充滿樂趣，讓我們更願意日復一日、年復一年的堅持下去。

天賦的定義

我對天賦的定義很廣。一個不錯的定義是：什麼事你做起來很輕鬆、別人做起來很困難？這也正巧是商業策略的基本概念：什麼是你能做、而別人無法做的事？我們往往把天賦想像成彈奏樂器的能力或是數學頭腦很好。但能創造事業成功的技能其實非常多樣。

康妮·霍奎斯特（Connie Hallquist）是我最早雇用的員工之一，她是我創辦的公司「先知」的顧問。在加入我們之前，她是法文學者、職業網球選手與外匯交易員，這些都需要突出且外顯的天賦。但康妮真正的天賦，是她在「先知」工作時發現的，她最擅長管理人。我很少見過有人那麼擅長制訂計畫、激勵團隊、帶領大家朝共同的目標前進。她必須這麼厲害，因為她來公司報到的第一週，我的策略就轉變成承接最大型、最具企圖心的專案，我請康妮搞定這件事，而她辦到了。她後來自己創業，還被許多公司聘為執行長。與打網球或外匯交易不同，「管理」的內容包羅萬象，很難被視為一種天賦。然而，當這個天賦被發現並且被培養，就能成為最有價值的天賦。人們常認為一個人很聰明、個性好，就能成為一個好主管。事實不然。管理是一種特殊的能力，而且是可以訓練的，但就和多數能力一樣，有天賦的人往往能創造最出色的成果。

我人生中的一位啟發者，是另一位也叫史考特的人。史考特‧哈里森（Scott Harrison）創立了一個獨特又具說服力的非營利組織：水慈善（Charity: water）。我認識史考特的時候，他還在做前一份工作：紐約的夜店行銷。史考特謀生的技能，就是他通達的人脈，他知道現在哪裡最紅、誰會出現。不論是當時還是現在，史考特一直很酷。事實證明，很酷也是一種天賦。當他走到人生的轉捩點，開始希望人生的意義不再只是一連串很棒的狂歡夜晚，他把這項天賦變成募款的能力。他為水慈善建立了一個捐款者名冊，就像他為紐約市的夜店精心規劃的貴賓名冊一樣。史考特還有許多其他天賦，水慈善在許多方面都非常創新且令人佩服。但如果史考特沒有發揮連結人群的天賦，這一切都不會發生。

天賦，就是你能做、而別人不能或不願意做的事。大學畢業後，我的第一份工作是在摩根士丹利當分析師。我多數的同事資歷都比我好，他們是憑本事進公司的，而我是碰巧走運，雇用我的部門主管大學時也曾加入划船社，他相信划船社的經驗是個指標，代表我能成為優秀的投資銀行家。我的其他同事對於財務工作和華爾街文化相當熟悉，與我們那些自認是「宇宙主宰」的老闆有更多共同點，更重要的是，他們知道自己為何在那裡工作。跟來自維吉尼亞州瀑布教堂市的查特，或是來自格林威治的夏儂相比，我不可能成為更優秀的投資金融分析

師。但錄取我的副總想對了一件事，大學划船社員要在早上五點起床，練習划船到想吐為止，我已經學會忍受痛苦。於是我開始仰賴這個優勢，查特和夏儂凌晨兩點下班時，我還在辦公室。他們隔天早上八點來上班時，我依然在辦公室。我放了備用襯衫在辦公桌抽屜裡。同事都知道，我每週二會從早上九點開始連續工作三十六小時。在那個環境，這種作風是有價值的。如果你覺得這很亂來、太工作狂……你沒有錯。我的建議不是「為了熬夜工作而熬夜工作」。如果我多睡一點還是能跟查特和夏儂競爭，我肯定會多睡一點。

關鍵在於找出什麼是你能做、而別人不能或不願意做的事。勤奮是一種天賦。好奇心是一種天賦。耐心和同理心也是天賦。對摔角選手與拳擊選手來說，維持體重也是一種天賦。對騎師來說，矮個子是一種天賦。重點是把眼界放得更寬，不只考慮你的能力，更要考慮你的優勢、你的與眾不同之處、你能忍受什麼、使你獨一無二的是什麼。這樣的探索需要時間、彈性和自省。

我個人的經驗

我花了很多年，嘗試過很多看似正確的選擇，最後終於找到我真正的天賦（除了忍受痛苦以外）。我從顧問業跳到電

商、再到避險基金，任何我覺得會讓人覺得厲害的職業，但我一直沒有真正找到我的核心。前面所有的職涯路徑都差一點點就對了，因為它們都觸及我真正擅長的事：溝通。我現在回顧過去，這個答案顯而易見，但我當時並沒有意識到。

我三十八歲到紐約大學任教時，我的職涯才算真的開始。站在十五人、增加到五十人、再增加到三百人的MBA二年級學生面前，試著把行銷學原理濃縮在十二堂140分鐘的課程裡，這段經歷磨練了我在溝通上的天賦。之後，我開始每週寫電子報《不留情／沒惡意》，製作每週的YouTube節目，出版我的第一本書，開始收費演講，以及推出兩個播客節目。就這樣，我的天賦變成我真正的事業，在我已經得到財務保障之後，還願意持續做這些工作。這些工作成了我的（寫起來彆扭、讀起來可能也很彆扭）熱情。

我繞了一大圈才找到自己的天賦，其實對我有好處，最大的好處是創業和顧問的那些年經驗，給了我可以溝通個人見解的主題。但我的天賦之路同時也有點奢侈，並不是最有效率的路徑。你在發現自己的天賦時可以更有意識。

如何找到你的天賦

你要怎麼找到你的天賦？對多數人來說，人生的前二十年

都在學校,但現行的教育體系著重的是我們能產出什麼、而不是我們是誰。天賦只有在要用的時候才會出現,而學校教室只能激發非常少數的天賦,能讓我們運用在職場。

　　試著把自己放在各種環境、位置和組織。志工、學生會、打工、運動,環境能讓你的天賦顯現,所以盡早讓自己在各種環境中探索。發現哪條路行不通,以及自己不擅長什麼,也有助於你找到自己擅長的事。這種探索在求學和初入職場的階段最有用,因為你還年輕、還有時間。你可以這樣想:二十歲階段多方嘗試,三十歲階段在你選擇的領域磨練能力,四、五十歲階段收穫成果。

　　現成的性格分析架構或許可以幫助你找到天賦。我不是這類測驗的擁護者,它們背後的科學根據相當有限,甚至有爭議。但嘗試這些工具的時間成本非常低,而職涯初期哪怕只是稍微的修正方向或是推力,都可能帶給你巨大的長期回報。億萬富豪避險基金經理人達利歐(Ray Dalio)就非常推崇性格測驗,並應用在他的公司橋水基金(Bridgewater Associates)。達利歐運用他所謂的「棒球卡」系統,請員工在多個面向上互評,包括「創意」和「外向程度」,幫助員工更深入了解彼此的天賦。我認為這個做法有點太超過了,但達利歐能用橋水管理的2,000億美元資產規模來證明我錯了。

　　邁爾斯布里格斯類型指標(Myers-Briggs)是最廣為人知的

一種工具，用一連串問題、以四個面向呈現你的性格。我想多數人不會對自己的MBTI類型感到訝異，但回答問題與檢視結果的過程可以告訴你很多事。記得不只是看你的MBTI類型，要仔細讀關於每個代號的描述。另一個可以參考的工具是蓋洛普優勢測評（Gallup CliftonStrengths），這個測驗的目標更明確，就是要辨識天賦。測驗定義出三十五項優勢，透過測評找出你最強的五項優勢。

除了問卷工具，你也可以尋找天賦顯現的證據。別人都會請你做什麼樣的事？你在哪些地方總是成功、在哪些地方做得很吃力？關鍵是超越這些經驗的表象，看見隱藏在底下的天賦，這些天賦是能夠應用在你的職涯的。問自己，這些經驗為何是這樣發展。如果你很會辦派對，那不（一定）代表你應該以派對企劃為業，但這可能透露出你是一個有創意、有條理、擅長推廣與銷售活動的人，有創業家體質，或是能讓別人照你的意思做事（來參加你的派對），有些人把這個能力稱為領導力。總之，研究你的成功（和失敗）經驗，拆解出使你成功的各項能力。哪些能力使你成功或無法成功？（知道自己不擅長做什麼，也是自我覺察的一部分。）如果你對某件事很有熱情，仔細地深入探究。你最喜歡其中的哪部分？我敢說，你的天賦就藏在裡面。你能把那個天賦運用在哪些其他地方？

無法總是如願以償

很不公平的是,我們的天賦往往跟我們最初的志向有落差。不只是「我長大要當道奇先發投手」那種兒時夢想,進入職涯初期,我們仍然在依據很少的參考資料,來認定自己想當什麼樣的人。父母的職業或看重的事物,朋友擅長做的事,以及大學畢業後第一份工作的公司看重的東西。有時候,我們可能很難接受、甚至意識到,自己的天賦可能在別的地方。

有時候,我們一直撞牆,卻沒發現旁邊其實就有門。我在「先知」最早雇用的另一個年輕人,他在財務領域工作幾年之後加入我們。強尼・林(Johnny Lin)天生很會處理數字與量化分析,就像音樂家一拿起樂器就能彈奏出美妙的樂曲。你可以把一堆亂七八糟的資料丟給強尼,問他任何問題,他會把這堆資料變成一張簡潔有邏輯的報表,並告訴你答案。只有一個人不覺得強尼的這種能力很厲害,就是他自己。他想當用投影片做簡報的策略規劃者。他後來到零售業工作,待過的公司都因為他對數字的才能不斷晉升他。最後他終於接受了自己的天賦,學會用天賦支持自己管理更大格局的事,成為行銷長,後來更成為多家零售商的總裁。他一路上不斷努力克服自己的缺點,後來也成為很會溝通的人。我想給你的建議是,追隨你的天賦,不要為自己設限。

我們對強尼掌握數字的能力，看法與他對自己的認知有很大的落差，這個情況非常普遍。我們往往會低估自己的天賦（比較能清楚看見別人的天賦），因為那就是我們天生擅長的事。如果有件事我們輕而易舉就能辦到，我們通常不會覺得那有什麼了不起。相反的，當我們看見某人做了我們不擅長的事，往往會非常佩服他的能力。事實上，那個人很可能也是這樣看我們。

有許多事物會妨礙我們辨識自己的天賦。我在 Prof G Media 的總編輯傑森・史戴維斯（Jason Stavers）曾是成功的律師，他現在是優秀的作家和編輯，但他認為自己原本應該要當程式設計師。他為何沒有走上那條路？他從小就喜歡寫程式，卻因為覺得這份工作不夠酷，而沒有選擇走這條路。「現在要我承認這件事，實在有點丟臉，」他說，「我十三歲時，雖然家就住在矽谷，卻沒有自信走進電腦教室，因為我太在意自己是不是受歡迎的人。」這個世界非常吵雜，要忽略噪音，聽見自己的心聲，是一件相當困難的事。

在我摧毀你所有的夢想之前，我想補充說明一點：有些人（少於1%）從小就在我們剛剛講到的「熱情類領域」（運動、藝術等）展現出驚人的天分，所以這些人把自己熱愛的事變成職業，是很合理的。如果你有證據支持你就是這種人，當然趕快去追隨你的熱情。但請你用最嚴格的標準、盡早衡量，確認

這是否真的是你的天賦,更重要的是,要確認這個世界是否也肯定你的表現。要在以熱情維生的職業生存,你必須成為最頂尖的千分之一。在其他職業領域(任何沒被五歲小孩列為志向的職業),你可能只要有出現在辦公室,就能得到不錯的收入。換句話說,**不浪漫的職業比夢幻職業更能讓你舒服過日子,而且是容易千百倍**。先取得財務保障,週末再追隨你的熱情。

找到真正所愛

尋找天賦的快樂大結局是,它會帶你找到真正的熱情。不是兒時志向那種不成熟的愛,而是有意義的職涯帶來的持久熱情,那是需要透過多年的勤奮工作,才能體驗到的熱情。這種熱情來自專精,把某件困難的事做得非常非常好的成就感與能力。《做自己的生命設計師》(Designing Your Life)是史丹佛教授柏內特(Bill Burnett)與埃文斯(Dave Evans)根據他們開的同名熱門課程寫成的書,兩位教授形容:熱情是好的人生設計的結果,而非原因。

(天賦+專注)→ 專精 → 熱情

專精的價值太重要了,但很難傳達給年輕人,因為他們還沒有時間磨練出專長。據我的觀察,二十五歲、甚至三十歲

以下的人，很少人能真正掌握一項複雜的專業領域。就連從小就全心投入運動的頂尖運動員，在簽下第一份職業合約時也仍是個菜鳥，表現往往也真的像菜鳥。即使進入職業賽場，他們也需要花很多年才能真正練就純熟的技藝。作家葛拉威爾（Malcolm Gladwell）曾提出一個概念：要達到專精的程度，需要一萬小時的練習。

把天賦磨練到專精的過程，很近似於傑出的產品設計。創新是漸進的。關鍵是開始做一件事，然後慢慢改善。我創立的每家公司做出的第一個產品，都和兩年後的樣子截然不同。我對於上電視有種不尋常的執著，花了很多年精進自己這方面的能力。我們製作的第一個YouTube影片品質很糟。但我們做出來了，這是關鍵。然後我們做了更多的影片。幾年下來，我們做了無數的小幅度改進：燈光與音效、統一的語言、企劃內容與寫腳本的方式等等。後來，我們的影片水準好到Vice傳媒在2020年主動為我開一個節目。我們製作了第一集節目（就像簽了我們的第一份專業合約），我給我老婆看。她哭了（不是喜極而泣的那種哭）。我們還是很菜，但我們一直有進步。兩年後，彭博電視台（Bloomberg）邀請我主持我自己的節目（後來沒有實現，故事很長，簡單來說原因跟我沒穿上衣有關）。一年後，我在CNN+主持自己的節目，這次的表現比之前好很多。CNN+停止營運後，BBC邀請我在他們新的串流平台開節

目。我的表現應該會更好,只不過,媒體市場進行修正,那個平台一直沒有上線。我並不介意,因為我愈來愈會做節目,現在經常有人邀請我們去開節目。

重點在於專精。我還沒征服電視業,但我一直在與觀眾溝通商業與我關心的議題。我在做這件事的時候會進入心流狀態(flow),這是專精特有的感受。「心流」一詞是心理學家契克森米哈伊(Mihaly Csikszentmihalyi)所創,指的是一種高度專注的狀態,我們全然投入我們做的事,到了失去自我意識、甚至失去時間感的狀態。心流不只是能提升表現的狀態,也是我們學習效率最佳的時刻。而且當下的感覺很愉快,我們的大腦在心流狀態產生的神經化學物質,會使我們欲罷不能,驅使我們再次投入自己專精的事物。這就是創造成功職涯的關鍵:**找到你熱愛的事,把它練到專精,你的熱情就會隨之而來。**「追隨你的熱情」只要倒過來做,就沒有問題。

7
如何選擇職業

我在畢業後誤入投資銀行業,後來選擇創業,或者應該說,是創業選擇了我,因為我缺乏在企業蓬勃發展的能力。我的不安全感太強,很難為別人工作,也不太擅長為別人工作。事實上,不只有我是這樣。研究者針對傳統工作者與創業者的調查發現,創業者在「親和力」(五大人格特質之一)這項特質的分數明顯低於傳統工作者。很震驚嗎?還有證據指出,創業精神與愛冒險的個性相關,而且是天生的。我們學到什麼?「了解自己」能夠(也應該)幫助你選擇你的職涯路線。

了解自己的特質,也知道你的天賦是什麼之後,要怎麼應用在職涯選擇上?你可以先用刪去法。比起找到對的職涯路徑,避開你不適合的職業可能更重要。我的第一份工作是在投

資銀行，結果我發現我不喜歡那裡的工作、人和客戶。

然而，小心不要基於錯誤的理由而刪除某些選項。前面提到教你設計人生的史丹佛教授柏內特，就鼓勵大家去找資深的前輩聊聊，「就像在時間旅行」，你可以快轉看到你變資深之後會做的事（通常跟初階工作者做的事情很不一樣）。如果你才剛進入職場，最好根據你工作未來的樣子，而不是現在的狀態，來決定要不要繼續做這份工作。柏內特說，「你會想讓二十二歲的自己告訴四十歲的自己要選擇什麼工作嗎？」聽聽未來的你有什麼話要說。許多職業在入門階段會很辛苦，而且所有職業應該都有很繁瑣乏味的部分，尤其在你掌握了基本技能之後。柏內特指出，覺得工作「任務」很無聊是小事，因為你升遷到更高職位之後通常就會有不同的任務。但如果你覺得工作的「本質」很無聊，那就要趁早避開。

關於職涯的一點基本觀念

不同職務、職業與產業之間的差異往往非常大。迪士尼財務副總的職務，跟迪士尼動畫總監的職務很不一樣。迪士尼財務副總的職務，跟員工只有二十人的新創公司的財務副總也不會相同。檢察官與專利律師都是法律人，但他們從法學院畢業之後的體驗完全不同（畢業之前通常也很不同）。你實際上做

的事（與運用的天賦）取決於產業、領域、雇主、地點與其他因素。

評估職涯選項時，上漲潛力很重要。先想像，如果一切都超順利，你的收入會達到什麼水準？如果這個最佳前景也沒有達到你期望的水準，那你只能修正你的期待，或是改變職業路徑。

說到上漲潛力，有些產業會比其他產業擴展得更快，薪酬也是如此。你要尋找薪酬與公司的獲利或市值有所連動的工作。金融業就是典型的例子，許多交易、投資銀行與其他投資相關的工作，都可以分享投資業務上漲的收益。銷售（尤其在成長中的公司）景氣好的時候也有很多上漲空間。房地產行業通常也包含一部分的分潤機制。軟體業是出了名的能快速成長，因為多數的投入都在開發第一個版本，接下來賺的錢全是利潤。另一方面，需要仰賴人力的產品就比較難擴大規模。醫療或法律機構能服務的人數會受限於醫生或律師的人數。即使你所在的產業有快速擴張的潛力，唯有當你的薪酬能透過獎金或股票與公司的獲利連結，你的收入才有辦法增加。總之，你的目標就是分潤。

市場動能勝過個人績效（我知道這句話聽起來令人沮喪）。在Google工作但能力普通的人，比通用汽車（General Motors）的頂尖人才賺得更多。所以，請慎選你要跳進哪一股

浪潮，尤其在剛進入職場的時候。年輕時有任何選擇職涯的機會，都是福氣。

你要尋找浪頭最大的海灘。二十五年前，我選擇的浪潮是電商，我的第一個嘗試：禮物電商「紅包」（Red Envelope）失敗了。更糟的是，它失敗得很慢（花了十年！參考後面的「知道何時該放棄」）。但我選擇的浪潮是對的。於是我重新開始，創立了L2公司，幫助其他公司發展數位策略。我努力了一段時間才成功，但這股浪潮的力量與規模推著我不斷前進，甚至讓別人以為我很會衝浪。我只不過是蹭到了一波大浪而已。

大環境的景氣循環會塑造機會，把不錯的衝浪手變得卓越。據我觀察，**景氣低迷時期是創業的最佳時機。**我創辦過九家公司，所有成功的例子都有一個共同點：我是在景氣不好時創立這些公司。這麼做的不只是我。微軟（Microsoft）是在1970年代的景氣衰退期創立的，蘋果則是在那一波衰退剛結束時創立。2008年經濟大衰退催生了Airbnb、Uber、Slack、WhatsApp、支付服務公司Block等新創公司。有幾個原因可以解釋這個情況。在景氣低迷時期，高薪工作很難找，因為沒有人想離職。所以市場上有大量的優秀人才（便宜的資產）。市場上缺乏成本低、容易找到的資本，代表公司的創業想法必須從一開始就行得通。公司創辦人在不景氣時期可以為公司文化

帶來更多紀律,因為他們非這麼做不可。此外,客戶和消費者在景氣不好時也會更願意改變,景氣好的時候改變現狀的動力往往很低。

另一個宏觀考量是,**設法善用別人的投資**。企業若能善用政府投資或閒置資產,有可能創造驚人的財富。這麼做的聰明之處就在於能夠在政府對研究與基礎設施的大型投資的基礎之上創新。有利的稅制與法規也會促進高速成長,房地產就是一個例子。矽谷是有史以來政府投資最成功的案例,只要檢視任何重要科技產品或科技公司的背景,都可以找到政府資助的痕跡。蘋果、英特爾(Intel)、特斯拉(Tesla)和高通(Qualcomm)都是聯邦貸款計畫的受益者。如果不是聯邦政府出手相救,特斯拉可能已經破產了。Google的核心演算法也是靠美國國家科學基金會(National Science Foundation)的補助開發出來的。經濟學家馬祖卡托(Mariana Mazzucato)在《打造創業型國家》(*The Entrepreneurial State*)一書中指出,美國政府機關大概為新創科技公司提供了四分之一的資金。在製藥業(非常仰賴大量實驗與承受失敗的勇氣),75%的全新分子藥物(new molecular entity)是由公費資助實驗室或政府機關研發出來的。你有繳稅給政府,所以那些投資你也都可以好好利用。

就如我前面提過的,用熱情來選職業是一個陷阱。在外行人眼中看起來愈吸引人的職業,可能愈難賺到錢。搬到洛杉

磯當演員這個夢想是很浪漫，但你到了那裡會發現有好幾萬人（他們在高中時代也都是校花校草）跟你搶那幾百個角色。這個情況會產生的問題不是競爭，而是剝削。

對很多人來說，最佳職涯路徑（尤其在職涯早期）是待在一家企業，腳踏實地往上爬。從歷史來看，美國企業仍然是創造財富的首選管道。如果你能被高盛（Goldman Sachs）、微軟、Google等公司錄取，最好接受這份工作。我們很容易嘲笑那些在大公司安穩工作的人，但你不必在那裡待一輩子。**大公司有很多東西可以學，還可以賺不少錢**。前面說過，美國企業是產出最多財富的地方。你需要在組織裡遊走的政治手腕，找到高階主管當你的靠山，有足夠的成熟度與氣度忍受不公平的事，這些都是在企業打滾的標準配備。擁有（或努力培養）這些能力，你就能緩慢但穩健的累積財富。

幾乎沒有例外，**無論你從事什麼行業，讓別人聽懂你的想法，都是非常關鍵的能力**。天生不擅長也沒關係，表達能力是可以學的。在我的兩個兒子進入職場時，我會確保他們一定要具備的能力，不是資訊工程或中文，而是溝通。不是溝通學的歷史或語言學，而是能夠透過不同媒介表達自己的想法。我不久前幫小兒子買了一台Insta360全景相機，因為他喜歡拍影片。我跟大兒子一起錄播客節目，我會要他寫二到三分鐘的腳本，讓我針對某個主題訪問他。溝通主要仰賴語言能力，但千

萬不要低估視覺溝通的重要。設計愈來愈成為主流，Airbnb 和 Snap 的執行長分別畢業於羅德島設計學院與史丹佛設計思考學院，也不是巧合。

最後，記得組織就是文化，環境會把某種個性的人聚集在一起。每家律師事務所都各有特色，但一家律師事務所與另一家律師事務所之間的共同點，絕對遠多於律師事務所與拍片現場或急診室。你可能已經花太多時間跟你不喜歡的人共事，太少時間與你喜歡（或至少覺得還不錯）的人為伍。想一想，什麼樣的人能夠讓你展現最好的一面。

在最經典的求職指南《你可以不遷就》（*What Color Is Your Parachute?*）一書中，作者波利斯（Richard Bolles）建議用「派對練習」找到最適合你發展的環境，分為六種類型：實際型、研究型、藝術型、社交型、進取型、傳統型。這個練習很簡單：想像你參加一個派對，派對現場的六個角落就站著這六種類型的人。你會先走向哪一群人？你想跟誰待在一起？你會避開哪種人？與你共事的人會直接影響你的工作環境，讓你成長茁壯，還是讓你筋疲力盡。就像波利斯說的，人們「不是在消耗你的能量，就是為你帶來更多能量。」

所以你適合什麼職業？

我不會假裝我知道每種職業的成功關鍵，你需要針對你正在考慮的職業，深入了解真正重要的成功要素，別以為這些東西對外行人來說是顯而易見的。如果你想了解不同領域中哪些人格特質或其他因素與成功相關，可以參考《你是誰就做什麼》(*Do What You Are*)這本書，它運用MBTI類型架構分析上百種職業，並根據不同人格類型加以區分對應。即使你沒有特別認同MBTI，這本書也是相當實用的職涯資料庫，收錄了各種你想得到的賺錢方法。

我對某些領域的了解比較深入，接下來會一一說明我的看法。我會先談我最了解的部分：創業、學術界和媒體業。我的創業經驗還算成功，我在學術界的表現愈來愈好，而我在媒體業的發展是職涯晚期的意外驚喜。這些領域，以及我會提到的少數其他領域，是我所知道的部分，你可以研究的選項還不止這些。

創業

我從摩根士丹利的工作經驗學到的其中一件事，就是我不想在摩根士丹利工作，也可以說，我不想在大公司工作，或

是為任何人工作。我討厭有人管我,我無法好好接受別人對我的批評指教,任何程度的不公平都會讓我非常火大。此外,除非我做的事可以直接產生回報,否則我就沒有動力做。前面說過:我缺乏在大型組織成功的能力。幸好,這些性格剛好是創業家的特質。整體而言,我們的社會把創業想得太浪漫了。

我見過數百、甚至上千位創業家,他們絕大多數會選擇創業都不是因為他們有這個條件,而是因為別無選擇。

每次我這樣告訴年輕人,他們都會露出洩氣的表情。然而,在組織或平台工作,可以比較沒有風險的得到回報。組織之所以存在,就是因為能集合各種資源,使集體創造出比個人努力更好的成果。成為組織的一分子,組織就會與你分享那份多出來的價值。如果你擁有克服障礙與辦公室政治的能力與耐心,也能忍受保證會發生的不公平待遇,你的努力中、長期來說一定能得到回報。我在摩根士丹利的一位同事現在已經是副總裁。我們後來的經濟條件很相似,但我猜他承受的壓力和情緒起伏一定比我小很多。

我們的社會需要神話化創業這件事,這對經濟有益,因為我們需要有人創新、挑戰既有做法、顛覆現存的大型企業。但我們關注的創業故事,幾乎都是極少數超級成功的例子。20%的新創公司在第一年就會失敗,在某種程度上,他們還算是幸運兒。在未來十年,還有45%的新創公司會壽終正寢,只有

不到15％的新創公司能存活超過二十年。媒體把焦點放在極少數中的極少數，那些我們熟悉也比較容易理解的消費型應用程式、產品與服務。但在少數真的讓創辦人與投資人致富的成功案例中，通常都不是那麼吸引人的類型（存活率最高的是公用事業與製造業），這些公司仰賴的不是靈光乍現的好點子或野心，而是產業經驗與專業能力。在自家車庫搞電腦然後改變世界，這種事的確發生過幾次，但如果你的目標是取得財務保障，最好還是乖乖去Google上班，週末再在車庫嘗試新東西。

此外，無論成功或失敗，你一但創業，就必須開始承受全年無休的工作和壓力。創業一開始愈成功，你的壓力就愈大。假設你的新產品點子很有說服力，你也取得了資金。那些資金其實就是你雇用員工的錢。你走進新辦公室的第一天（你可能先簽了二十四個月的租約，而還找不到方法付租金），看見辦公室裡充滿抱負的年輕新面孔，他們相信你的願景，那種感覺真好。但這個感覺到中午就會消失，你會開始感受到現實的壓力。你的瘋狂點子不只要為你自己的財務保障負責，現在還要為別人負責。公司每多聘一個員工、多拿下一個新客戶，你的責任與壓力就隨之增加。員工需要健保、要發薪水，你勉強負擔得起的新進員工，上班兩天後就開始請長期病假，而且你的重要客戶內部窗口被開除了。喔，還有，你最倚重的員工開始出現嚴重心理健康問題，讓你整晚很糾結不知道該不該打電話

給他的父母。而這時候,你的財務長通知你,要緊急召開董事電話會議,因為你那位鴉片類止痛藥成癮的助理,在曼哈頓各大藥局刷了 120,000 美元的公司卡費。

上面的這所有事,都真實發生過,而且是集中在在一個月之內發生。這就是創業夢,是吧?但如果你現在還沒放下這本書,什麼是成功創業的正向條件?

成功創業家都有很強的溝通能力:能夠激勵團隊、說服投資人和客戶買單。說白了,創業就是業務的同義詞。我們把願景賣給投資人、員工和顧客,創業初期,願景就是我們擁有的全部資產。你怎麼知道自己有沒有銷售的本事?從小時候就能知道自己有沒有這方面的天分。逃過沒寫作業的處罰、讓媽媽答應把車子借你開、跟陌生男女搭訕要電話號碼。這些都是人生早期的業務訓練。

你必須能從失敗中復原。創業的人失敗次數比成功的次數更多,而且失敗很多次。我從高中就開始一直失敗。我高中二年級到最後一年都選班長,三次都輸。根據這個紀錄,我決定參選學生會長,再次落敗。我找艾美・阿特金斯(Amy Atkins)當我的畢業舞伴,她拒絕了。我被棒球隊和籃球隊刷掉。我申請 UCLA,那是我唯一負擔得起的大學(因為我可以住家裡),結果也沒錄取。

然而,我從來沒有失去過那股熱情。我向 UCLA 提出申

訴，最終被錄取了。大四那年，我還當上兄弟姊妹會聯合會主席。我知道這不算什麼，但當時我覺得這很了不起。我的畢業GPA是2.27，但這也沒有阻礙我得到在摩根士丹利當分析師的機會（我應徵了二十三家公司，只被一家錄取），後來也申請上加州大學柏克萊分校的研究所（我申請了九所學校，被七所學校拒絕）。

總而言之，我成功的祕訣就是……被拒絕。

經營小公司時，現金流真的非常重要。如果你不願意、也不習慣每天盯著多少錢流進來，以及多少錢流出去（支出尤其重要），你遲早會撐不下去。如果你的支出走在收入前面，你會破產。如果你在科技業，剛好碰到景氣好，確實會有創投願意砸大把資金到你的公司。但別被騙了，他們才不是在做善事。你花的錢愈多，就需要他們的錢，最後金主會掌控你的公司，你會從創業家變成打工仔。因此，你要盡快讓公司能靠自己賺的錢活下去。產品很重要，市場契合度是必要的，公司文化與留才也很關鍵，但真正能讓公司活下來的是現金流，現金流是公司的生命線。

最後，創業家必須同時抱持兩種相反的觀點。你必須抱持不理性的樂觀，相信最終一定會成功。這對銷售能力與不被失敗擊垮的韌性很重要，但還有一個更基本的原因：如果你的創業點子很合理，Google或通用汽車一定早就在做了。市場領

導者留一條路給你的唯一理由,就是你的點子很可能是不理性的。你必須夠樂觀,不被動搖。同時,你也必須每天當組織裡最悲觀的那個人,要擔心每一件事:有客戶可能會掉嗎?關鍵員工有要離職的跡象嗎?下個月的薪水付得出來嗎?這很可能成真。

創業的光明面和生養小孩很類似。生出來、照顧它、愛它,職涯中可能沒有其他事物能帶給你如此多的壓力和快樂。一切順利的時候,你會有真實的成就感,知道你創造的東西成功了。人們都知道這有多困難,會讚賞你、敬佩你,那跟被愛的感覺很像。創業的另一個光明面是,你能創造的收入沒有上限。員工(甚至是執行長)對於該付你多少薪水,多少有一個「好像公平或合理」的範圍。我靠著賣掉公司賺了好幾千萬美元,無論我多優秀,都沒有雇主會付我那麼多錢。

學術路線

首先我要聲明一下,我是紐約大學史登商學院的臨床教授,我以這個身分為榮。我到學校是為了教書,而不是做研究或拓展知識的疆界。我的工作是把我在職場的經驗轉化成領域專長,為學生提供市場的實務知識。所以我的學術生涯之路晚了二十年,中間我在創業與專業職務領域。那是很棒的經歷,

但我的學術生涯路徑跟大學裡其他的優秀同事很不一樣。儘管如此，這是很棒的職業。校園環境很棒，工作時間很彈性，我的工作就是努力成為世界上對某個主題知識最淵博的人，無論那個主題多麼狹窄精深。即使這些知識不一定能轉化為商業應用，追求這個目標的過程仍使人得到知識上的滿足。

薪酬當然可以很好，但差異很大。如果你按照一般的學術升遷管道往上升，那麼除了少數領域之外，前幾年的薪資只能說低得可笑，而在那些少數領域，薪水也「只是」低得很羞辱人。在私部門很競爭的領域（應用科學、法律、醫學、商業），教授的薪水會比較好，甚至相當不錯。但大學教授真正的收入，多半來自學校以外的地方。大學是一個很棒的平台，可以幫助你在其他地方賺錢（寫書、演講、顧問、擔任董事等），前提是你所在領域的私部門本身就很有錢。學術圈和其他地方一樣，有錢的人只會愈來愈有錢。

學者如果溝通能力很好，尤其是能透過各種方式把知識變得吸引人的能力，也能在公眾領域有不錯的收入。強納森·海德特（Jonathan Haidt，他是我的榜樣）就對社會議題有獨到的洞察。真正為他帶來可觀收入的，是他能寫出引人入勝的長文——他為《大西洋月刊》（*The Atlantic*）寫過一篇目前為止最多人閱讀的文章。亞當·奧特（Adam Alter）就是有本事寫出和99%的學術研究不一樣的書，能夠打進暢銷排行榜。達摩

德仁（Aswath Damodaran）與瑪奇安諾（Sonia Marciano）可能是世界上最棒的實體課老師。耶魯大學的索南菲爾德（Jeffrey Sonnenfeld）有自己的六分鐘電視節目，這一點無人能及。

學術圈的其他人都在不為人知的角落默默耕耘，但這可能也是一種優勢。如果你不擅長跟沒你聰明的人相處，也沒關係，只要你能在知識的前沿不斷突破，就沒有人會在意你的人際技巧。不過，你需要很擅長自我驅動，因為學術的世界沒有什麼結構。你可能要有一點獨行俠的性格（研究本來就是孤獨的旅程），真的對知識感到好奇、有條理、思考嚴謹，而且有辦法在某個領域一門深入的鑽研。當一位優秀的學生通常是很好的指標，但這還不夠。當沒有作業和分數的規範時，你還能保持長時間專注嗎？我在紐約大學的同事霍薇兒（Sabrina Howell）形容學術界，很適合「聰明、有創業精神，但沒有管理或銷售天分的人」。

媒體產業

媒體產業的職涯選項很多，但整體來說，這是一條投資過度，難以讓你賺錢的路。雖然我可能很像在跳針，我還是要說：媒體是一個高度波動、很容易出現剝削的行業。出版、電視和新聞，這些人們因為追隨熱情而投入的行業，也是為什麼

你不該追隨熱情最好的證明。令人嚮往的行業，投資報酬率通常過低，因為太多人搶著進去，使報酬又更低。你不想在週日凌晨三點報氣象？沒問題，我們可以馬上找到一大堆願意的人，覺得這個機會是成為晚間新聞主播的必經之路。

排隊想進媒體的隊伍太長了。#MeToo為什麼最早從媒體業爆發？不是因為媒體圈的男性特別糟糕，而是因為這裡的權力關係實在太不對等，使得少數握有大權的人可以長期的為所欲為。87％的新聞系畢業生後悔自己的選擇，只有28％的資訊工程系學生後悔自己選了這個科系。

「師字輩」專業職業

專業職業包括醫師、護理師、律師、建築師和工程師這類工作，通常會要求高階的專業訓練與學徒制度，從業人員需要具備一套明確技能，往往還需要通過考試與執照認證。專業職業特別適合會讀書的人。你必須有很好的學業成績，才能進入專業領域，因為這些行業都需要大量的學習歷程。正式的、主要透過讀寫形式的思考與溝通能力，仍是多數專業職業的核心。訴訟律師在法庭上必須要有說服力、能言善道，但每個案件背後都需要花好幾星期鑽研文件與判例，撰寫陳述，這個過程其實就很像在寫作業。醫師也需要依自己的專科，運用各種

身體上與情緒上的技能,而那些能力的基礎都是大量的研讀、記憶與結構思考。如果你認為當醫生,就是要對病人有好態度、要有助人的熱情(又是熱情!),你將來或許可以成為很棒的醫生,但前提是你也要很擅長在圖書館待很久、一直讀那些厚重的教科書,否則根本當不了醫生。

一般來說,專業職業是很好的職涯選擇,這些行業的人數(相對)少,因為從業者必須具備專業資格認證。要成為律師需要接受七年的高等教育。要成為一名胸腔移植外科醫師,需要花二十年。因此,專業人才不多,收費也很高。如果你有機會接受高等教育,專業職業是一個穩當的選擇。此外,專業服務產業本身就是很好的訓練,因為工作要求高,而且需要運用各種能力(客戶、研究、銷售等等)。許多在專業服務領域工作過的人會選擇轉換到客戶端,而且表現得很出色,因為他們曾經在供應商這一端受過嚴格的訓練。

專業職業有一個經濟劣勢:薪酬導向且上漲潛力有限。我在第四部談高收入陷阱的部分會談到,美國的稅制對高所得者課以重稅(特別是年收入在六位數中段區間的人)。如果你的收入剛好落在這個區間,本書提到的節制、存錢與長期投資觀念,可以幫助你避免落入長時間工作卻無法得到真正財務保障的情況。

管理顧問

顧問基本上就是不需要有資格認證的專業人士，任何人都可以自稱顧問，我二十六歲時就這麼做了，當時我只有兩年相關工作經驗。我大部分的職涯也一直是某種形式的顧問。這個工作很有趣，可以是很好的訓練（類似研究所的延伸），也需要運用到許多能力，分析、客戶經營、創意、簡報技巧等等。你可以一邊當顧問，一邊尋找你真正想做的事，因為你會接觸公私部門的各種職務。顧問的薪水很好，甚至可以到非常高，但它無法讓你成為富豪，因為它跟所有用時間換薪水的行業都會遇到同樣的問題：很難擴大規模。此外，顧問業是屬於年輕人的工作，因為你需要配合別人（客戶）的優先順序與時程。這份工作也會對你的健康與情緒造成傷害，因為你經常不在家人身邊，即使你們都住同一個城市。除非你真的很熱愛這個行業，否則可以把顧問工作視為其他機會的墊腳石。一般而言，顧問業很適合菁英人士與對前途茫然的人：才華洋溢，但還沒找到人生方向的人。換句話說，就是所有二十幾歲的人。

金融業

金融業是專業職業的近親（某些金融領域也需要資格認

證）。很少有產業像金融界一樣提供那麼多獲取不成比例（瘋狂）高額薪酬機會。跟其他任何物質相比，錢的摩擦力最小，因此金融業擴張的規模與速度也無人能及。讓我的第一家顧問公司員工從十人增加到一百人，是很大的挑戰。在2000到2009年要讓激進投資公司募資從1,000萬美元提高到一億美元並不容易，但比讓一家服務業公司擴大十倍容易許多。我稍後會再回來探討為什麼在2000年代，那麼少的人可以輕輕鬆鬆就賺到那麼多的錢。這個行業工作很辛苦，但你的恆毅力與天賦可以創造無與倫比的投資報酬率。

你必須聰明、勤奮、喜歡數字。最重要的是，你要對市場充滿興趣。如果你對股市、利率、獲利表現，以及這些因素之間的關聯不感興趣，你不太可能在金融界飛黃騰達。（這本書的第四部可以當你的測試，如果它是你在本書中最喜歡的部分，你可能天生適合進這一行。）

這個領域包含不同面向（投資銀行、交易、消費金融等）。你要能忍受變動與壓力。某家銀行可能一夜之間就決定從某地區全部撤出，或是突然關掉某個事業部。金融界沒有職涯，只有一連串的工作與平台，你在這裡努力分辨什麼是你能掌控、什麼不能。如果你天生就很能承受壓力與變動，沒有哪個行業比得上金融業。

房地產

房地產是創造財富最好的方法之一。這個資產類別可以說是美國稅制中最有稅務優勢的類別。你能融資80%，然後靠債務槓桿把利息勾銷。因為有1031交換*，房地產也是少數可以在交易期間無限期遞延納稅的資產。

你很可能在人生某個時期當過房地產投資人，只要你有買房子。房屋資產在你的財富與退休金中占了很大的比例。買房子會運用到致富公式的許多特點，它是一種強迫儲蓄（繳房貸），而且需要長期的眼光。美國的住房嚴重短缺，所以如果你能持有十年以上，買住宅區房地產不太可能讓你虧錢。

有一種創業方式，就是持有各種租賃不動產。你可以買房子或公寓、或是商用不動產，像小型店面或自助迷你倉庫，這些資產遲早可以幫你賺到錢。我很晚才進入這個領域，所以我跳過從小規模做起、靠資金和時機逐漸增加房產類型的漫長階段。我待過新創、科技業、避險基金和媒體，但我最賺錢的投資是做房地產。

2008年金融危機發生之後，佛羅里達的房地產價格崩盤。

---

* 編註：美國稅法中 1031 條列中所規定的同類資產交換，被稱為 1031 交換（1031 Exchange），指的是納稅義務人若將出售資產的收入再全數拿去購買同類型資產，則該資本利得可遞延。

我從紐約搬到邁阿密，離開紐約的私校體系，因為我當時三歲的兒子語言發展遲緩，沒有學校可讀。（他上個學期已經在班上名列前茅。）總之，我們在2010年搬家到德雷海灘（Delray Beach），那裡到處都是「拍賣」和「出售」的招牌。於是我開始買法拍公寓。我的岳父岳母也搬來這裡，他們是手很巧的人，很會修繕。而公寓需要維護，房客會要求你修冷氣或其他東西，很煩，但收入可觀。

如果你對房地產有興趣，去上一些基本財務課程，開始研究你居住的區域（或鄰近的區域）的房地產，然後開始存第一筆頭期款。如果人生能重來，我會在年輕時多存點錢，買那些我能維修、又能再貸款的房子，把房子出租，再買更多房子。

取得財務保障的一個穩健策略，是去買需要整修的房子，花兩年住在裡面，慢慢一點一點仔細地修繕，然後把房子賣掉（已婚夫妻可以得到高達500,000美元的所得稅扣除額）。不斷重覆這個步驟。在過程中擴大你的資本、能力和人脈，再嘗試一次處理多間房屋。這是很需要頭腦的事，你要了解當地市場，進退有節，知道哪一種房屋修繕類型可以創造最大的投報率。此外，你要有能力管理房客，如果你本身就會修東西更好。這不是那種坐在桌前就能完成的投資。

航空公司機師

（你沒想到會有這個選項吧？聽我解釋。）我對航空業非常著迷。有飛機從我頭頂飛過，我應該可以告訴你它的製造商和機型是什麼。有些人上網逛的是鞋子，有些人會瀏覽度假地點，我看的是噴射機，空閒時閱讀的是噴射機引擎推力和航空電子系統的相關資訊。我自己買了私人飛機後，我也變成一家小型航空公司的管理人（乘客只有我）。經常有人問我，有沒有興趣學開飛機。

不可能。我說過：不要追隨你的熱情，要追隨你的天賦。我對飛行的熱情與天賦之間隔了一道鴻溝。開飛機對身體技能要求很高，儘管有科技輔助，機師還是需要有很強的空間感知能力，以及很好的視力和聽力。但那不是阻礙我進入駕駛艙的原因。要當機師，要在面臨兩種不同處境時不犯錯。首先，要機警的執行例行性工作，包括飛行路徑與檢查清單，要很能忍受無聊。這我辦不到，我喜歡新奇事物，而不是穩定執行力。第二，這一點才是真正的關鍵，當例行工作偶爾被危機打亂時，好的機師與死掉的機師之間的差別，是能否遵照操作程序，即使情況不斷惡化，仍要維持如檢查清單一般嚴謹的精神。空中可能發生各種情況。我在寫這本書的時候讀到一篇報導，南非有一位機師在飛行途中，發現有一隻超過150公分長

的黃金眼鏡蛇鑽進他的襯衫裡。這位英雄找到最近的機場，緊急降落，把飛機停妥，再引導乘客平安下飛機，這整段時間那隻眼鏡蛇偷渡客都在駕駛艙裡到處遊走。我們的榜樣應該是冰人，不是獨行俠。

街坊經濟

我想探討的最後一個類型，是我沒有從業經驗的領域（除了作為顧客），但它擁有巨大的潛力，卻往往被忽略。我所謂的街坊經濟，可能是整個勞動市場中最被低估、投資最少的部分，代表這其中蘊含著龐大的潛力。範圍涵蓋了各種技職工作（電工、水電師傅和其他技術工人）以及地區性的中小型企業經營（通常也與這些技職相關）。

在美國，有超過十四萬人年收入超過150萬美元，而且多數不是科技業老闆、律師、或醫師，而是地區性的中小企業老闆：汽車經銷商、飲料經銷商等等。中小企業（員工少於五百人）每年創造三分之二的工作機會，產值占GDP的44％。他們也不全都是汽車經銷商或洗衣店。一項關於創新事業的研究發現，比起擁有數萬員工的大企業，規模較小的公司（平均員工人數為一百四十人）每位員工產出的專利數是大公司的十五倍。在全球供應鏈變得愈來愈脆弱的現在，有專門技術的本土

製造商的機會也會愈來愈多。

　　從更小的規模來看，市場對技職工作者的需求量非常大。只要在房市熱區詢問任何想在家裡安裝太陽能板或裝修廚房的人就知道了。就業市場對電工的需求成長，預估比整體就業市場高出40％（綠色能源專案基本上就是電氣化專案），到2027年，美國市場對水電工的需求預估將出現五十萬人的缺口。然而，目前只有17％的高中生與大學生有意願從事營建相關的技職工作。

　　在看重菁英學校文憑的領域工作的人，有時會看輕這些職業。我們覺得孩子要是沒考上麻省理工、畢業後去Google工作，身為家長與整個社會就辜負了下一代。太多人盲目崇拜資訊與科技產業，導致我們教出的下一代年輕人以為從事技職工作是不得已才選的路。

　　如果你有資本，街坊經濟現在有愈來愈多收購機會，因為嬰兒潮世代開始退休，想賣掉他們的電機承包公司。這些都是通往財富的真實路徑，只是電視新聞不會報導。美國小企業管理局（Small Business Administration）是內閣層級的聯邦機構，他們提供各項計畫，包括創業與拓展這類企業的財務支援。如果你就想住在街坊經濟之中，那當然更好，美國有一半的GDP來自前二十五大都會區以外的地方。我提到的例子和建議，多半是根據我作為知識工作者的人生經驗（包括後面會談到，

最好搬到城市去住）。但這本書的核心訊息以及其中的致富之道，其實適用於所有的職涯路徑。街坊經濟是數百萬美國人的經濟引擎，千萬別忽略了。

8
職涯的最佳實踐

搬去城市住,進辦公室工作

在職涯初期,你需要訓練、導師和挑戰。透過線上參與,無法取代你直接跟一群聰明、有創意的人合作共創。盡可能參與社交活動、探索你對什麼有興趣、找到導師和未來的伴侶、建立自己的人脈網。就像打網球,跟實力比你強的人對打才會進步。住在城市會迫使你跟最優秀的人待在一起。你不一定要去紐約,但你選擇的城市應該要提供上面提到的機會與競爭,我個人認為紐約是二、三十歲的年輕人發展職涯的最佳起點。遠距工作的便利,遠遠比不上在同一個空間可能出現的私人與工作機會。專家們從城市剛興起時就一直看壞城市發展。但大

城市才會衍生足夠的複雜度，能造就更多專利、更多研究、孕育更多有創意的公司。全球GDP有超過80％來自城市。

不只如此，城市充滿好玩有趣的事，可以擁有精彩的社交生活。你遇見的人可能來自你從沒想過的背景，他們的人生觀也會改變你的人生觀。在城市生活，多去嘗試新鮮事物，多探索新環境，你會更了解對你最重要的研究主題：你自己。住城市的生活開銷可能很高，但沒關係。你的早期職涯對於建立財務保障很重要，主要是因為你要在那個階段找到對的職業、培養能讓你成功的各種能力，以及建立各種人際關係。後面會談到，存錢的能力比實際存下來的錢更重要，趁還沒有成家的時候享受生活，並不是壞事。在你能接受的範圍，住最便宜的公寓，不要講究家具裝潢，絕不要把時間浪費在那裡，還有練習說「Yes」。

進辦公室工作，最好是公司總部。你要到辦公室才有辦法建立人脈、找到導師。導師會真心希望你成功，這是你在任何組織出人頭地的關鍵。主管在決定要讓誰升遷時，跟他有交情的人才能得到機會。遠距當然也能建立關係，但不會有同樣的親近程度。**你跟辦公室的距離（你有沒有實際出現在辦公室），與你的前途發展高度相關。**2022年一項針對長字輩主管的調查發現，超過40％的高階主管認為遠距工作的員工比較難獲得升遷機會，其他研究也證實了這一點。反過來說，公司如果要裁

員，沒有靠山或沒沒無聞的人更容易被列入裁員名單。只在線上見過面的人，要請他走相對容易。

這樣的現實公平嗎？這種設計沒有問題嗎？或許不公平。但你的職涯只會發生在現實世界，不是理想中的世界。總之，只要你的情況允許，盡量穿上像樣的襯衫，進辦公室工作。

假以時日，你會慢慢累積工作上的能力和人脈，城市的環境與實體辦公室對你的重要性會愈來愈低。一般來說，我們的生活中的室友（伴侶、孩子、寵物）和物品會不斷增加，住在大城市的成本與限制也會漸漸成為負擔。到了某個時間點，你的優先順序會變。你可以搬到比較小的城市或郊區、甚至是更偏遠的鄉下，最好是稅率低、學區好的地方。同時，這樣的改變還是可以讓你繼續經營職涯。

渴望只是基本，光是設定目標還不夠

無論你是在學校、新創公司或是企業，每個人想要的東西都一樣：成功、他人的肯定、能力與財務保障。宇宙一點也不在乎這些。渴望是必要的，但不足夠。

很多職涯與人生建議都在談設定目標。有目標很好，甚至是必要的，衡量目標是商業世界很重要的管理工具。（研究指出，光是寫下你的目標，就會對結果產生很大的影響。）但光

是有想達成目標的渴望,無法讓你真的成功。

首先,職涯的進展並不是線性的,而是充滿高低起伏。有些人會跑來找我,恭喜我我在一夕之間就成功了。並不是。我的「一夕成功」花了三十五年的努力,一次又一次在被擊倒之後爬起來。如果你工作的動機是渴望達成某個目標,那你在辛苦付出卻看不到任何進展時,一定會非常挫折。而你的目標愈遠大,需要投入的時間就愈長,那份渴望在達成目標前就燃燒殆盡的機率也愈高。

就算你真的達到你渴望的目標,接下來呢?過程愈辛苦、犧牲的愈多,但當你終於贏了,卻發現人生根本沒有發生本質的變化,那種失落感非常大。因為你會發現,你還是你,你的神經質、恐懼與後悔都沒有消失,反而讓你感覺更糟,因為你得到了一直渴望的東西──現在你還要為了什麼而忙?

就像人們常說的:「人生是旅程,而非目的地。」或是按照習慣大師克利爾的說法:「想得到更好的結果,不要再設定目標,重點在你的系統。」你該做的是把你的渴望、志向與驅動你的東西(恐懼是很有力的激勵因子),用在培養你的能力、累積資格認證與人脈,並且非常努力、拼了命的努力。在付出的努力中找到成就感,為自己的進步和階段性的成功感到驕傲,而你所渴望的結果終將實現。比爾·沃爾希(Bill Walsh)曾帶領舊金山49人隊三次贏得超級盃冠軍,並徹底改

變了國家美式足球聯盟（NFL），他後來將自己的管理哲學寫成《硬派領導哲學》（*The Score Takes Care of Itself*）。

恆毅力很重要

　　天賦與渴望，配上對的職業，就是很好的開始。但多年的勤奮工作，才能把這些要素變成財務保障。沒有祕訣，沒有捷徑，成功就是需要辛苦換得。恆毅力就是每一天都去做自己該做的事，即使沒人肯定、還看不見成果，即使你已經精疲力竭或受到其他干擾——那就是成功樣子，只是還在萌芽階段。

　　提出恆毅力的神經科學家達克沃斯（Angela Duckworth）把這項特質定義為「熱情與堅持的交會點」。她發現，恆毅力對個人成功的影響更甚於社會最注重的智商。她提出的恆毅力公式經實證可預測人們在不同環境的成功機率。

　　以我來說，勤奮工作的意思是長時間工作和近乎全心全意的投入。創立L2時，我白天待在辦公室，晚上回家洗澡、陪孩子，然後再回辦公室。我週日會工作半天。如果客戶打電話來表示想碰面，我通常隔天就會搭飛機去見他。不是每個人都能（或想要）投入到這種程度。投入110％的努力也不保證一定成功，付出90％的努力也不代表一定會失敗。即使你不想成為商業界的海豹部隊，仍然可以保持專注、取得成功。關鍵

就在想辦法讓自己比別人貢獻更多。棒球統計學有一個指標叫「勝場貢獻值」（WAR），衡量先發陣容的明星球員上場時，能比替補級球員為球隊多貢獻幾場勝利。你要做的就是找到方法，提高你的勝場貢獻值。

培養恆毅力並不容易，一般認為這項特質主要取決於遺傳與童年經驗。但目前最有說服力的觀點認為，恆毅力來自於成長心態，也就是認知到史蒂芬・科特勒（Steven Kotler）說的：「天賦只是起點，成果取決於持續的練習。」回想你過去學習與成長的經驗：那些原本讓你感到挫折、覺得困難的事，後來透過努力練習變得容易了，關鍵就在於「透過努力練習」。

你在撞會倒的牆，還是在對抗重力？

在我們採取行動的環境裡，總有某些事情的發展超出我們的掌控。我們可以對很多事發揮影響力，把時間和精力放在那些事上面，不要把資源浪費在必輸的戰役上。

《做自己的生命設計師》一書中定義了所謂的「重力問題」：你無能為力的障礙或阻力，兩位作者寫道，「如果某件事你無法針對它採取任何行動，那它就不是一個問題，而是一個處境。」我們在最艱難的時候，很容易會把堅持到底、恆毅力與專注這類觀念解讀為「不該放棄」，或是更糟：撞牆撞到

頭破血流，代表你做對了。然而，**一個很關鍵的重點是學會後退一步，設法看清全局。你在用力撞的是會倒的牆嗎？還是你是在對抗重力？**

市場有一句話：「別跟聯準會作對。」意思是，如果聯準會想讓經濟往某個方向走，只有傻子才會反其道而行。宏觀經濟因素就像重力，除非你是聯準會主席，否則你大概無法改變它。重力不只存在經濟層面，也存在於較小範圍的生活中。單戀（除非你是詩人）也是重力問題。你的暗戀對象就是對你沒興趣，放手吧。如果你老闆總是把好的案子和升遷機會留給跟他交情好的人，而你家有三個孩子，你對打高爾夫球也毫無興趣，那這聽起來像是重力問題。我之所以離開顧問界，是因為那是一個極度看重關係的行業，而我發現自己不再有那種紀律和個性，去跟客戶交朋友了。

面對重力問題，有兩個步驟。第一步，認清這是重力問題。第二步，重新調整你的回應方式，讓自己面對的是「可被解決的問題」。重力的存在不代表我們無法爬上陡坡、或在天上飛行。但你的解決方法必須考慮到重力這個前提，而不是想對抗重力。如果你總是在追求無法回應你的戀愛對象、工作或嗜好，那可能代表你的熱情與天賦不匹配。問自己，你能有所貢獻的是什麼？你能不能進一步強化這個能力？誰會真正需要並欣賞這項能力？

知道何時該放棄

堅持應該是一項特質,而不該變成不顧一切的硬撐。當你在叢林尋找生路時,記得要不時看一下指南針,確定自己朝著正確的方向前進。這種時候,你的廚房內閣就非常重要。不要因為遇到困難而放棄,你本來就會碰到困難。但如果你得到新的資訊、你信任的導師或是很多外在跡象都告訴你,你最好把時間投資在別的地方,那就應該放棄。放棄並不可恥。

我在1997年創了電商公司「紅包」,一開始很成功,後來就開始走下坡,總共撐了十年才正式收掉。最糟的是,那是一個緩慢的失敗。看著自己失去大部分的身價一點也不好玩,但對我而言最痛苦的是它花了十年才倒。

「紅包」成立兩年後,這家公司在為我帶來財富與榮耀。於是我接著創立了電商育成公司「品牌農場」(Brand Farm),背後投資者包括高盛和摩根大通(J. P. Morgan)。我們的構想很簡單:只要提供一套基礎建設、一個法務部、一個技術部、一個商業發展部、一個辦公空間,就可以開始大量推出新的電商公司。我只用一份簡報就募集到1,500萬美元。但六個月後,砰!網路泡沫破了。我們很快意識到,在那樣的經濟情況下,原本的想法已經行不通了。我們決定關掉母公司,並要求旗下的電商公司立刻把燒錢速度砍半,好撐過這一波「核冬

天」，先活下來，才能打下一仗。然後，我們轉身就繼續向前走了。這其實是一種幸運。成功當然最好，但能快速地失敗，是第二好的結果。

每當你在玩機率遊戲時，「放棄」都應該是其中一個選項。在科技業，我們用「轉向」來重新包裝放棄，聽起來比較能接受。真正厲害的賭徒都是放棄高手，就如肯尼·羅傑斯（Kenny Rogers）那首經典歌唱的：「要知道何時該繼續、何時該收手」。撲克冠軍安妮·杜克（Annie Duke）甚至寫了一本書來談放棄的智慧。她提出很有說服力的理由，說明放棄是在商場與人生成功的關鍵之一。她提出的一個實用建議是：先準備好退場機制，這樣當情緒占上風時，你還有可以仰賴的退場信號。知道何時該放棄，是一門藝術。所有成功人士都曾放棄過，有些人甚至經常放棄。你要找到幾個有骨氣、有想法，而且是你信任的人，能在你需要的時候告訴你究竟該堅持下去、還是該收手了。

職涯只有高峰與低谷，不是爬梯子

現在的職涯發展曲線不再是從前那種穩定的階梯式上升，一路走向最高主管的位置。如果你只期待看見向上線性發展的走勢，有可能會忽略斜線發展的其他機會。試著把你的職涯發

展想成跨越大範圍山區的徒步旅行，需要克服各種挑戰與環境，沿途不斷擴充你的工具箱，而不是一路向上的爬樓梯過程。

專注不代表職涯路徑一定要線性發展。多元有其價值。一項研究發現，要預測新上任執行長能否成功的最佳指標，是他過去曾做過多少不同的職務。

成功又能創造財富的職涯發展（相對於創業）通常包含策略性跳槽，讓工作內容與薪酬都向上提升。外人通常比你現在的雇主更能看見你的價值，這是人性令人難過的現實：我們天生渴望新鮮感，我們的老闆也不例外。主管常犯的一個錯誤，就是總用員工當年剛加入公司的印象看待他，而不是用「這是一位成熟有實力的主管」的眼光來重新評估。

即使你不換雇主，市場調查也有好處。我在史登商學院第一年的薪資是12,000美元。我為學校帶來的價值快速成長（我教的是最受歡迎的課，而且經常在校外出席各種活動），但我的薪水沒有跟著提升。大學給臨床與兼任老師的薪水偏低，因為要養（往往）生產力相對低的終身職教授。所以，每隔幾年我就會拿其他學校的聘書給學校，很直白的告訴他們：「這是我的市場價值，我想繼續留在這裡教書，我希望你們能跟進這個條件。」他們真的照做了。後來，我其他的收入超過了紐約大學的薪水（參考前面提過的邊際效益），最近我甚至把那份

薪資退還給史登商學院，因為我經常在寫書和演講時評論高等教育的各種問題。要是收學校的錢，評論體制有點怪怪的。但有很長一段時間，學校的加薪對我意義重大。總之，如果你想讓薪資成長超過通膨，你可能需要離職跳槽，或讓對方相信你真的有可能離開（參考前面「秀出其他大學給我的聘書」）。

在LinkedIn好好經營你的履歷，不斷更新，與同儕比較。找朋友、前同學和前同事，跟他們聊聊他們的工作。一般人都有一種不正確的想法，認為談論金錢或升遷很粗俗。你的無知只會讓你的雇主受益。如果你所在的領域有獵頭在積極尋找人才，他們如果打電話給你，你一定要接，讓他們請你吃午餐，向他們探聽市場現況。哪家公司在找人？他們在找什麼樣的人？現在最吃香的專業能力和人格特質是什麼？哪些公司沒跟上趨勢？最重要的是，你在市場上的價值如何？你可以在哪裡大顯身手？

溫馨提醒：以健康的好奇心去了解其他的工作機會，也要不斷提醒自己，你喜歡現任雇主的哪些地方。每個工作都有令人覺得受挫的部分，每個老闆也都有討人厭的地方。那些看起來光鮮亮麗、潛力無窮的新工作機會，到職六個月後很可能感覺就會跟你現在的工作差不多了。

最重要的是，認真考慮你得到的資訊，然後真的要換工作。根據2023年3月的資料顯示，在過去十二個月內換工作的

人，薪資提高了7.7%，沒有換工作的人調薪幅度則是5.7%。這個差距會隨時間改變，但轉職者的薪資永遠比留下來的人更高。新環境也能擴展你的經驗，使你在不斷變化的經濟環境中有更高的彈性和適應力。

　　社會對於轉職的印象正在改變，但整體而言工作者在同一家公司的年資只有微幅的降低。在1983年，二十五歲以上工作者的年資中位數是5.9年，到了2022年（相差近四十年）下降為4.9年，降幅為17%。換工作在更年輕的族群更為明顯。根據調查，有21%的千禧世代表示自己在過去一年換了工作，這個比例是非千禧世代的三倍多。根據LinkedIn的數據，Z世代的轉職率比2019年高出134%。相比之下，千禧世代只增加24%，嬰兒潮世代甚至下降4%。而且Z世代打算繼續這樣跳槽下去：25%的人表示希望或打算在未來六個月內離職，這個比例高於千禧世代的23%，以及X世代的18%。

　　然而，換工作是一把雙刃劍，要小心使用。轉職通常代表放棄你過去在組織所投資的時間，要到新公司重新建立名聲和人脈。這是很大的風險，因為無論你面試再多次，也無法確保你一定很適合新的組織。此外，換工作也會反映在你的履歷上，也就是你的經歷向未來雇主傳達的訊息。如果你在七年內換了三份工作，面試官很可能會假設問題是出在你身上。我並不是建議你要純粹為了讓履歷好看而勉強自己繼續忍受糟糕的

時薪變化％中位數

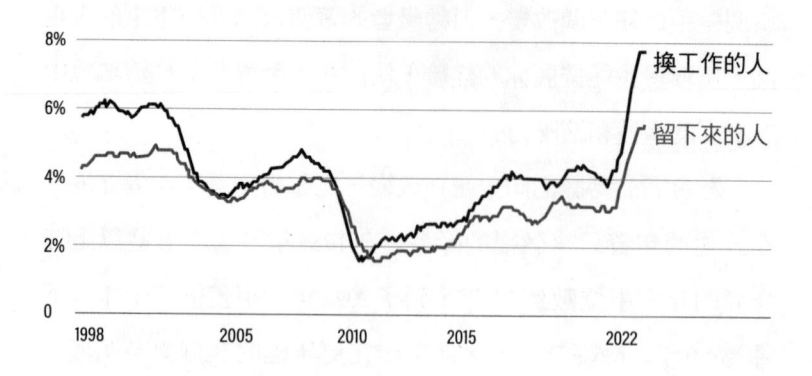

（圖表：換工作的人／留下來的人，1998–2022）

工作。不過,如果你在前一家公司工作不到兩年就離開,現在又對目前的工作不滿意,我會非常認真審慎地思考什麼才能讓我在這裡待超過三年。

頻換工作的年輕人,不該假定其他人也抱持相同的觀點。過去我們的社會對頻跳槽者的看法（有些人現在仍這麼認為）,可以用柏克萊心理學家在1974年提出的「流浪漢症候群」（hobo syndrome）一詞描述,指的是「每隔一段時間就從這份工作換到另一份工作的習性」。心理學家認為這股衝動類似「候鳥遷徙」。千萬不要讓自己被潛在雇主貼上「流浪漢症候群」的標籤。

那你該在什麼時候換工作？當下一份工作能帶給你的成長,抵銷掉頻換工作的名聲損害。意思是,換工作是基於策略

性價值，條件要實際上更好，而不只是不一樣。你是否能在履歷上加入有價值的品牌？這是拓展人脈的好機會嗎？最重要的是，新職位與雇主能助你發展你的能力嗎？可能是技術性的能力，像是學習新的軟體或是分析工具。也可能指軟性技能，例如有機會帶人，接觸高階管理工作、遇到更好的導師、與顧客有更直接的接觸。如果你無法說出新工作有哪些明確且具體的好處，問自己是不是為了換而換工作，以及明年會不會又想換工作了。

對人忠誠，而不是對公司

忠誠是一種美德，而且是雙向的關係。雇用你的人，就是在告訴你他相信你的潛力。你的導師也是。他們願意在你身上投資，你也應該以忠誠回報。這對你們雙方都是好的，有研究指出導生制對導師與學生的職涯發展都有益處。在大型科技公司，有參與導生培訓計畫的導師和學生，升遷機率比沒有參加計畫的人至少高出五倍。

尋求建議是在職場建立關係最有效的方法。那是一種信任的表現，這也是尋求建議這件事令人卻步的原因。然而，信任會產出信任，會深化關係。尋求導師的意見，導師也會更關心你的發展。

這些道理完全不適用在組織。組織無法給你什麼建議或觀點，更不會對你忠誠。你的老闆或許很欣賞你，覺得你不可或缺，但當他上面的老闆搞砸，拖累整個單位，你和你老闆可能一起被裁，像麥田裡的麥子被鐮刀一刀割下。忠誠是人類（和狗）才有的美德，但組織從來不懂忠誠。

在過去，組織與個人之間的界線沒有那麼清楚。如果你在IBM工作四十年，你的同事也是，那麼忠於公司實質上就與對在那裡工作的人忠誠是同一件事，沒有差別。但今日，一整代以「股東價值」為核心的管理策略，加上創新導向的市場顛覆，早已切斷了我們與組織的連結。這也讓人與人之間的忠誠變得更加重要。

麥可‧彭博（Mike Bloomberg）曾說，「我一直有個原則：如果我的朋友得到升遷，我不會打電話給他；我會在哪天遇到他時虧他一下。但如果我的朋友被炒了，我當天晚上就會找他吃飯，而且我會在公開場合，讓所有人看見。因為我永遠記得自己被所羅門兄弟銀行（Salomon Brothers）炒魷魚時，我能告訴你那天打電話給我的每一個人，他們的行動對我意義重大。反而是我當上公司合夥人的時候，我對那時候發生什麼事一點印象也沒有。」我的朋友班森（Todd Benson）總結得很好：「絕不缺席關鍵時刻、意義重大的時刻。永遠不要漏掉任何喪禮，也要參加每一場婚禮。」

有很多段關係，但每次都很專情

在職涯地圖上前進的過程中，如果你能把目光鎖定在目標和眼前的挑戰上，就能走得更遠。在我看來，「副業」常常是一種干擾，分散你達到成功所需的注意力。如果一件事值得去做，就把它變成你的主業。如果你有副業，那可能代表你的主業不是你真正應該專注的事。想一想，在主業上投入多10％到20％的注意力和精力，會不會比副業帶給你更多的成果？專注的重點不是「做什麼」，而是你選擇「不做什麼」。

當然有例外情況。如果你是自由工作者，應該要多接幾個客戶，取得多元的顧客基礎與營收來源。自由接案是一人事業，而任何事業如果只依賴單一客戶或產品線，都是很危險的。但同樣危險的是追逐每一個機會，把有限資源分散在不同的服務，沒有發揮綜效。我每一次創業，初期總會面臨一個誘惑，那就是要不要去做可以賺錢但沒有策略價值的事。有時候，為了付員工薪水，你不得不這麼做。但那就像是沒有營養價值的空熱量。為了賺錢而做的專案所耗費的人力和心力，往往不亞於核心業務（有時甚至更多），而且會分散資源，拖慢公司在核心業務上的技能累積與發展動能。當然，這是需要抉擇的判斷，建議你和你的廚房內閣一起討論。

第二個例外是，如果你不想理會我前面對創業的警告，還

是選擇走上創業的路,你可以在剛創業時繼續做目前有薪水、有福利的工作,理由顯而易見。同樣的,或許你需要一份正職工作,才能存錢建立自己的房地產事業,像是購入不同類型的租賃不動產。如果這是你選擇的做法,你的正職與房地產業事都不算是兼差,而是應該把這兩份工作視為一個事業的兩個互補產品線,然後評估分別要投入多少時間。只是你要有規劃、設定時間表,決定何時該辭掉工作,專心投入到房地產事業。

研究所

會吸引多數知識工作者考慮的一條職涯岔路,就是去讀研究所。有些專業職業的確需要學士後的訓練,而這個要求也會強迫你聚焦在更專精的職涯路徑。別等到第二年住院實習才發現你討厭行醫這條路。但無論你多麼相信某個職業需要更高的學歷,在你為了符合門檻要求而投入好幾年的時間之前,先想辦法去打聽一下那一行的實際情況。

我取得柏克萊哈斯商學院(Haas School of Business)的MBA學位時,學費是每年2,000美元,這樣的學費當然沒什麼好猶豫的。但研究所學費不斷飆漲,要讓這項投資值回票價愈來愈困難。我不是說商學院沒價值(我自己就在商學院教書,我相信商學院的使命),但不是每個人都讀得起,或有必要去

讀。無可否認，商學院是很有價值的文憑，但在頂尖組織的工作經驗也同樣有價值。而且，商學院文憑為你創造的回報，會隨著晉升而快速遞減，不會有人因為你是華頓商學院畢業的就決定請你當執行長。如果你把200,000美元的學費拿去投資還可以靠複利賺錢。後面會探討，我們往往會嚴重低估機會成本。

除了那張學歷認證，對多數人來說，讀商學院最有價值的部分是人脈。特別是如果你的背景沒機會接觸到銀行家和高階經理人，商學院能幫你大大縮減這段距離。至於你實際能學到的東西——很有限，但多數高等教育都是如此。無論是從建立人脈、還是傳遞個人價值的角度來看，我只推薦前十大商學院（「前十大」實際上大概有十五所學校）。雇主也是這麼看的，而他們會用錢表達看法：美國頂尖商學院畢業生的起薪是排名最後面學校畢業生的三倍。

快速成果

「快速成果」（quick wins）是我在當管理顧問時期常用的策略，目的是在與新客戶合作初期建立動能。當滿懷熱情、剛畢業的MBA團隊帶著新點子進駐一家公司，顧問專案一開始都充滿樂觀與活力。問題是，幾個月之後，這些天之驕子產出

的結果往往只有無數的會議、投影片簡報，和一張張六位數帳單。所以，我的公司會尋找「低垂的果實」，一些可以小規模執行的建議項目。像是試點計畫或是簡單的顧問意見調查，任何能快速推動、能被看見的行動。這麼做的好處很多：不只能讓客戶看見顧問費用的效益，也客戶不會對我們後續其他更有企圖心的做法感到害怕。此外，我們也得以了解客戶組織的實際運作模式。

　　創造出達成快速成果的機會，在許多領域都非常實用。以個人發展來說，快速成果可以幫助我們改進習慣、為規模更大的計畫建立動能。個人理財專家戴夫·藍西（Dave Ramsey）拋開傳統經濟學的教條，主張負債的人應該優先追求「快速成果」。他建議客戶把所有債務依照金額由小而大列下來，不要管利率、還款條件或其他因素，只看欠多少錢，然後依照這個順序一筆一筆還清。從財務角度，這不是最理想的策略（最合理的做法是先還利率最高的債務）。但正如藍西所說，他在意的是「行為改變，而不是數學計算」。你可以先把你跟表親借的100美元還給他（即使你可以拖好幾年再還這筆錢），這就是一個快速成果。就如藍西所說的，「你需要快速成果讓自己燃起衝勁。」

精選並好好投資你的嗜好

從讀羅曼史小說到爬（真的）山，休閒活動能讓你的身心保持活躍，創造持久的幸福感。如果你照著這本書的建議規劃，未來都應該會有足夠的時間和金錢，投入這些嗜好。事實上，到了某個時間點，你的生活會只剩下這些活動。學習新技能固然會有成就感，但你不會想到七十歲時才發現，你已經不需要工作、銀行裡錢很夠用，但完全不知道該如何打發時間。你當然可以七十歲去衝浪，但如果你在二十五歲就學會衝浪，到時候會更輕鬆。

你現在面臨的問題是，你現在需要專注在職涯發展，所剩餘的時間都很寶貴。如何選擇該拋棄什麼、該投資什麼？

試著對你的休閒活動做堆疊排序（stack rank），意思是把你的休閒活動按照對你個人的重要程度排序，由高到低，不能並列。休閒活動指的是那些不是基本生活必需，也無法（或沒有合理的潛力）帶來可觀收入的事情。排序時，你可以考慮下列因素：

- 這是你與你愛的人共同參與的休閒活動嗎？從事這項活動的時間，可以同時經營你們的關係嗎？要對自己誠實，如果你的另一半是因為愛你才每週日跟你一起去打高爾

夫球，可以的話她寧可去做其他任何事，那高爾夫球就不能算是你們共同的休閒活動。但如果你的另一半真的喜歡打高爾夫球，你就應該提高這個活動的排序順位。

- **是一種運動嗎？** 每個人的清單上都應該至少有一項運動類的嗜好。我的休閒是混合健身。我喜歡混合健身，但還不到熱愛。在我找到更喜歡的運動類嗜好之前，混合健身在我的清單上是第一名。

- **時間成本效益比率高嗎？** 駕駛實驗性飛機可能無比刺激，但在時間和資本都有限的世界，對多數人來說，考慮時間成本效益比率，這項活動的排序會遠遠落後於「在海邊散步」。

- **老了以後還能從事這項活動嗎？** 有很多種可能。對於技能類嗜好，尤其是需要體能的活動，你可能現在就要開始培養。如果你打算退休後經常打高爾夫球，你現在就該開始學習，而且偶爾要去打球。如果你打算退休後搬到夏威夷，每天早上都去玩長板衝浪，那你現在絕對要常去海邊練習，因為這不是你能在六十五歲臨時起意開始學的東西。反過來說，你可以在任何年紀開始學烹飪。到歐洲大城市的奢華之旅也不需要任何練習，而且無論是退休後或在年輕時去旅行，都一樣輕鬆（退休後旅行的心情或許更輕鬆）。

- **你在這方面有天分嗎？** 從事這項活動時你會進入心流狀態嗎？會讓你心情愉快嗎？這些問題的答案可能是相同的，但這些問題對嗜好都很重要。如果你喜歡鋼琴曲，想像退休後每天都可以彈鋼琴，但你的手指很短，每天練琴時總是手忙腳亂、充滿挫敗感，那你或許應該把時間用來從事別的活動。很少人能長期的真心享受自己做不好的事。記得嗎？不要追隨熱情，追隨你的天賦。
- **你是自己做、還是在旁邊看？** 根據我的經驗，自己親身實踐的人比在旁邊看別人做的人更成功。

當你知道哪些嗜好為你帶來最多好處，檢視你的清單，思考你每天、每週、每月、每年實際可花多少時間在每一項活動上。可能前三、四項活動花的時間加總，就是你實際上能投入的極限。（「嘗試新事物」是很合理的嗜好，這張清單也不需要一直保持不變，只是你在嘗試新事物時要做好時間分配。）當你決定放棄過去花很多時間練習的東西，也不要有罪惡感。沉沒成本已經沉沒了，如果你願意投入這些年的努力，你可能已經擁有一定的技能與經驗，可以用在接下來從事的其他活動。競技性運動就是典型的例子，我在大學划船社學到了堅持與奮鬥的精神，這些特質一直跟著我到現在，即使我完全沒機會再接近賽艇。

8 職涯的最佳實踐

對於那些排上清單的活動,不要虧待自己。你當然也不需要全力衝刺,如果烹飪是你的第一名,是因為你喜歡邊聽播客節目,放鬆地做菜,那你也不必逼自己每個月去上烹飪課,每天晚上煮五道菜。我的意思是:**別對自己的休閒活動與花費感到內疚**。如果歌劇在你的清單上,就去欣賞最頂級的歌劇演出,別為了花錢或花時間感到內疚。這是精心篩選過的好處,因為你有意識地聚焦過,才能盡情享受這些活動。

第二部 重點整理

- **有意識的投入你的注意力、時間和精力。**財務保障是靠長期的累積,透過持續專注在能創造最大成果的機會。
- **接受努力的必要。**致富之道很多種,但幾乎所有方法都需要投入時間和精神在工作上,同時在生活上做出犧牲。對這個現實感到忿恨不平,只會破壞你現在的專注與長久以來的犧牲。
- **不要追隨熱情,追隨你的天賦。**
- **花一點時間確認你的天賦。**我們的天賦不一定總是顯而易見,有時連我們自己也不清楚,而且我們真正的天賦,通常不是我們一開始所想或希望的樣子。把自己放在新的環境,傾聽別人怎麼看你的特長。試著探索讓你感到好奇和興奮的事物。
- **專注在你的專長,熱情會隨之而來。**持久且令人有成就感的熱情,是你努力的成果,不是原因。
- **迭代反覆。**嘗試新事物,冒一點險,不要期待馬上成功。多數「一夕成功」的故事都是當事人多年努力的結果。失敗為成功之母——如果你能從失敗學到教訓的話。

- **尋找浪頭最大的海灘。**市場動力勝過個人表現，所以要去機會最多的地方，給自己最高的成功機率。
- **培養你的溝通力。**對所有的職涯路線，溝通都是很有用、而且往往很必要的能力。多看你喜歡的小說或電影，學習以視覺呈現資訊，留意優秀演講者如何抓住聽眾的注意力。
- **依據文化與能力選職業。**你當然希望你的工作符合你的能力，但同樣重要的是，你的工作環境也要符合你的個性。選擇跟能激發你展現最佳實力的人共事。
- **不要停留在理所當然的職涯選項。**如果你的學業成績很好，你自然而然會去讀知名大學、研究所，然後成為傳統上的知識工作者：管理、科技、財務、醫學、法律。這些是很棒的職業，但也有很多不快樂的律師事務所合夥人與資深副總。把視野放寬，從建築學到動物園學，都可以找到機會。也不要忽視街坊經濟裡蘊藏的機會。追隨你的天賦。
- **搬到大城市住，進辦公室工作。**二十到三十多歲的階段，你都在學習工作的方法、策勵自己、拓展人脈與對世界的了解。所以你需要跟其他人互動，愈多愈好。
- **知道何時該放棄。**堅持是美德，但堅持過頭會害死自己。玩機率遊戲時，放棄都應該是你的其中一個選項。
- **對人忠誠，不是對公司。**組織只是暫時性的安排，它沒有道德準則或記憶，也絕不會對你忠誠。

- **精選你的嗜好。** 工作之外的興趣不只是為了娛樂，它對短期的幸福感與長期的滿足感都很重要。但嗜好也會分散你的注意力，記得好好思考要選擇的嗜好，要懂得拋下不再適合你的嗜好。

第三部 時間

FOCUS

+

(STOICISM

×

TIME

×

DIVERSIFICATION)

二十世紀美國詩人戴爾莫·施瓦茲（Delmore Schwartz）寫道，「時間是火，我們都在其中燃燒。」超黑暗，但他說出一個重點。時間會吞噬我們，無可避免也無法抗拒。過去已成回憶，不可改變。未來是夢想，還沒到來。我們唯一能掌控、存在的，只有當下。如果只是沉溺在過去，或單純寄望未來一切都會變好，而沒有採取行動或自我要求，最終只會換來對過去無法彌補的遺憾。

你比宇宙更靈活、也更有能力。宇宙無法像你一樣流暢的溝通或思考細微的差別。對宇宙來說，你就像尤塞恩·博爾特（Usain Bolt）一樣快。然而，宇宙最終還是能勝過一切，因為它掌握著最無情也最強大的武器：時間。宇宙的運行比冰河移動更緩慢，但它知道，它最終會超越一切，因為它衡量變化的單位是數十億年。

時間是你最寶貴的資源，尤其在你年輕的時候，因為年輕人擁有比別人更多的時間。但年輕人卻很少意識到、並且懂得運用這個武器。當你只在世界上活了二十五年，根本很難想像再活五十年是什麼樣子。而是否能理解「時間與耐心」這個概念，會決定你是擁有謀生的天賦，還是擁有致富的必要思維。

對時間，你絕對不能慷慨大方。揮霍掉的錢可以再賺回來，浪費掉的時間永遠不回頭。我不是說你都不能放鬆。無所事事、放空不是問題，甚至很重要，但這些放空跟放鬆的時間

也應該在你的規劃之中。

關於創造財富，時間是我們長期的盟友，但短期來看，時間是我們的敵人。這可以分成三個面向，也是這一部的架構。首先，時間有複利效應。你可能已經熟悉這個詞，尤其是在財務方面的複利利息。拜時間所賜，資本的小幅增長也能變成可觀的收益。

但複利不只適用於你的投資報酬。投資的支出也有複利，如果管理不當，有可能大幅侵蝕你的獲利。通膨也有複利效應，它是你的敵人，會無情地侵蝕財富的根基。這個原則也不只適用於財務觀念。我們的每一個行動，其影響都會在各個方面產生複利效應，從習慣的養成，到人際關係的深化，無一例外。

第二個面向，是我們當下如何運用時間。專注以及斯多葛哲學是幫助我們充分利用當下的好方法。累積財富的關鍵，在於清楚掌握我們如何分配時間、如何花錢（其實是同一件事），以及如何做出明智的大大小小的決定。

最後，也是一個終極問題，是時間會強迫我們取捨。創造財富是個奇特的概念，它的核心就是犧牲當下的享樂，使另一個人（未來的你）能更快樂。我們工作賺錢，讓自己在近期的未來有得吃、有地方住。我們存錢與投資，為了讓自己在長期的未來擁有財務保障，享受美好舒適的生活。能夠想像未來的

自己,以及若能善用時間將可實現的事,這是我們願意接受在「當下快樂」與「未來幸福」之間做出取捨的關鍵。

9
時間的力量：複利

　　時間能把微小的變化放大成可觀的存在。時間能使橡實長成橡樹，使河流切割出峽谷。在經濟學與人生的領域，我們能看見時間透過複利產生的力量。

複利

　　據說，時間概念的權威愛因斯坦曾說，複利是世界第八大奇蹟。複利的確是奇蹟，但也是簡單的數學概念。

　　想像你手上有100美元，並以每年8％的利率進行投資。第一年，你會獲得一筆小小的收益（8美元），你的100美元變成108美元。第二年，你賺的就不只是8美元，除了最初投資

投資100美元，利率為8%

無複利		有複利
$108	YR 1	$108
$116	YR 2	$117
$124	YR 3	$126
$180	YR 10	$216
$340	YR 30	$1,006

（100美元）的8%，還會從前一年賺的8美元再賺到8%，也就是再多0.64美元。這個0.64美元就是你種下的小橡實，你現在擁有的資產不是116美元，而是116.64美元，這就是複利的力量。

第三年，你仍會從最初投資的100美元賺到8美元的利息，同時也從第一年的8美元、第二年的8美元，甚至那額外的0.64美元再各賺到8%。在沒有複利的情況下，你的報酬是124美元，但在有複利的情況下，你的報酬變成了125.97美元，你種下的橡實正在發芽。

到了第十年，複利已經把你的100美元變成了216美元。

如果每年只有單利8％的利息，你只會得到180美元。三十年後，複利會把你的100美元變成1,006美元，若沒有複利，你只會有340美元。光是靠複利效應，你的資產就成長了近七倍。你的橡實已經長成了參天大樹。

複利不只是你的銀行提供的額外選項，它就是利息的根本計算方式。你可以用下列公式計算複利效應：

未來價值 =
現值 × (1 + 利率)^{期數}

這個公式在許多真實情況中會更複雜（例如，如果你一次做多筆投資，或如果報酬會隨時間改變），這裡呈現的是最基本的原則。

我們來看這個公式用數字呈現的樣子。下頁圖表顯示，如果你每年投資12,000美元，年利率為8％，投資十年就不再投錢，讓利滾利。如果你從二十五到三十五歲以這種方式投資，當你六十五歲時就會有250萬美元。如果你在四十五歲開始投資，你在六十五歲時只有50萬美元。後期的增長非常驚人（而此時也正是你需要用錢的時候）。巴菲特99％的財富是五十二歲之後開始累積的。

投資就像是種橡樹，最佳時機是十年前，次佳時機就是現在。

複利的威力
儲蓄＝每年存12,000元，連續存十年，年複利率為8%

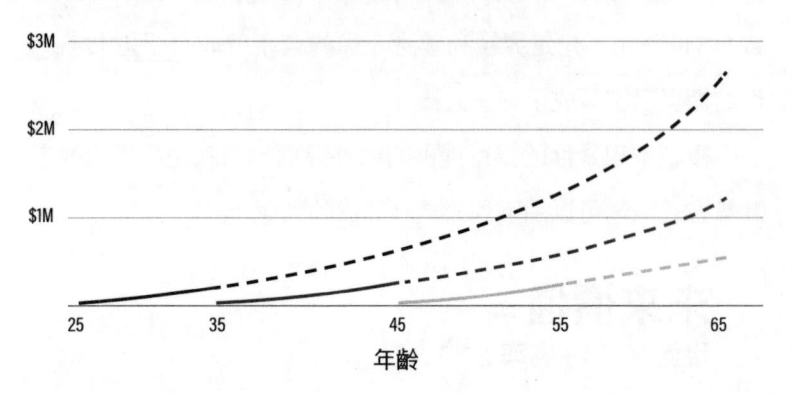

通膨

　　複利有一個邪惡雙胞胎兄弟：通貨膨脹。當複利使你的財富不斷增加的同時，通膨也因為同樣的力量在使你的財富縮水。通膨就像是不斷啃食財富支柱的老鼠，像根基爛掉的部分，或是像不斷上漲卻從不消退的潮水。通膨一定會存在，但並不是無處可逃。你只是必須跑得比它快。

　　通膨的公式和利息的相同，只是方向相反。如果年通膨率是3%，今天價值100美元的商品，一年後會變成103美元。你大概可以預期接下來會如何發展了。十年後，在年通膨率3%的情況下，同樣的商品會漲到134美元。三十年後（這在退休

規劃的尺度上並不算長），今天價值100美元的東西，將會變成243美元。換句話說，如果你打算在三十年後退休，3%的年通膨率代表你需要創造比現在多2.5倍的收入，才能擁有和現在相同的購買力和生活方式。

這個系統聽起來不太好，好像對每一樣東西課稅，使我們更難取得財務保障，而且看不出可以帶來什麼好處。但它是一個主要的經濟影響力，忽視通膨，對我們自己毫無益處。

各國央行（例如美國聯準會）對於通膨率有某種程度的影響，通常會努力讓它維持在2%，但不見得成功。（衡量通膨的指標有很多，媒體上最常聽到的是消費者物價指數CPI，它是各種消費品價格的總合指數）。二十一世紀初的通膨普遍很低，但2022年，美國的通膨高達8%，其他國家更高。美國在上一世紀的通膨平均為3%，我們可以用這個數字作為規劃的合理依據。

通膨並不是對所有的商品與服務一視同仁。特別是教育和醫療成本，幾十年來都上升得比通膨更快：自1980年以來，大學學費年增幅大約為8%。相對地，科技產品可能具有通縮的特性：這些年來電腦類商品愈來愈便宜，而且效能愈來愈好，導致性價比愈來愈優。還有一些商品類型的價格波動受長期趨勢影響較小，本身波動就非常大：例如，汽油在過去二十年的價格就在每加侖2美元和4美元之間多次上下震盪。

通膨的必然性代表我們需要設定更高的目標。在做長期規劃時，我們要記住，物價會愈來愈高。100,000美元的年收入在現在可以過相當不錯的生活，但你用剛才的公式就知道，100,000美元在三十年後的購買力只相當於現在的41,200美元。如果你現在要為剛出生的孩子存大學基金，假設四年學費現在是200,000美元，當你的孩子上大學時，你可能需要準備至少360,000美元的學費才夠（這還是假設學費每年只調漲3％）。

學會算實質報酬

我說過，擺脫通膨魔咒的唯一方法是跑得比它快。如果你預估年通膨率是3％，那代表你要確保你的儲蓄每年至少要賺到3％的報酬，才能維持購買力。但你不會只想維持購買力，你會想要提升購買力。那就需要有「實質報酬」（real return），也就是超過通膨率的投資報酬。你可以用投資報酬率減去通膨率來概算。例如，在通膨3％的環境，5％的收益可以產生的實質報酬大約是2％。*

當我們在談財務數據時，無論是報酬率或是金額，只要已

---

* 作者註：用名目利率（nominal rate）減去通膨率是好用的概算方式，但正確的計算為：（1+名目利率）/（1+通膨率）-1。若名目利率是5％，通膨率是3％，實質報酬就是1.94％。

考慮通膨，就稱為「實質」（real）；若沒有調整通膨，就稱為「名目」（nominal）。比如說，某個東西在十年前的價格是100美元，如果從那時起的平均通膨率是3%，那麼我們會說，十年前那個東西的價格是名目上的100美元，實質上相當於現在的134美元。換句話說，你現在要用134美元才能達到十年前100美元的購買力。有時候，你會看到「定值美元」（constant dollars）或是鎖定某一年，像是「2023年美元」。

在做財務規劃時，沒考慮通膨是一個常見且後果嚴重的疏忽。（稅也是，我會在下一部討論，一定要把稅務因素納入你的規劃。）持有現金令人安心，隨時可以取用、看著就覺得舒服，還能讓你免於短期波動的痛苦。人類天生會逃避痛苦，甚至到了過頭的程度，但長期持有大量現金資產並不明智，因為你每天都在悄悄損失財富。持有現金的成本是每年3%的損失，而且是以複利計算。所以請記得，要投資，而且要跑得比通膨更快。

10
把握當下

要讓0.64美元增長為數百美元,或是讓12,000美元成長到250萬美元,現在就應該採取行動。我們當下的生活是由一連串微小的事物組成,這些小事的潛力往往難以察覺。要打造長期的財富,我們必須克服認知缺陷,把握當下。改變你看待時間的尺度,你的人生也會隨之改變。

認知錯誤

儘管時間的力量很強大、對我們也很重要,我們的大腦對時間的理解力卻非常糟糕。我們的大腦充滿錯誤的捷思法與粗略估計(一項研究甚至把我們的心智描述為「錯覺的菜

單」)。做個簡單的實驗：你規劃了九天假期，但出發之前被告知，你在那九天中的某一天要工作。超掃興的。現在換個情況，你規劃了三天的假期，卻得知你在那三天當中有一天要工作。感覺有差別嗎？

我們對時間的感覺就跟我們對物理距離的感覺一樣，都會產生扭曲。就像以透視法畫圖，愈近的東西看起來愈大，愈遠的看起來愈小。如果即將發生一件不愉快的事件，人們的感受會比同一件事發生在更遙遠的未來時還要糟糕。當我們被問到，對兩件事情中間相隔的時間有什麼感覺（例如，兩件事相隔一週發生，你會形容是「一件事接著一件事」、「兩件事有點接近」還是「相隔很遠」？）。結果顯示，這兩件事如果是近期內會發生，我們會覺得兩件事相隔比較遠；同樣間隔的兩件事，如果是很久以後才會發生，我們會覺得它們之間相隔沒那麼遠。

就像你現在手上的錢，比未來同樣數量的錢更有價值（參見第四部的「時間之箭」），我們也會覺得近期將發生的事比很久以後才會發生的事更重要。和我們大腦中許多複雜的認知現象一樣，這種偏誤有其合理性。畢竟，遙遠未來的事情發生機率本來就比較低，但這種偏誤仍然會模糊我們對時間的感知。

時間的流逝會捉弄我們，尤其在投資這件事上。我們對過

去表現的記憶會出現正向偏誤：我們比較會記得成功的投資經驗。我們會據此評估未來，使我們變得過度自信。一個例外的情況是，當我們可以把過去的失敗經驗怪罪給別人時，我們就會記得很清楚，但這又會進一步扭曲我們對自身能耐的判斷。（後面會談到，這種偏誤的解方就是很認真地詳實記錄。）

同樣地，我們往往會記住高點時刻，並把未來的期待值建立在這些高點上：我們把高點當作新的標準。這正是生活方式通膨（lifestyle creep）的核心機制，我在本章稍後會再探討這個現象，也就是我們會不斷重設「可接受的物質享受水平」基線。一旦你住過四季酒店，就很難覺得君悅飯店有那麼好了。如果我們以20元買了一支股票，後來漲到100元，又跌到90元，我們往往會覺得虧了10元，但事實上我們已經賺了70元。

這些例子還只是發生在單一時間線的情況。財務投資會需要同時考慮多個時間線，但我們通常做不到。我指的就是機會成本，那些我們沒有投資而無法實現的收益。年輕人在衡量要不要讀研究所的成本時，也常會犯這個錯誤。你的成本不只是學費，還有你在讀書期間沒有賺到的錢，更別說那些收入原本能產生的複利。

最後，時間是相對的，但你的人生是絕對的。對多數人來說，收入與支出的上下是可預測的模式。在二十歲左右之前，我們幾乎只有支出。從二十幾歲開始，收入逐漸提高（除非因

為讀研究所而延遲），理想上收入會開始大於支出。而當我們賺錢的能力提升，也開始承擔更多家庭責任，收入與支出都會逐步提高。如果有養小孩，孩子長大獨立後，我們的支出通常會下降。如果我們夠努力、有智慧，再加上一些好運氣，我們的收入會持續上升，直到有一天，我們的興趣、活力、能力或欲望都開始減退。我們的收入可能會逐漸減少，直到我們在退休派對上接受掌聲和祝福。最後，在面對人生的終點時，支出通常會上升，來應對推遲人生終點所伴隨而來的各種成本。你的優先次序與策略，會隨著你人生的進程而不斷變化。

時間才是真正的貨幣

無論是全世界最富有的人、還是最窮的人，一天都是二十四小時。每個人的每一秒都一樣長。浪費的時間無法要求退還，也沒有任何一家銀行能借時間給你。用金錢來衡量健康和機會，固然是務實的做法，但真正重要的貨幣，其實是時間。

我小時候，爸爸經常需要出差。在我父母分開之前，我媽有時候會帶著我一起去橘郡機場，送我爸搭飛機。從街道走過去，可以爬樓梯到機場的一個環繞式觀景台，那裡是酒吧所在的地方，當時沒有任何安檢人員。我爸會帶我到那個陽台，在飛機引擎啟動發出轟隆隆的聲響時遮住我的耳朵。我們會一

起看飛機的剎車被放掉，最後飛翔到超過1,700公尺的高空，就像擱淺的海豹，變成展翅翱翔的雄鷹。他教我怎麼分辨727與DC-9（前者有三個引擎，後者是兩個引擎），也教我怎麼看L-1011與DC-10的差別（前者的第三個引擎藏在機身，後者則在接近機尾的地方）。太平洋西南航空的飛機機鼻畫著一個笑臉，透過觀景台的窗戶向我們微笑。那是一段我們全家都很珍惜的時光。

那些童年時光也培養了我後來對飛機的熱愛。有些人晚上會看ESPN運動賽事或是上網逛衣服，我會花很多時間研究和瀏覽各種飛機。六年前，我實現了在觀景台酒吧點燃的夢想，我買了私人飛機「龐巴迪挑戰者300」（Bombardier Challenger 300）。買下那架飛機並聘請全職機師與一整個管理團隊（處理機棚空間與碳排抵換之類的事），既燒錢又耗費時間。我無法說這是個完全理性的決定。

針對這個不理性的決定，我的合理化思維是這樣的：那時候我與家人住在邁阿密，但我每週要去紐約大學教課，以及到美國各地演講與開會。我算了一下，如果我有自己的飛機，以我的行程來說，我一年待在家的時間可以增加十三天（擁有私人飛機有兩個主要好處：第一，飛機會配合你的時間；第二，走路兩分鐘就可以從車子到飛機，不用驗票、過安檢）。如此一來，我在未來十年跟孩子相處的時間可以增加一百三十

天（也就是四個月）。男孩們成長的速度飛快，而且遲早會離家。擁有私人飛機的稅後成本大約是每年120萬美元。所以對我來說，真正要考量的問題是：在我人生走到盡頭時，我想要銀行裡多1,200萬美元，還是曾經與兒子多相處四個月的回憶？買飛機對我來說是一筆不小的錢，但這是我做過最簡單的財務決定之一。

算一算，哪些事情偷走了你的時間？你在哪些地方有明智的金錢觀、在那些地方的時間觀卻不聰明？以採買日用品為例，多數地區都多種不同模式的生鮮雜貨外送服務。如果你一週花三小時採買（開車到店裡，採買，再開車回家），一年就要多花一百五十小時，相當於兩週假期的所有清醒時間。多出兩週的休息或工作時間有多少價值？答案：怎樣都比採買的價值更多。特別是，如果你嫌麻煩沒去採買，導致家裡沒存糧，每週因此要多叫二到三次外送，那麼一週多花25美元用Uber生鮮外送，就可以讓你省下100美元Uber Eats消費，還幫你省下採買的時間。這是不用煩惱的簡單決定，但也有例外。如果購物這件事本身（或是打掃家裡、煮菜或是自己手動洗車）對你而言具有療癒效果，那就盡情享受吧！

我們不是在討論懶惰或浪費錢買服務的議題，如果你花錢請人打掃家裡和買生活用品，是因為你忙著追劇，那你就是在為追劇多花錢。重點是，花錢是為了讓自己有時間去做真正有

10 把握當下 173

生產力的事，而不是為了不打斷你當下喜歡做的事。工作、學習、人際關係，這些都很重要。但對年輕人來說，最重要的還是努力工作。

社群媒體可能是史上最大的財富殺手。它奪走了年輕人的青春，在他們最需要時間的時候占用時間資源，那些時間投資在工作和（實質的）人際關係上，原本還能產生複利效應。查一下你手機裡的螢幕時間統計，你花多少時間在社群媒體上？除了在無數程式設計師、產品經理和行為心理學家的精心設計下，刺激多巴胺分泌導致的成癮，你得到了什麼？過來人的建議：這些人都不是站在你這邊的。除非你是網紅，所以你花在社群上的時間是在工作。一項關於快樂的研究發現，在二十七項不同類型的休閒活動中，社群媒體為人帶來快樂的效果是最後一名。（不用社群媒體時就登出，下次要再用時就需要更有意識地做決定、登入應用程式。）

說別人花太多時間滑手機很容易，但我們工作時也浪費很多時間。學會善用科技：過濾電子郵件、自動同步日程表、用適合你的產業的雲端服務和工具，有一大堆生產力工具等著你下載。後面我們會討論花錢和省錢的事，但現在我真正關心的是你怎麼省時間。

如果公司為你配了一位助理，請你花時間經營這段關係。一開始，助理做事可能比你自己做會花更多時間，但這也是一

種投資。如果要說我有什麼過人之處,那大概是我很早就明白:偉大來自於他人。我願意投資時間和金錢,去吸引和留住能擴展我能力的所有人才、供應商和人際關係。這也是天生懶惰的一種回報,我從小就常常在想:這件事有沒有人能做得很好、甚至做得比我好?如果有,而且成本低於我自己花時間能賺到的錢,那就該外包。

剛開始工作時,我會外包的事情可能是請人打掃家裡、買外帶。後來,我外包了室內裝潢、科技支援、家務整理、庭院維護、稅務規劃、編輯校稿、穿搭顧問、夜生活(禮賓服務)、假期與活動規劃、遛狗、健身訓練(私人教練)、開車、採買、營養管理,甚至是送禮,我全都花錢請人解決。沒錯,我在很多方面都很不在行。不過,我把所有省下來的資源重新分配在兩件事上:第一,努力成為我所在的專業領域中最頂尖的人;做更多會讓我快樂的事(例如,週末帶狗出門散步,多陪陪孩子們。)

科技是輔助工具,但時間管理是一種超越科技的技能。會理財,其實就是會管理時間。有些人適合用比較正式的系統管理時間,例如大衛・艾倫(David Allen)的《搞定!工作效率大師教你》(*Getting Things Done*)對某些人來說是聖經。那套方法不適合我,但的確是很受歡迎的選項。

我自己主要的時間管理策略是,**無情地排出優先順序**。重

點在「無情」。我已經很多年沒有清空收件匣,也不會因為沒完成什麼待辦事項而焦慮。因為有太多事想占據我的時間,而我有幸能選擇自己真正想做的事。我的工作本質要求我以高度專注、在很短的時間內提出洞見,像是上電視、錄播客、公開演講,或是寫書的某一段章節。如果你邀請我去演講,就要有心理準備,我在前一天的晚宴看起來會心不在焉。我的確心不在焉,因為我正在思考要怎麼配合投影片說故事、哪段影片該什麼時候播放,以及演講的哪一段要放慢說話速度,營造戲劇效果。這種專注也是有代價的:我可能會忘記我住在哪家飯店,我的助理也必須提醒我要記得吃早餐。

年輕的優勢

我經常寫文章談論老一輩美國人積聚了大量的財富,以及年輕世代在累積財富時面臨的挑戰。然而,有一種資源是有錢的老年人缺乏、年輕人卻多到用不完的,那就是時間。人類的感知有時候很諷刺:很多人直到揮霍完了才開始懂得時間的珍貴。如果你還年輕,那你就是時間的富豪。如同有錢人會善用他們的財富創造更多財富,年輕人也能這麼做。只是多數的年輕人都沒這麼做。

如果你還年輕、有很多時間,你可以用你努力賺來的錢

稍微享樂一下。關於個人理財的建議時常有兩種截然不同的理論，一種是要你「省到極致，能存多少是多少」，另一種則是經濟學家認為理論上對我們最有利的方式，也就是延遲存錢，因為職涯初期多數人賺的錢都不多，存那一點錢並沒有太大的價值。

我90％支持經濟學家的看法。好好享受人生，因為你現在有的精力、熱情與冒險的膽量，不會一直都在。寵物、配偶、小孩和房貸，會漸漸奪走你在二十幾歲時的無憂無慮。但人類行為跟經濟學家的數學算式不同，你的習慣也無法像數學模型一樣變動自如、說變就變。所以從現在就學習存錢，趁年輕開始鍛鍊這個能力，讓存錢的習慣發揮複利效應。

接下來的段落我們要來討論預算和儲蓄，這兩者是累積財富的關鍵。但如果你還在職涯的第一個十年，請把討論的重點放在「行為」，而非「結果」。你當然應該存錢，但儲蓄的目的是為了打好基礎、建立良好的習慣與品格。當你進入高收入的人生階段，這時候練習就結束了，比賽正式開始。你可能在二十幾歲時沒存到太多錢（很正常），但接下來就需要趕進度了，就像美國總統詹森（Lyndon Johnson）曾說的：「是要動真格的時候了。」

你無法管理你無法衡量的事物

你會聽到有錢人說:「我從來不煩惱錢。」鬼扯。我認識的每一個有錢人,對錢都非常執著。他們不一定對賺錢這件事很執著(某些人會),但他們對追蹤、管理和守住金錢非常執著,就像《魔戒》裡的咕嚕對待「寶貝」的態度一樣。說自己從來不想錢的事,根本就是故作謙虛的炫耀,因為言下之意其實就是,「我太會賺錢了,錢會源源不絕自己進來,我根本不需要管理或是做長期規劃。」說自己常常在想跟錢有關的事,就好像在承認自己常常想到跟性有關的事。大家滿腦子都在想金錢和性(不一定是這個順序),但要承認這個公開的祕密似乎令人不自在、覺得不禮貌。

我成年後大部分的生活中,我都知道自己有多少錢。當我不知道自己有多少錢,也就是我沒有追蹤支出時,最後總是會得到不愉快的驚喜。不追蹤你的錢和花費,最後往往會發現錢不夠用。

年輕時,我的錢很好算,因為我沒錢。但我知道我欠兄弟會多少錢,我的信用卡帳單金額是多少。現在,我每週都跟我的股票經紀人通電話。衡量金錢有一條微妙的界線,**你的目標是保持理性的執著**。這是什麼意思?隨時關注你的收入、支出和投資的狀態,但不讓自己在情緒上過於投入。訣竅在於把這

件事變成一種智力練習，讓你感覺情況在掌控之中，而不是要讓你更為錢焦慮。

我根據這個原則創立了一家公司，用來管理數位業務。在L2公司，我們幫助企業為自己的數位業務績效負責。剛開始合作時，我們會先了解客戶的目標與達成目標的方法，然後我們會開發出衡量進度的指標。這是一門藝術。

「你無法管理你無法衡量的事物」，據說是管理大師杜拉克（Peter Drucker）說的，也有可能是誤傳。這句話既像指令，也像是一種警告。各種指標就像是閃亮的東西，看到數字變動，會提供正向反饋。但無論你用指標是在衡量什麼，這種感覺都會出現。錯誤的指標會使你的行動偏離方向，而衡量你無法掌控的東西，則會帶來挫折感。最好的指標要符合兩項條件：**要有實質影響（effect）**（指標的變化，真的跟你達成目標有關），而且**要能被影響（affected）**（你的實際行動，真的能改變指標的數值）。

不是所有重要的東西都能被衡量，最好的指標也不一定顯而易見。你的股票可能會跌，但你應該用更廣的市場表現來衡量這個情況。只用單一指標，這個指標的效果會愈來愈差。只關注你有多少錢，卻不關心你的膽固醇數字、孩子的螢幕時間，或另一半的快樂與否，只會讓你變成擁有財務保障卻不快樂的人。最終，你想衡量的是你的生活品質，這代表你需要用

多元的指標來拼湊出（希望是正向走勢的）整體幸福感。

談到理財這件事，我都會強調儲蓄的重要，以及預算的必要。我喜歡這些詞彙帶有的「克制感」，好像我在為一件困難的事情做準備，讓我覺得自己很有紀律。但那可能只是我的個人偏好。如果你不太喜歡這種硬派風格，可以把「儲蓄」換成聽起來更正向的詞，像是「累積」或「投資」。你的目標不是這個月存1,000美元，而是累積1,000元的財富。如果「預算」這個詞聽起來太刻苦了，你也可以用「資源配置」。只要小心不要用帶有被動感或是任何讓人覺得無力、無法掌控的負面詞彙。無論你用什麼詞彙，記得要展現：你的選擇，你主導、你負責。

在累積財富的初期幾年（二十、三十歲階段），追蹤你的花費比追蹤儲蓄更重要。花費會決定你的儲蓄金額（會實質影響），而且是你實際上的行為（可被影響）。記錄花費不好玩，但這是你需要培養的關鍵行為。順帶一提，如果你想創業，緊盯資金流出的情況是很重要的致勝關鍵。你可以先從個人支出開始記錄。無論是你的私人生活還是你創辦的公司，只要稍不留意，錢就會悄悄溜走。資本主義最厲害的地方就是不斷發明新的東西讓我們花錢，而且讓我們覺得真的需要那些東西，而不只是想要而已。

現代人的花費大多用電子支付，追蹤花費似乎比從前更容

易。然而，可以用手機處理一切的便利性，其實是一個陷阱。我小時候，我媽會用紙本支票付帳單，然後認真記錄每一筆支出，註記哪些花費是用現金，真的用記帳本在確認收支平衡。那種做法很麻煩，但有一個好處，你能即時感覺到你的支出情況。只是用手機應用程式收集一堆數字，但從來不查看，你就不是在追蹤花費，而是在逃避。

在電影《塵霧家園》（House of Sand and Fog，超棒的電影）中，班‧金斯利（Ben Kinsley）每天會記錄自己的每一筆開支，連買巧克力棒都會記帳。你的早期人生目標就是：向班‧金斯利看齊。不過，這不代表你不該花錢在玩樂上，只是要記得記帳。同理，你可以把時間花在不那麼有生產力的事情上，只要那件事在你的規劃之中，而且你知道自己分配了多少時間在這件事上就好。

如果你不想每週日晚上坐在餐桌前，拿出支票簿仔細記帳，那就試著在花錢時能增加一點「摩擦力」的方法，建立一個你真的願意用來確實追蹤支出的系統。線上工具很好用（例如 Personal Capital、Rocket Money、Simplifi、YNAB），但如果你用手機應用程式，「手動」輸入每一筆支出，效果會更好。你也可以每週安排固定時間更新預算。要建立這個習慣並不容易，你可以找個夥伴來幫助你。配偶當然是最直接的選擇，但父母、兄弟姊妹或是親近的好友也能督促你追蹤支出。這跟找

健身夥伴是一樣的概念。如果你有創業精神，那就把你的個人財務當成新創公司來管理：擬定計畫、定期檢視，製作你個人的損益表。

　　關鍵在於追蹤你「實際上的支出」，而不是「你覺得你花掉的錢」，或是「你打算花的錢」。人們總是會低估未來的支出，而且不是很久以後的未來，一項研究發現，人們往往會低估下一週的支出，低估金額可能達到100美元。然後他們下一週又會再犯同樣的錯誤，甚至連續低估一整個月。我在紐約大學的同事亞當・奧特（Adam Alter）發現，人們一再低估支出是因為忘了算「預期外的花費」，但這些花費一點也不意外，因為它幾乎每個月都會發生。要相信「數字」，別只相信「意圖」。

　　衡量你的支出，你才能管理你的支出。管理支出其實也是邁向增加儲蓄的一個步驟。要賺一塊錢，最簡單的方法就是存一塊錢。所以你也需要追蹤自己的儲蓄（等一下就會說明該怎麼做）。每個月存幾塊錢或幾百美元，是累積財富的有效方法。當你的收入不斷提高，尤其當你領到一整筆獎金的這種收入時，你會需要可靠的存錢能力。

　　我很難維持體重不掉下來（我知道，聽起來很像炫耀），因此也很難維持肌肉量。過瘦不是什麼詛咒，但我對於看起來壯不壯有點虛榮心，而且科學明確指出，肌力與健康和長壽密切相關。我每週會健身好幾次（我的抗憂鬱劑），所以我的運

「預估」與「實際」的支出

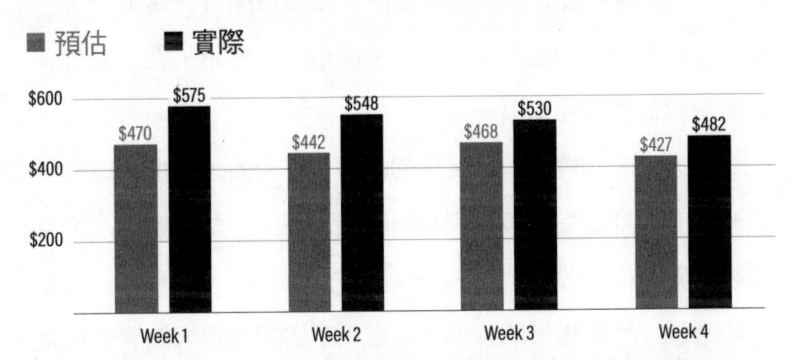

■ 預估　■ 實際

	Week 1	Week 2	Week 3	Week 4
預估	$470	$442	$468	$427
實際	$575	$548	$530	$482

資料來源：Ray Howard et al., American Marketing Association, Sage Journal 59, no.2, 2022

動量有達標。我的弱點在飲食。從小我就沒被教過要享受美食，單親英國媽媽獨自撫養我、還要工作，這表示（多數時候）吃東西對我們來說是一種懲罰。總之，我一天只吃一餐也沒問題。因此，我用一個營養管理應用程式，輸入我的目標和我吃的每樣東西，它會追蹤我的熱量（包括好的與不好的熱量），並傳送通知給我，讓我知道自己的進度，並建議我該做哪些調整。此時就會出現所謂的霍桑效應（Hawthorne effect），當我們察覺有別人在看，我們的行為就會改變。如果有人在看我，我會努力拿出最好的表現，讓對方留下好印象，即使那個「別人」就是我自己。手機應用程式、筆記本或試算表，都能創造這種被觀察的感覺。能被衡量的，才能被管理。

運動很適合用來比喻理財的另一個原因是：你必須「經常執行」。每個月統計一次所有支出，就和每個月只運動一次一樣，沒什麼用。如果你有三週沒檢視信用卡帳單，就不算是有在衡量或管理你的支出。

到後來，你會累積到足夠的儲蓄可以投資，你會開始對市場波動有切身感受。追蹤投資現況最重要的，就是讓自己不受情緒影響。投資股市代表你的投資會上下波動，而且一定有賠錢的時候。比起獲得的喜悅，人類天生對損失帶來的痛苦更有感。所以你必須夠堅定，能夠看著自己的財富淨值下跌，而不讓這件事毀掉你一天或一週的心情。

你有兩個方法。你可以不去看股價。但資本是動態、而非靜態的存在，不密切注意它的動態，就會有意外發生，而跟錢有關的意外基本上都不會是好的驚喜。另一個選擇是，定期查看股價、而不是時時緊盯不放。投資的重點不是每天都要賺錢，甚至不是每年都要賺錢（但多數時候要賺錢），而是在數十年之後有賺錢。你一定會賺錢。如果你在2002年初在標普500投資100美元，到了2022年底，你會擁有517.66美元，年報酬超過8%（高於通膨5.7%）。那二十年還涵蓋了股市最糟的幾年、百年來最嚴重的金融危機，以及全球性的大疫。再說一次，時間和耐心是你的盟友。某支股票某天的表現就像是擲銅板碰運氣。但以十年為單位來看，標普500幾乎保證上漲。

投資100美元在標普500的十年報酬

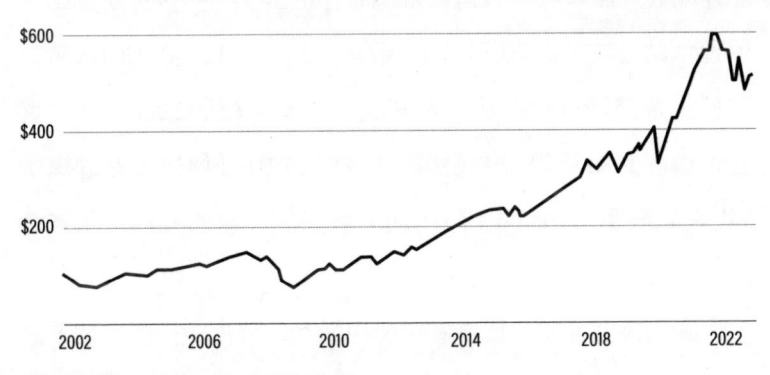

資料來源：Prof G Analysis of S&P Performance

抓出你的預算

開始記錄支出之後，接下來要如何管理你的支出？一個答案是，它會自然發生。覺察會激發自律。但如果你想真正掌控自己未來的財務情況，就需要計畫。我不會花五十頁的篇幅教你做理財試算表，你可以自己研究，有很多理財書和線上資源可以助你一臂之力。我接下來談的是大方向和原則，你可以按自己的情況調整。不清楚自己的財務狀況，致富之路將會曲折難行，而且充滿挫折。

如果你賺的錢不多，預算的重點就是小心謹慎，有意識的花錢，並且感受錢的份量。我們練舉重是為了讓自己變強壯，

不需要感到焦慮或有羞愧感。如果你這個週末超支，或沒存到該存的錢，深呼吸，有需要就調整你的計畫，然後重新開始。學習錙銖必較，你就開始踏上致富之旅了。我在讀UCLA時，跟兄弟會借錢付食宿費。年底我的欠款會超過2,000美元（實在很懷念1980年代），我知道秋季時必須再付450美元的學費（我真的很懷念1980年代），所以我必須在暑假靠打工和省錢籌到3,000美元。

我們幾個好友會比賽看誰能用最少的錢生活一個星期，最低紀錄是91美元（含房租）。我曾經長達八個星期都靠泡麵、香蕉和牛奶過活，我最大筆的花費是在週日晚上和划船社的同學到時時樂吃晚餐（牛排、馬里布雞排加上沙拉吧吃到飽，只要4.99美元，讚嘆1980年代）。我們六個身高超過180公分、體重超過80公斤的大男生走進一家餐廳，打算吃滿一週的熱量，那個情景就像是《冰與火之歌》裡大軍入侵維斯特洛的氣勢。時時樂在1996年宣告破產，我很確定我們是那家連鎖餐廳倒閉的原因之一。

我打工、健身、吃香蕉，然後狂吃沙拉吧。奇怪的是，對我來說那是令人懷念的美好暑假。我們目標明確：變得更強壯，想辦法付學費。幸運的是，我後來走出了那段「4.99美元沙拉吧吃到飽」的人生階段。如果你現在還沒脫離，沒關係，你也會的。

當你的收入提高，開始累積財富，預算的重點就會變成如何規劃與分配，為未來的支出預先存錢，像是翻修屋頂或是去歐洲度假一週。你從省吃儉用進階到旅遊訂飯店，代表你已經浮出水面，開始有其他選擇，而不是只是滿足基本需求。以下是我建議你邁向這個目標的方法。

　　無論你現在的狀況如何，先算出你的基本支出，弄清楚你每月真實的生活基本開銷，包括房租、日用雜貨的費用、電話費、水電費、學生貸款還款等等。還要規劃合理的預算，可以外食、娛樂、度假和買衣服。這不是那種「我丟了工作，又碰到經濟崩盤，每週只靠91美元過活」的刻苦生存預算，而是反映你實際上的基本生活開支。如果你的社交生活包含星期六晚上和朋友去夜店，星期日上午和朋友吃早午餐，那你就不太可能從現在開始只靠Netflix和泡麵過日子。**你的預算要根據現有生活的最理想版本來規劃，也就是你目前人生階段的水位線。**

　　要精準規劃預算，其實比你想的更難，所以我們先練習追蹤支出，再學習規劃。因為你需要數據，花幾個月的時間練習取得有用的數據。即便如此，剛開始還是會有遺漏。仔細檢視你過去一年的信用卡帳單和銀行對帳單，掌握你有哪些年繳的訂閱支出與偶發的支出，確保你也有把這些考慮在內。把年度性支出分攤到每個月，做好準備，這樣當你需要繳費或是碰

到預期以外的支出時,才不會出問題。例如,如果你每年要付600美元的專業證照費,就代表你每個月的水位線預算要抓50美元。

在你的預算中,請務必列一行「儲蓄」欄位。你可以從很小的金額開始,像是每個月存10美元,但一定要把儲蓄列在你的預算裡。理財顧問常會告訴你要「先付錢給自己」,意思是每得到一筆收入就先存一點,建立這個習慣非常重要。同時,有明確目標也很重要。為了做預算而做預算,很難讓人有動力。你只要設定你現在能達到的小目標就好。在你立志成為財富自由大人物之前,先搞清楚你每年花多少錢買鞋子。一步一步慢慢來。

當你完成水位線預算,也就是根據你實際的生活開銷做出預算之後,把它拿來跟你的稅後收入做比較。如果你的收入是薪水,而且公司會代扣所得稅,那麼薪資單上的數字就很接近你的實際收入。如果你的財務狀況比較複雜,就需要多做一些功課(參考第四部與稅務有關的內容)。如果你的水位線預算比你的收入高,那你可能真的只能靠Netflix和泡麵了。這時你可以從容易的項目開始省錢,像是你從來沒使用過的訂閱服務。避免在預算上給自己太沉重的負擔。年輕時,你的公寓應該只用來睡覺、洗澡和吃飯。找個乾淨的小地方來住,只要離工作地點近和生活機能方便就好。你的職涯發展與你待在家的

時間成反比。你終究需要讓支出少於你的收入。入不敷出是不可能致富的。但是也不用太驚慌或馬上放棄。最重要的是，一定要持續地記帳。

培養花錢的紀律時，斯多葛哲學的許多觀念就可以派上用場。這也是品格與行為開始產生正向迴路、開始發揮效果的時候。但你在培養品格的過程中，很難靠硬撐來控制花費，所以你可以用一些方法來啟動這個正向循環。有一些生活小訣竅和策略，能幫助你步上軌道：

- **用現金支付。**這是為了增加花錢的困難度。實際數鈔票、看著現金從你手中跑到別人的手裡，感覺到錢包變輕了，這些動作都能讓你有花錢的意識。使用現金代表你必須動手記錄支出，但這麼做其實有好處，因為這些不便都會強化你對花錢的覺察。
- **把每筆消費金額無條件進位。**有些銀行在你使用信用卡消費時會自動幫你這麼做，也有專門的應用程式可以設定這種功能。概念很簡單：每次消費都算成整數，零頭就自動進到你的儲蓄帳戶。這不一定會減少你的支出，但可以產生快速成果，給你更多動力。
- **遊戲化。**為你想強化的行為設計集點制度。如果你想自己帶午餐到公司，減少花錢去餐廳吃飯，每次你自己帶

午餐出門,就給自己記一點,並且用具體可見的方式追蹤你的集點進度。例如在廚房流理台放一個空瓶,在抽屜裡放一袋玻璃彈珠。每次你自備午餐去上班,就放一顆彈珠到瓶子裡。你也可以用相關的應用程式,像是待辦事項追蹤軟體,或是模仿電玩計分方式的行為養成應用程式。遊戲化本身就有激勵效果,但你如果想在達成里程碑時給自己額外的獎勵,這個獎勵必須與你想培養的習慣有一致性。例如,當鼓勵自備午餐的彈珠瓶裝滿時,獎勵就不該是一整週都到餐廳吃午餐。

- **找花錢紀律、助你當責的夥伴。**跟朋友玩存錢比賽,讓好勝心激發你存錢的動力。更簡單的方法是,把你一天、一週或一個月的支出目標告訴一個你很重視的人。而且要告訴對方很明確的目標,並承諾會回報進度。你可以說:「爸,我這個月的午餐外食預算上限是50美元,我會在一個月後打電話告訴你,我有沒有達成目標。」然後,一個月後確實把結果告訴你爸。

你衡量的項目愈多,管理的項目也愈多。總有一天,你會達到某個階段(也許你十年前就達到了,或是還要幾年才能達到),你的收入會超過你的支出水位線,這時你才終於浮上水面。現在,你終於可以好好呼吸了。你知道你每個月需要多少

錢,也知道你可以應付這個數字。超出水位線的每一塊錢要如何使用,都是你的選擇。

如何設定儲蓄目標

決定開始儲蓄,我們很容易想設定很有野心的目標,但這樣可能會適得其反。研究指出,人們在設定儲蓄目標時有兩個傾向。第一,人們對於未來的儲蓄會設定過高的目標。對於愈遙遠的未來,我們愈有信心自己可以達成目標,結果證明我們的信心錯得愈離譜。因此,只設定這個月的儲蓄目標,你會比較基於現實、更可能達標。當你設定六個月後的儲蓄目標,那個目標就可能不切實際,最後無法達標。

這很不理想。然而,研究指出的第二個傾向,會使情況變得更糟。當我們設定不切實際的目標,在過程中開始偏離軌道,就會對達成目標失去動力,甚至會做出跟目標背道而馳的事。研究中,比起只設定下個月目標的參與者,被要求設定幾個月之後儲蓄目標的參與者,他們的目標更大膽,實際上存的錢卻更少。大膽又遙遠的儲蓄目標,等於給未來的自己設下雙重陷阱:首先,你因為不切實際的目標而注定失敗,然後又因為沒達到目標的挫折感,讓你做得比沒設定目標時更差。

尤其在你剛開始學習預算與儲蓄時,應該把重點放在控管

支出，而不是追求儲蓄，儲蓄目標也應該設定在立即可行的等級。快速成果有助於你累積長期的成功。跑馬拉松，你不會在訓練第一天就要求自己跑完42公里。

我們在討論斯多葛哲學時曾說，賺的錢變多通常也會使你花更多錢。生活方式的通膨會自然發生，你會不斷重新設定你對生活水準的期待。當你的年薪達到150,000美元，年薪50,000美元時覺得好過的生活水準就不再適用。你的朋友也會賺得更多，他們的生活開銷也會增加。資本主義會鍥而不捨的找到新方法誘惑你增加消費。此時，你必須應用前面學到的斯多葛哲學，讓你的消費增長速度低於收入增長速度。

我無法告訴你每年應該多存多少錢。有太多的變數，而且每個人的情況差異很大。但我可以告訴你，如果你去年的收入成長20％，而你的開銷增長25％，那你需要修正軌道。收入成長與消費增長之間的差距要愈來愈大，這才是取得財務保障的基礎。

要控制消費增長的速度，你需要避免兩件事：**「承諾」**與**「波動」**。承諾在關係上很美好，在消費上很糟糕。訂閱服務、需要維護的資產（汽車、私人遊艇、房子、船屋——千萬不要買船屋，我說真的）、任何一種分期付款的消費（也就是「先買後付」）——這些都會使你更難以掌控未來的消費，因為你已經為自己製造了不利的條件。

財務保障的基礎

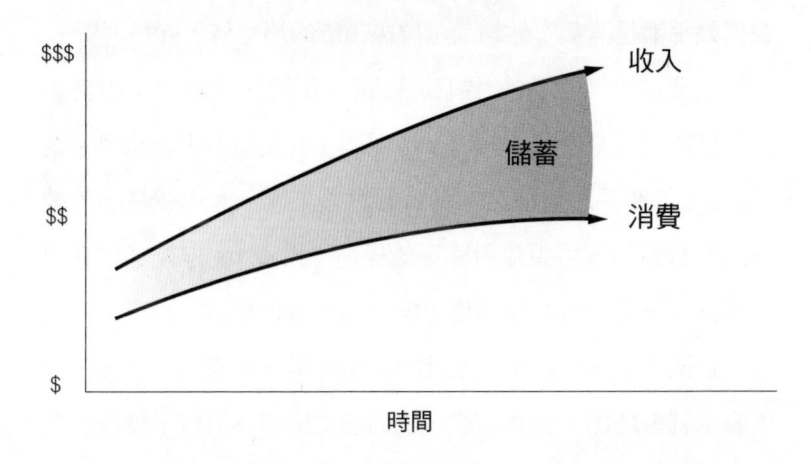

```
$$$                                    收入
                              儲蓄
 $$                                    消費


  $
                    時間
```

波動又是另一回事。它會破壞你的預期與掌控感,而這兩項是管理預算的關鍵。偶爾奢侈享受(在計畫之中,而且有預先存錢),是懂生活。但如果你每個月支出的波動幅度都很大,你的生活可能會出問題。

三個錢桶

從概念上來說,你可以把額外的收入放進三個錢桶(至於實際上要放在哪裡、如何投資,會在後文討論)。消費是其中最容易的一桶(對多數人來說),也就是用錢購買更好的生活品質,例如買產品與服務。消費這件事並不全是奢侈或可有可

無的：你總得吃飯，也必須有地方住。一開始，每個人最大的錢桶幾乎都是消費。你納入水位線預算的那些錢，就是消費。

但要注意，消費支出不是投資。我們在日常對話中常會以寬鬆的定義來使用「投資」這個詞。我在這本書裡也寫了要「投資人際關係」這種話。就這個意義來說，大學或是高等教育的學費，的確可說是對職涯的一種「投資」。但是當你在思考如何分配資金時，需要更嚴謹一點。這裡提到的投資，指的是你預期這筆支出會產生直接的財務回報——交易完成後，你的資本就會增加。正式的說，我們把支出稱為消費，就是因為你是在消耗經濟體中的產品與服務。但你應該這樣理解：消費就是你的金錢在交易中被消耗掉了，不會回來了。

不會產出直接財務回報的花費，與我們能合理期待會提高收入或減少支出的花費，這兩者的分別不見得總是很清楚。高等教育就是一個經典的例子：你的文憑可能會提高你賺錢的能力，所以學費有一點投資的意思。然而，你無法出售你的文憑，因此就嚴格的財務規劃來說，學費不能算是一種投資。

我強調這一點，是因為我們很容易會把消費包裝成「投資」，藉此賦予消費正當性。為了面試買新鞋、加入更高級的健身房，這些或許有機會提升你的財務處境，但它們仍是消費，不能算是投資。有些類型的消費可能比較崇高，像是買禮物送別人、捐款給慈善機構，但這些錢也是一旦花掉就沒了，

理想的收入分配方式

収入 — 日常消費 / 中期支出 / 長期投資

也就等於你的財富在減少。別誤會我的意思,我熱愛消費,你也絕對值得過有品質的好生活,但你如何花每一塊錢,都是一個選擇。

除了消費錢桶,另外兩個錢桶裝的是你用來投資的錢。長期的預算是為了「退休」,這是我這個世代的說法,雖然這個名詞已經不太有意義了。你可以叫它財富累積、以後要用的錢、或是財務保障的基礎。那筆錢就是我前面提過的朋友每年撥到個人退休金帳戶的2,000美元。那筆錢可以讓未來的你在海灘喝著邁泰調酒、一邊看孫子玩水,或是拿來做未來的你想做的任何事。

第三個錢桶裝的是中期支出,它是短期消費與長期投資之

間的灰色地帶。是那些計畫中（與不在計畫中）的大額花費：買車或買房子的頭期款、研究所學費、為了成為合夥人而買的公司股份、大筆醫藥費用等等。

我想強調，中期與長期錢桶之間的分別，以及中期支出的各個子類別（應急基金、孩子的大學基金、房子頭期款），都算是我們的「心理帳戶」，屬於概念性的分類。它很有用，但並不是實質的錢（無論你貼上什麼標籤，錢就是錢）。太過仰賴那些概念，可能反而會扭曲你的決定。妥善應用，但不要被這些概念綁架。

水位線預算以外的每一份收入，都會跑到這三個錢桶。你的任務就是把足夠的錢放到消費錢桶，讓你不會對自己的選擇心有埋怨（這需要的錢其實比你想的更少），同時把足夠的錢放進中期與長期投資，使你逐漸取得財務保障。我會在下一部探討該如何處理中期與長期錢桶裡的錢。

三個錢桶的配置

在職涯早期，除非你極度幸運，否則你的長期錢桶不會得到你太多的關愛。那也沒關係。重要的是你還是有丟一點錢到裡面。習慣很重要。你正在為將來鍛鍊儲蓄和投資的能力，等到你有錢的時候才知道該怎麼做。只要做到這一點，你就算是

很盡責了。二十幾歲的人生階段不會持續一輩子（這是好事，也是壞事），現在的你也值得過有品質的生活，這是你辛苦工作應得的。但如果你目前正處於人生收入最高的階段，最好趁馬力最強的時候更努力地存錢。

理想上，你會把所有儲蓄投入退休計畫，讓錢向下扎根，為你未來的財務保障打好基礎。但有個問題：你可能會需要提早使用一部分的儲蓄，這就是中期的錢桶。中期錢筒的目的就是確保當有大筆花費出現時（無論是否在預期之中），你都有足夠的現金。**中期錢桶這個比喻，是用來幫助你管理兩件事：流動性（liquidity）與波動性（variability）。**

流動性指的是你將資產轉為其他形式的難易程度，無論是轉成另一種投資形式或是用來消費。你的儲蓄帳戶裡的錢就有很高的流動性。公開交易股票與債券也有流動性，大多數在交易所買賣的其他資產也一樣（下一部會討論更多細節）。房屋的流動性就比較低。要取得現金，你可以把房子賣掉，或是申請房屋淨值貸款或抵押貸款，但這些都需要花時間，也會產生交易成本。個人退休金帳戶裡的錢也可以動用，但會需要繳稅，而且如果未達退休年齡，還要支付10%的罰金。私人公司的股票則是極度缺乏流動性。顯然地，你愈急需用錢，流動性就愈重要。

另一個要素是波動性，我在後面討論風險與分散投資時會

再詳述,但波動性對做理財而言,重點是要知道某些資產的價格相對穩定,有些資產的價格波動劇烈。現金的價值完全不會波動(雖然現金的價值會隨通膨而下降,但一張10元鈔票始終是10元)。高成長科技公司的股票波動性很高,一般股票的波動程度都算中等。還記得過去二十年的標普500走勢圖嗎?長期來看平均年增長率為8%,但每年的回報差異很大。如果是長期投資,你不需要太在意波動性,因為你能持有資產度過低潮期,也能選擇在價格好的時機再出售。但對於較短期的投資,波動性就是一種風險,因為你可能被迫在市場低迷時賣出。

簡而言之,你如果愈快需要動用到一筆錢,就需要更高的流動性與更低的波動性。如果你要買房子,需要200,000美元頭期款,這時你的個人退休金帳戶裡有200,000美元(無流動性)對你毫無幫助,而持有單一成長型科技公司價值高達200,000美元的股票並不是明智的投資決定(波動性高)。如果你打算在五年內買房子,就可以承受較高的波動性,而不需要太高的流動性。長期與中期錢桶的分界不是一條明確清晰的線,這些概念是比喻,不是真的桶子。

中期投資的規畫重點,就是考量自己的整體財務狀況,並依據你預期會發生(或意料之外)的花費來調整你手上資產的流動性與波動性。

緊急預備金

上面談的這些原則，要如何應用到個人理財書必不可少的部分——緊急預備金？首先，如果你完全沒有流動性的存款，建立一筆流動性高、沒有波動的小額緊急預備金，是很棒的初始目標。這很實際，因為緊急狀況一定會發生，也可以訓練你存錢的能力。如果你是從零開始，那麼1,000美元的緊急預備金是個好目標。為何是1,000美元？因為它是整數，而且足以應付許多意外的花費，而且是多數人都可以達成的金額。這應該是你儲蓄計畫的早期目標之一：1,000美元的存款，只能用於緊急狀況。（小提醒：緊急預備金是拿來用的，這才是它存在的意義，這筆錢是讓你的預算能正常運作的緩衝，不是永遠不可動用的神聖之物。）如果你做到這一點，就已經領先一大堆人了：56%的美國成年人連1,000美元的備用現金都沒有。

「緊急預備金」的標籤很有用，但別忘了它終究只是心理上的帳戶分類。擁有10,000美元的緊急預備金，意思是你至少擁有10,000美元的流動性高、波動性低的資產。實務上這通常指的是：有利息的儲蓄帳戶、貨幣市場基金，或是非常保守的投資基金。在2008年金融海嘯之後幾年，利率變得非常低，投資人很難在不承受波動風險的情況下獲得任何報酬。然而，零利率時代現在看起來已經結束，至少在我撰寫本文的當下，存

款利率大約有3.5％到4％，這應該足以讓你的緊急預備金對抗通膨的侵蝕，甚至還可能小有獲利。

許多財務規劃方法過度看重心理帳戶分類，建議大家為緊急預備金設一個帳戶、為房子頭期款設另一個帳戶、為小孩的大學基金再設一個帳戶等等。這些帳戶就像是學腳踏車時的輔助輪，一旦你累積到好幾萬美元的資產後，就不再需要輔助輪了。錢就是錢（以經濟學家的話來說，錢就是「可替代資產」），你把錢投資在哪裡，比你為它貼什麼標籤更重要。預估你預期的花費有哪些，以及什麼時候要花那些錢，然後建立一筆高流動性、低波動性的緊急預備金，再把你預期未來會慢慢累積的儲蓄也計算進來。

如果你預期你的中期錢桶明年不會有支出，那你唯一需要有高流動性、低波動性的資產，就是你的緊急預備金。除此之外，把其他錢都拿去投資在你預期報酬最高的地方（下一部會詳述），不用考慮流動性和波動性。當中期開支快要發生時，再把那些高風險資產轉換成更有流動性、波動性較低的投資。

當你能存到1,000美元以上的緊急預備金之後，到底該準備多少緊急預備金？標準的個人理財建議通常是三到六個月的收入，但答案其實因人而異。對很多人來說（尤其是年輕人），其實沒必要準備那麼多緊急預備金。如果你的收入穩定，雇主的財務狀況很健全，沒有一定要遵守的財務承諾（沒

有貸款、沒有小孩),而且你的身心都很健康,加上如果你的家人經濟狀況很好又願意支持你,那你就不需要準備那麼多的緊急預備金。反過來說,如果上述條件你具備的愈少,你需要的緩衝金就愈多。

想像一下實際上可能發生的最糟情況是什麼(例如丟了工作),你在不需要太辛苦的情況下需要多少錢來度過難關(也要考慮你能減低多少消費)?那個數字就是你要確保以高流動性、低波動性形式存在的資產。

此外,你不需要讓緊急預備金在每個時期都維持在同樣的水準。首先,緊急狀況有可能發生,發生時就把那筆錢拿來用。其次,當你需要大筆支出時,就要考慮先暫時降低你的緊急預備金,以後再補回來。

我要再次強調,一切取決於你的狀況,大原則是不要根據任意制定的數字(或其他的心理帳戶分類),來做人生的重要決定。如果你找到了理想中的第一間房子,而你還需要籌20,000美元的頭期款,不要因為某本理財書上寫緊急預備金永遠要維持在30,000美元,就放棄這個購屋機會。先把緊急預備金降到10,000美元,買下那個房子,之後再有紀律地慢慢把緊急預備金存回來。錢是可替代的,你存錢是為了拿來用,不是只為了看著那個數字不斷變大。

一定要搶配對

我會在下一部詳細討論投資與稅務，但這個主題有一個部分與錢桶的分配有關，而且超級重要，現在必須先談。我指的就是你的退休金：401(k)退休帳戶、傳統個人退休金帳戶（IRA）與羅斯個人退休金帳戶（Roth）。把我的建議濃縮成一句話，就是：把退休金拿來用吧！個人退休金帳戶結合了強迫儲蓄、節稅，以及複利的力量，它可以成為財務保障的基礎。

要如何運用退休帳戶？最優先的原則是，如果你的雇主會配對退休金提撥，那你就一定要選擇從薪水自願提繳。你找不到更划算的投資了，可以得到百分之百、遞延課稅的立即回報。幾乎在任何情況下，一定要盡可能自願提繳退休金。

超過雇主配對金額的自提額可能是好主意，但要不要這麼做，還要考量你的稅務狀況與流動性需要。要怎麼運用退休帳戶，並沒有一體適用的標準答案，也沒有哪一種做好一定是最好的。下一部討論稅務時我們會再談更多。*

---

* 編註：此部分建議適用於美國退休金制度，台灣勞退為雇主強制提撥，無需爭取配對，相關建議僅供參考。

實際來看如何配置收入

我們用一個假設案例來看你的月薪可以如何分配。傑克大學畢業後工作剛滿一年，才剛開始存錢的旅程。傑克的年薪是60,000美元，他的生活「水位線預算」是每月3,000美元，主要是付房租、日用雜貨和娛樂。傑克計算後，認為3,000美元的緊急預備金就夠用了，他的工作穩定，房屋租約是月租型，他的父母也住得不遠，所以萬一發生最糟情況，他可以搬回家住。他的儲蓄帳戶利率是4%，目前為止他已經存了500美元，目標是用高流動性、低波動性的儲蓄來建立3,000美元的緊急預備金。他的公司有提供401(k)退休帳戶，過去一年他每個月提撥薪水的5%進個人退休帳戶，因此他的長期錢桶裡有3,000美元。

這個月初，付完房租和信用卡帳單後，傑克手上只剩下20美元現金，他的儲蓄帳戶只剩下100美元，他的收入大部分都用來支付消費。但這沒關係，重要的是他有做預算，而且正在建立良好的習慣。

在預扣所得稅與5%的退休金提繳之後，傑克每個月會收到兩筆1,750美元的薪資，總計3,500美元，以及公司配對提撥的退休金250美元在他的個人退休金帳戶。他把當月收入3,500美元中的3,000留在他的儲蓄帳戶，用來支付那個月的消費。

在大多數的月份,他都會預算超支,這個月也一樣,他多消費了300美元,因此他只存了200美元。

為了養成在個人退休金帳戶之外存錢到長期錢桶的習慣,傑克在富達證券(Fidelity)開帳戶,存了20美元。我們會在下一部看到傑克如何把這些錢轉變成風險較高的長期資產(像是公司的股票)。20美元不多,但他已經跨出了第一步。

他把剩下的180美元轉存到存款帳戶,現在他的緊急預備金已經有680美元。根據這個進度,傑克要再花一年的時間才能存到目標的3,000美元。但如果他能縮減支出,遵守他的水位線預算,他就能在三個月內達成緊急預備金目標。所以,他開始每隔幾天查看預算,並提醒自己,他花的每一塊錢都是一次選擇。他有在考慮將來要去讀商學院,屆時他會需要的錢可能就不只是儲蓄帳戶裡的3,000美元。但目前來說,他打算存到3,000美元的緊急預備金之後,就把其餘的存款都移到長期投資。

關於負債

還有另一個逆向的桶子,那就是債務。債務是個人理財領域一個有爭議、又很個人的主題。我的看法是:**債務是一種武器,但也是雙面刃,要謹慎使用。**

購買長期資產的長期債務，是合理、甚至是聰明的選擇。債務能帶給你「槓桿效應」，就像槓桿和支點能放大你的施力，債務也能放大你的資金的獲利能力。富人和企業非常喜歡使用債務，就是因為槓桿的力量。如果我用100萬美元現金買了房子，後來這個房子增值到200萬美元，我的錢就翻倍了，這很不錯。但如果我是用20萬美元現金和80萬美元貸款買這個房子，當我以200萬美元賣掉房子，付清貸款後還會剩下120萬美元，我投入的資金放大了六倍，這就是槓桿。沒錯，我在這兩種情況都是賺100萬美元，但我只需要拿出20萬美元就能做到這件事。別忘了機會成本：透過債務，我可以用那80萬美元去做其他的投資。

　　貸款買自住的房子永遠是好的個人理財策略（後面討論房地產的資產類別時會更詳細談）。買車的情況就比較複雜。車貸通常是用來買更昂貴的車，而不是用來解決基本的交通需求。汽車業務最希望你問他：「我負擔得起多少錢的車？」但更好的問法其實是：「我需要買多少錢的車？」車貸是一種對消費支出的財務承諾。如果買昂貴的車能讓你開心，那就用存錢的方式買車，等你存到大部分或全部的購車款之後再買。用努力去換取你喜歡的東西，你會從中得到更大的享受。

　　短期債務就像是夜裡的小偷：高利率信用卡、「先買後付」支付方式、店家提供的分期付款。即使是「無息」貸款，

依然是對未來消費的承諾，剝奪了你在未來運用錢的機會。**債務的一個基本原則是，時間長度不該超出所取得資產的使用年限**，三十年的房貸可以通過這個檢驗，刷卡用一年分期付款買一雙只穿一季的鞋，就無法通過這個檢驗。可以犒賞自己，但不要騙自己。

在職涯的早期階段，用短期債務來填補收入與消費之間的落差在所難免，而且適當使用並不會毀了你的未來，但要聰明運用。有信用卡債的期間不要再去借汽車貸款。確實掌握短期債務的金額，不要讓那些債務藏在五個不同的帳戶裡。把它放在預算表的最上列，納入你的基本開支預算，找出方法償還這筆債務，同時不要讓它妨礙你培養儲蓄習慣的能力。即使你在還利率18％的卡債，也要每個月存10美元到你的儲蓄帳戶。

如果你因為要償還債務一直無法收支平衡，就需要做還款計畫。如果你的欠款問題很嚴重，意思是你連最低還款金額也拿不出來，或是卡債總金額每個月都在無止境的增加，那你應該尋求消費信用諮詢。但要小心：你要找有合格信用諮詢師的非營利信用諮詢組織，美國的消費者金融保護局（Consumer Financial Protection Bureau）的官網有提供相關服務與網站連結。

11
未來的保障

「現在的你」努力做預算、存錢,而「未來的你」就在等著花這些錢。你的工作是讓「現在的你」和「未來的你」同時得到幸福。財務規劃建議往往過度聚焦未來的需要,但重點其實是取得平衡,如果你的計畫過度剝奪你現在的快樂,你很可能無法堅持下去,即使你能堅持到底,到底又是為了什麼?一直虧待現在的自己,未來的你又會成為什麼樣的人?

為未來的自己保持選項開放

努力工作賺錢與自律地存錢,這兩件事都很困難,需要持續的投入,過程中也會遇到挫折。但為了遙遠未來做規劃是另

一種困難，因為你看不見目標，而且往往都是你已經變成未來的你，回頭看才會知道有沒有達成目標。但你還是要為了未來而努力，因為你對自己未來的想像，對你的規劃很重要，它同時也是動力的來源。

無論你在人生的哪個階段，回想一下幾年前的自己，再跟現在的自己比較。注意兩者的差別，你現在喜歡的什麼東西，是過去的你不重視的？我回想過去的自己，發現我經歷了幾個特殊階段（雖然當時並不覺得特殊）。一直以來，激勵我的動力來源有三件事：對錢的焦慮、對物質享受的渴望，以及想讓我生命中最重要的人滿意、對我刮目相看。這些動力的比重隨時間改變了很多，我對於自己該如何達成目標的看法也改變了。

現在試著往前看，想像五年、二十五年，甚至五十年之後的自己，你覺得你改變的步伐會變慢嗎？你認為你的動力與渴望已經固定、都不會再變了嗎？問問比你年長二、三十歲的人：「你和二十年前一樣嗎？」再問：「你有成為自己當初想像的樣子嗎？」以為自己不會變的謬誤被稱為「投射偏誤」，意思是人們往往會誤以為自己未來的喜好，會跟現在的喜好一樣不變。

社會因素也使我們更難預測自己未來的樣貌。例如，退休的觀念一直在變。美國有20％的退休人士仍在做某些短期工

作,其中多數人表示繼續工作是因為工作為他們的人生帶來意義。另外,養老的費用也變得比以前更高,一部分是因為醫療成本提高了,也是因為我們的壽命變長了(至少我們還有從那些醫療開銷得到好處)。六十五歲以上的人是所有年齡層離婚率最高的,而離婚對財務狀況的打擊很大:六十五歲後離婚的男性生活水準平均下降了25%,女性則下降41%。

為未來規劃最重要的是,你要知道規劃不會完全準確,因為你會以無法預測的方式改變。規劃未來時不需要講求精準,不要把自己跟某個絕對必須達成的目標綁在一起。你晨跑時經過的那棟理想中的房子,可能永遠也不會出售。吃遍所有米其林餐廳或是征服世界七大高峰,都是很棒的目標,但你會需要做出很多犧牲,當你達成那些目標後,也有可能會後悔。這種目標(或是沒那麼偉大的目標)不該是不可變動的。如果你工作了十年,存夠錢可以成立自己的平面設計工作室,但當你四處尋找工作室地點時,卻發現開工作室的夢想已經不再令你感到興奮。這時你可以坦誠告訴自己:「我改變主意了,這已經不是我的目標了。」你可以把海邊別墅當成夢想,把海邊別墅的照片放在書桌上激勵自己,把別墅的價格作為財務規劃的參考基準。但要小心不要把「有錢」等同於「海邊別墅」,思考過後,當你在面對取捨時,就能根據當下的自己,而不是你現在想像的自己來做決定。因為你活的不是理想中的人生,而是

現實中的人生。財務保障的重點在於讓自己擁有多個選項，而不是限縮選項。

黑天鵝會出現，隕石會墜落

諾貝爾經濟學獎得主丹尼爾．康納曼（Daniel Kahneman）曾說過，我們從意外學到的教訓就是這個世界充滿了意外。每隔幾年，你的人生必然會遇到某些事，打亂你的計畫：全球性的疫情、車禍、遇見你的真愛。遺憾的是，最大的意外通常是負面的，罹患癌症的人遠比中樂透的人多。然而，無論是哪一種意外事件，你都需要具備調適的能力，隨機應變。

手邊可動用的儲蓄（財務規劃師最愛提的緊急預備金），就是一種對自己的證明：你的努力有成果，這也是你面對突發狀況的第一道防線。但除了財務上的防線，心理的防禦力也同樣重要。這就是為什麼建立財務保障，最終要看的是品格，而不是數學。當你精心規劃的財務預算被現實砸爛時，真正的成功，是短暫崩潰一下之後，設法讓自己振作起來，評估災情（同時提醒自己：事情永遠沒有看起來的好或壞），然後重新擬定計畫，去應對砸在你家的那顆隕石。或許隕石撞出來的坑可以變成一個不錯的游泳池？

找專人幫你規劃財務

我在本書開頭提出了一個簡單粗暴的公式,預估你達成財務保障需要的資產。把你的燒錢率(年度支出加上稅)乘以25(有時也叫「4％原則」,因為這個方法設定扣掉通膨後有4％的投報率。)。這是啟動計畫的好方法,但它只是起步。

如果你應用這個方法,隨著你的賺錢能力不斷提升,你的儲蓄也會跟著增加,你的責任以及稅務與投資需求的整體複雜度,也可能隨之增加。上述「乘以25」的數字是個好用的目標,但它不是一個計畫。如果你非常精於規劃(連去度假都會用試算表規劃行程),而且你已經培養了很好的預算執行紀律,那你可以繼續靠自己。但我會強烈建議你考慮雇用專業人士。依照你的財富價值與複雜度,你可能會需要稅務顧問、會計師或是律師。但最重要的是財務規劃師。

任何人都能提供各種財務規劃服務,但你要找的是特定的人,也就是受過專業訓練並持有執照的人,而且(這一點至關重要)對方必須是「受託人」,意思是對方在法律上有義務把你的利益放在自己的利益之前。你要確認兩種資格:第一,對方的所屬公司必須是註冊投資顧問(registered investment adviser,RIA);第二,對方本身必須持有認證財務規劃師(certified financial planner,CFP)或特許財務分析師(chartered financial analyst，CFA）的證照。

有很多人都具備這些資格，所以不要去找沒有證照的人。不要因為某人跟你是同一個姐妹會，或是某人能拿到搶手的運動比賽門票，就雇用他們當你前往財務保障之路的嚮導，否則你很可能要付出慘痛的代價。

關於財務顧問，你一定要有一個觀念。你付錢給他們不是為了得到投資報酬。長期來看，沒有人能穩定打敗市場。就算有人真的掌握了超越大盤的祕訣，他也不會為了抽取固定比例的費用，就把祕密告訴你。你付錢請顧問是為了財務規劃、行動上的問責，以及信心。隨著你的資產愈多、人生愈複雜，這些服務就愈有價值。

在所有影響你財務保障的人之中，唯一比財務顧問更重要的人，就是你的伴侶。無論你們在個性與價值觀上多麼相似，金錢觀也不會完全一致。沒有人的金錢觀會跟另一個人完全相同。我們跟錢的關係往往根深蒂固，而且我們通常沒有覺察到這個關係的深度與複雜度。你和伴侶需要花時間討論，進行很多對話，才能一層一層深入拆解彼此的金錢觀，讓你們對儲蓄、支出與規劃的看法真正同步。一個好的財務規劃師能幫你們做這件事，這是他工作中很重要的環節。永遠記得，你建立財務保障，是為了能有更多時間投入在你珍惜的人際關係中，並從中得到幸福。這才是你的終極目標。

第三部 重點整理

- **時間是最珍貴的資產。** 揮霍掉的錢可以再賺回來，浪費掉的時間永遠不回頭。
- **善用複利的力量。** 小錢經過多年能變成驚人的大錢。
- **留意通膨的威力。** 複利效應的反面，是同樣的錢在未來會變薄。你的儲蓄目標與投資策略，都必須把通膨考慮在內。
- **合理地對錢執著。** 專注地檢視你的收入、支出與投資狀況，但不要在情緒上太過投入。
- **追蹤你的實際支出。** 如果你的人生只能追蹤一件事，就追蹤你的支出。不是你預計要花的錢或是你以為的花費，而是每天流出你家大門的每一塊錢。
- **每個月存一點錢，幾塊錢也好。** 儲蓄的能力就像是肌肉，愈鍛鍊愈有力量，趕快練起來！
- **避免做財務承諾。** 關係上的承諾很棒，財務上的承諾很危險。對於訂閱服務、分期付款和需要長期維護的資產，都要特別謹慎。
- **讓支出保持穩定。** 支出上下波動太大會破壞你的掌控，而當我們對支出失去掌控時，支出絕對都不是減少。

- **找出你的水位線預算。**以符合實際狀況的每月最低預算，作為你的水位線。不要忘記算年繳的訂閱服務與其他非常態的花費，它們可不會忘記你。
- **給未來的自己更多選項。**你會以無法預測的方式改變，在計畫中預留彈性空間，因應未來的需求改變。
- **設定可達成的短期儲蓄目標。**「三十歲時要存到100萬美元」不是一個計畫，也不會幫助你達成目標。然而，「在10月1日前存5,000美元到儲蓄帳戶」則可以成為你做日常決定的依據。多做一些正確的決定，你就會存到100萬美元。
- **把花錢變成經過思考的選擇。**除非你深陷債務，否則你不需要咬牙把每一塊錢都存起來，那是不可行、也沒必要的。尤其是年輕的時候，人生是需要體驗的，而許多最棒的體驗都不是免費的。
- **把花費分成三個桶子。**超出水位線的每一塊錢，都應該進入下列三者其中之一：
- **日常消費**包括食物、住處、衣服、交通、貸款還款，以及其他經常性支出。
- **中期支出**是非經常性的大額支出，像是研究所學費和房屋頭期款。
- **長期儲蓄**是你為了未來的消費而存下來投資的錢，這個桶子就是你未來的財務保障。

- **中期錢桶要放低波動性、高流動性的投資**。當這類型的支出發生時,你需要有可動用的現金在手邊。不要把這些錢放在房地產或私人公司股票,也不要在高風險投資上孤注一擲。
- **善用退休金提撥**。如果你的雇主提供退休金配對提撥,優先使用這項福利,而且要用到上限。遞延納稅而且保證百分之百報酬的投資,是很棒的投資機會。
- **隨機應變**。壞事會發生,你會犯錯。這是你需要調整計畫的原因、而不是放棄計畫的藉口。事情從來沒有看起來的好或壞。

FOCUS
+
(STOICISM
×
TIME
×
DIVERSIFICATION)

第四部 分散投資

很少人能只靠收入致富。沒錯，只有少數人辦得到：《財富》百大企業執行長、NFL四分衛、一線電影明星。對於我們這些其他人來說，收入是致富的基礎。收入是一個起點，還要加上額外的努力。說得更明確一點，我們要把勞動換來的收入，轉變成更容易擴張規模的東西：資本。

資本是流動中的錢，是用來創造價值的錢，是「正在工作」的錢。企業、政府、金融機構的運作，都仰賴穩定的資本供應，也會為使用這些資本而付出代價。就像任何偉大的成就，財富的實現也要借他人的力量：透過他人的能力（團隊、員工、供應商）與資本來達成。要建立一家公司或致富，幾乎不可能完全只憑自己與自有資金。當你把資本提供給別人使用，並從中獲得報酬，這就是投資。

投資也是橋梁，連接前面的章節告訴你需要付出的努力，以及本書一開始向你承諾的財務保障。同時，投資也是這整個過程中最容易的部分。我們在「斯多葛哲學」討論的個人成長、在「專注」強調職涯的辛苦付出，或是在「時間」要求的自律與每日耕耘，都需要你親自投入，但投資不一樣，真正在執行的是別人，你只要享受成果就好。恭喜你，你現在是資本家了。

大多數的個人理財書都會避談資本主義與金融市場的運作機制。這樣的做法立意良善，對許多人來說可能也是正確的選

擇。金融是一個龐大的生態系，有自己的語言和文化（實際上有好幾個）。你不需要精通這些語言和文化，也能得到長期投資的報酬。深入探究細節需要投入大量的時間和認知資源，而這些心力或許可以用在更值得的地方（機會成本）。交給專業人士處理並非壞事。

但我選擇了不同的做法。這是本書篇幅最長的一部，因為除了想帶你了解資本投資的策略，也希望你能了解這些策略背後的原則。金融體系每天都以看得見和隱晦的方式影響我們的生活，對這個系統有基本了解的人，總是能從中獲益。接下來的內容只是觸及表面，但已經比多數的高中、大學課程，或是家裡餐桌上的對話還要更深入許多。

這一部分為五個章節。首先，我們會聊到投資的一些基本原則，包括你為何應該投資，如何思考每一項投資與整體投資。第二部分則是金融市場的綜述，金融市場就是錢的市場，也就是你讓錢發揮作用的地方。第三部分會談到市場上的主要資產類別，以及每一類別明確的投資建議。第四部分會特別談到投資策略中經常被忽略的：稅務。稅是我們為了生活在有秩序的社會所付出的代價。然而，我們的稅制本身並不那麼有秩序，沒有事先規劃，可能繳的比你應該付的還多。最後一部分會根據我四十年來經營人生的投資經驗，提供一些實用建議。

如果你在金融界工作，你對接下來大部分的內容可能相

當熟悉,甚至覺得很基本,你可以自己決定要閱讀還是跳過部分段落。不過,從兩萬英尺高空俯視熟悉的土地,也能給予你全新的視角。如果財務對你來說是新領域,這些內容可能會讓你覺得有點難,因為我們談到了很多資訊。金融是一個複雜的領域,而且各部分環環相扣,需要對每個部分都有一些基本認識,才能理解。

除了這本書中談到的內容,我也建議你養成追蹤財經新聞的習慣。商業新聞在過去數十年逐漸成為主流,許多商業新聞也變成了一般新聞,但那些商業新聞往往把重點放在特例,而且通常著重在消費性產品和比較戲劇化的事件。當你了解本書提到的基本觀念,就能更深入追蹤市場消息的許多細節。

把這些原則實際應用在自己的投資上,這些原則才會變成你的。當你真正開始接觸金融世界,你擁有的知識就會派上用場,我在書中提到的觀念就會開始對你產生意義。我向你保證。

12
投資的基本原則

　　我每天都從數不清的來源累積到各種金融知識，但一切的起源是因為我小時候很幸運：我遇到一位導師。

　　十三歲時，我覺得自己是隱形人。不是真的身體透明，而是在社交上與智力方面。我媽當時的男朋友對我很好。有一天，我在報紙上看到一則股票新聞，於是問他關於股票的事。他回答了我的問題，然後想了一下，打開皮夾，拿出兩張嶄新的百元鈔票，對我說：「到城裡的證券行買一些股票吧。」我問他該怎麼做，「你夠聰明，自己會搞清楚的，如果我下個週末來你還沒搞懂，我就要把錢拿回來。」那是我第一次看到百元美鈔。泰瑞人很好，他真的關心我的生活。他已婚有家庭，我和媽媽就是他隔週見面的第二家庭，在電視劇裡常被提到，

但從來不會是主角的那些人。不過,這不是故事的重點。

隔天放學後,我直奔威斯伍路與威爾夏爾路街角的添惠證券(Dean Witter Reynolds)。戴著大金飾的女士問我需要什麼。我告訴她我要買股票。她愣了一下。我突然覺得尷尬,脫口而出:「我有200元。」然後遞出那兩張新鈔。她露出驚訝的表情,然後給我一個透明窗口信封,請我稍等一下。我坐在那裡,調整紙鈔在信封裡的位置,讓我可以透過玻璃紙看見富蘭克林的臉。一位留著捲髮的男士走進大廳,朝我走過來。

「我是賽‧柯德納(Cy Cordner)。歡迎來到添惠。」

柯德納帶我到他的辦公室,用三十分鐘幫我上了一堂股票市場的課。買家與賣家的比例會決定股價如何變化。每一股代表所有權的一小部分。業餘者憑感覺行動,專業的人會以理性行動。買你認識的股票:你喜歡或欣賞哪家公司的產品,就買那家公司的股票。我們決定用我的意外之財,以15元股價買十三股哥倫比亞影業(Columbia Pictures)的股票,股票代號CPS。

接下來兩年,每到午休時間,我都會到愛默生中學的電話亭,投兩毛錢硬幣打電話給柯德納,討論我的「投資組合」。有時候,我放學後會走去他的辦公室,跟他討論最新行情(前面說過,我在學校沒什麼朋友)。他會告訴我CPS那天的表現如何,以及他猜測股價變化的原因:「市場今天呈現跌勢。」意思是賣家比買家多,股價下跌會吸引更多買家進場。「看來

《第三類接觸》（Close Encounters of the Third Kind）這部電影大賣。」或是「《龍馬精神》（Casey's Shadow）票房不理想。」柯德納也會打電話給我媽媽，不是跟她討論投資機會（我們家沒錢），而是告訴她我們聊了什麼，還會不時地稱讚我。

上高中後我就和柯德納失去聯繫了。後來可口可樂公司買下了哥倫比亞影業，幾年後我把可口可樂的股票賣掉，跟UCLA兄弟會的朋友開車去墨西哥的恩塞納達（Ensenada）玩了一趟。我還是從那段經歷得到兩樣東西。一是自信，我知道自己能被大人看見，我可以走進鎮上的證券公司，讓別人看見我。第二是對股市的認識。柯德納讓我知道，複雜的金融世界是靠著一些基本原則運作，而這些原則十三歲小孩也能懂。

風險與報酬

資本家讓錢發揮作用的方式有很多種，從單純的銀行貸款，到複雜到連設計者都不完全了解的合成衍生性金融商品。然而，所有投資形式都能濃縮成兩種考量之間的平衡：風險與報酬。在正常運作的市場，資本的風險愈高，你預期得到的報酬就愈高。風險就是你為了報酬付出的代價。

用一個很簡單的例子說明：擲硬幣。如果只擲一次，你押正面，你的輸贏機率是相同的（我們說賠率是1：1），你預

期可以得到百分之百的報酬。下注一元,你會拿回你投資的一元,再加上報酬一元。如果你賭會連續出現兩次正面,這個情況發生的可能性較低,你會輸的風險是贏的三倍:擲兩次硬幣的結果有四種可能性,其中三種是輸(反面－反面、正面－反面、反面－正面),因此賠率是1:3。如果你下注一元,你預期會得到你投資的一元,再加上三元的「報酬」。這次你的風險比較高,所以你預期更高的報酬。如果有人出二元,邀你玩連續出現兩次正面的賭局,那是很爛的協議。但他如果出五元,而你下注一元,這種賭局你每次都要跟。

投資的風險與報酬比較複雜。一開始無法確定風險有多高,像你玩擲硬幣一樣。你的目標是得到報酬,而不只是像擲硬幣一樣打平就好。投資的結果通常有賺有賠,而且報酬通常是持續的收入流,而不是一次性付清。不過,能夠辨識出不平衡之處(風險小於潛在報酬),這依然是投資成功的關鍵。

再說一次,風險是你為了報酬所付出的代價:沒有冒險,就沒有收穫。

投資的雙軸

投資活動可按照兩個維度分類:主動或被動,分散或集中。了解某項投資是落在哪個象限,應該可以決定你何時該把

投資選項類別

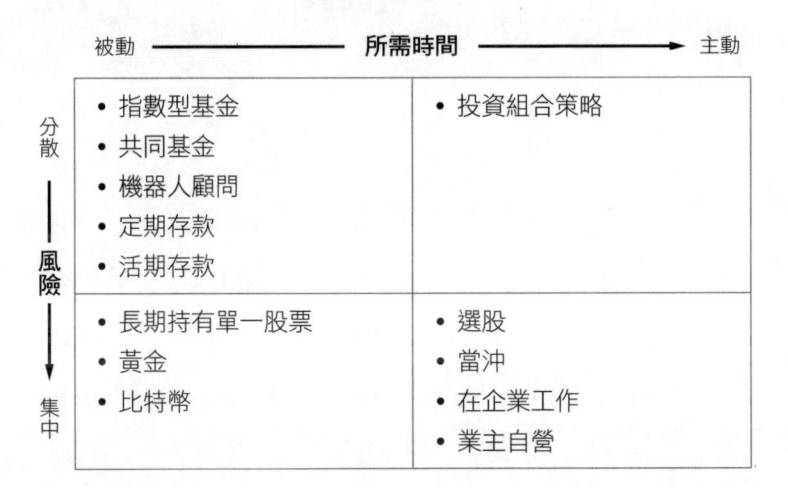

	被動 ——— 所需時間 ——→ 主動	
分散 ↓ 風險 ↓ 集中	• 指數型基金 • 共同基金 • 機器人顧問 • 定期存款 • 活期存款	• 投資組合策略
	• 長期持有單一股票 • 黃金 • 比特幣	• 選股 • 當沖 • 在企業工作 • 業主自營

資本放在哪裡。

　　主動或被動指的是你投入多少時間在投資上,以及你對結果的影響有多大。把錢放進銀行的存款帳戶屬於100%被動:除了把錢存入銀行,你不用做任何其他事情,而且無論你做了什麼,都只會得到銀行給的報酬。另一方面,你最主動的投資其實是投資你的雇主。你可能不會把工作視為一種投資,但除了對人際關係的投資之外,雇主是你最重要、也最花時間的一項投資。如果你持有公司股票,更是如此。其他的主動投資包括持有出租的不動產(專業提示:讓你的岳父處理主動投資中「主動」的部分),以及操作股票當沖。

美國企業市值排行
2003年與2023年4月的比較

排名	2003	2023
1	Microsoft	2
2	GE	71
3	ExxonMobil	11
4	Walmart	13
5	Pfizer	28
6	Citi	82
7	Johnson & Johnson	9
8	IBM	68
9	AIG	216
10	MERCK	20

資料來源：Financial Times, CompaniesMarketCap.com

　　主動投資會花掉你更多的時間，因此比起風險相同的被動投資，你應該期待更高的報酬。除了資本，你希望你的時間也可以換來報酬。此外，你的參與會直接影響結果，所以你要謹慎思考這個投資是否善用了你的獨特能力。我喜歡藝術品，但我對藝術品市場所知甚淺，也沒有興趣深入學習，因此到蘇富比拍賣會與其他收藏家競標，對我來說不是明智的主動投資策略。但我對飛機的了解勝過一般人，幾年前我投資了一筆錢在一家噴射機引擎維修公司，需要我花不少時間去管理，但我認

為那項投資用到了我的部分專長。

分散或集中,指的是投資風險分布的屬性。這是一個非常重要的投資概念,重要到我決定用它作為這一部的標題。基本上就是不要把雞蛋放在一個籃子裡。我持有蘋果的股票很多年,蘋果股票也在那段期間產出很高的報酬,但它仍是風險相對高的股票(冒險就是它能帶來報酬的方式),而風險遲早會上門討債:很少企業能維持長時間一直賺錢。

管理風險,分散投資

分散投資是一種防守型策略。但就和運動比賽一樣,防守往往才是贏得冠軍的關鍵。因為投資本質上有一種不對稱性:上漲潛力是無限的,但虧損最多就是歸零。一些高風險的投資標的(成長股、衍生性金融商品)是有可能讓你血本無歸的。如果你重壓在其中某一項,一次失誤就可能讓你元氣大傷。分散投資可以幫助你控制最大損失。當然,分散投資也會讓潛在獲利減少一些,但如果你單壓失敗、資產歸零,就連獲利的機會都沒有了。更重要的是,你不需要去追求「最大獲利」。

這是一個深刻的道理。與主流媒體經常傳遞的訊息相反,投資的目標不是成為世界上最有錢的人。一個管理良好、分散風險的投資組合,足以帶來你實現財務保障所需要的報酬。你

仍然可以拿出一部分資本追求跳躍式成長、爆發性的回報。隨著你在市場打滾的經驗愈來愈豐富，你會逐漸懂得區別真正的機會，與賣弄口才的炒作。有一個安全且穩定成長的資產基礎，會給你更多信心，把最有價值的資產（你的時間）拿去追逐更有潛力的機會。這也正是我在本書開頭提到的兩條致富之路：最好的選擇，是兩條路一起走。

專注時間，使本期收入最大化

分散投資，使長期財富最大化

分散投資不只是持有不同的資產，而且是持有不同風險分布的資產。還記得擲硬幣的例子嗎？那是簡化版的風險概念，只需要考量一件事：硬幣哪一面會朝上？投資的風險不像擲硬幣那麼單一，而是多面向的。

以蘋果公司為例。蘋果承受了各種不同類型的風險：經濟放緩可能會降低消費者每兩年花1,200美元買一支新手機的意願；中國有可能侵略台灣，蘋果可能會失去重要的製造能力與第二大市場；庫克（Tim Cook）遲早會退休，他的接班人可能沒有他的管理能力。這些與其他許多風險構成了蘋果的風險分布。我們會說，蘋果曝露在這些風險之中。

同理，我買蘋果的股票也讓我曝露在這些風險之中。如果我把所有的錢都拿來買蘋果股票，我的投資就是高度集中，我未來的財務保障突然間取決於習近平或庫克的心情和血糖數

值。那可不妙。那我要如何繼續保有蘋果帶來的報酬，同時減少曝露在我無法掌控的特定風險之中？（提示：分散投資。）

蘋果面對的風險，包括範圍很廣的風險（經濟衰退），到不在蘋果掌控、但與蘋果高度相關的風險（與中國開戰），到完全屬於蘋果的風險（庫克遲早要退休）。如果我把資本分別拿去投資蘋果與Nike，可以把庫克退休帶來的風險減半，因為Nike的執行長不是庫克。但我仍然曝露於來自中國的風險，因為Nike也很依賴中國的製造與消費力，而我也同時曝露在更廣大的消費經濟帶來的風險，因為這兩家公司銷售的都是非必需消費品。

事實是，在與製造或消費品有關的領域，我們很難擺脫中國的影響。以哈雷機車為例，哈雷機車在美國製造，但很多零件都仰賴中國製造商供應。奢侈品集團LVMH大部分的產品都在歐洲生產，但他們四分之一的銷售額都要靠中國貢獻。

要抵銷蘋果這類公司的風險，更好的投資選擇是能源公司或本土性公司。大多數的能源公司與中國經濟沒有那麼緊密的連結，而且能源事業在經濟衰退時也能活得很好。本土性公司則包括居家修繕供應商和房地產經紀人，例如家得寶（Home Depot）和公平住屋（Equity Residential）。

如果你覺得這些聽起來很麻煩，它確實很麻煩。這也是為什麼共同基金和其他投資工具紛紛出現，投資人只需要支付

基金經理人投資金額很小比例的費用（理想上要非常小），讓他們去做功課，提供分散的投資組合。分散投資的概念來自於1950年代出現的投資組合理論，那時的經濟學家開始有能力收集足夠的資料，計算複雜的投資組合的報酬。

分散投資指的不只是股票的分散購買，還有投資組合的分散布局。股票這個投資類別（稍後會詳述）的產品通常是連動的，沒有任何一種策略能分散與股票有關的風險。

有一個小麻煩是，分散投資的神祕力量在1980年代開始變得不再是祕密，**機構投資者開始在所有的地區投資各種資產**。諷刺的是，這使得分散風險變得更困難了，因為資本的流動代表過去不相關的投資，現在也都有關聯了。澳洲的鐵礦公司股票狂跌，會影響德國的債券價格，因為澳洲的投資人可能需要賣掉他們持有的德國債券來彌補虧損。不過，分散風險依然是正確的策略，雖然現在變得更難執行，也沒那麼有效了。

總之，分散投資是一門藝術與科學，擴大你的風險分布，使得單一失誤或全球性的變化，都不致於對你造成致命的傷害。

防彈背心

我跟很多人一樣，都在吃過苦頭之後才學到分散投資的

重要，我的投資實在太集中了。1990年代後期，我創立的電商公司「紅包」乘著網路泡沫衝往上市之路。我當時三十四歲，正在物色要買私人飛機，我覺得自己刀槍不入。然後，市場出現變化，公司的上市計畫被撤下。我們咬牙苦撐，撤換管理團隊，我與投資金主意見不同（「意見不同」是客氣的說法），但我繼續撐下去。公司在2003年上市，我不但拒絕把股份變現，甚至投入更多資金，我對這個品牌的情感投入蒙蔽了我的判斷力。苦撐五年之後，公司在2008年宣布破產，我損失了個人淨值的70%。而且我完全沒料到會發生這種事。碼頭裝卸工罷工、倉儲中心發生事故，再加上富國銀行（Wells Fargo）的信用分析師開始調查信用額度，形成了一個完美風暴，在十週之內就讓我的公司倒閉。我想說的是：完美風暴很罕見，但一定會發生。

我在分散風險這件事上學到的第二個教訓，發生在2011年，我做了此生最糟的投資決定。我以12美元買進Netflix的大量持股（對大學教授而言是大量了），目前為止都不是糟糕的決定。我相信Netflix的願景和管理團隊，也相信我對媒體環境的洞察，我認為串流服務會顛覆市場。但市場不這麼看，所以六個月之後，我在年底以每股10美元賣出，當作節稅用途。接下來的十年，每次我在手機上看到綠色的NFLX股票代號，我都會感到一陣噁心，當Netflix的股價飆到我原始買進股價的五

十倍時，我的痛苦指數也來到最高點。儘管這種痛就像子彈一槍打在胸口，我沒有倒下來，因為我有穿防彈背心。我的投資組合不只是Netflix，還有蘋果、亞馬遜（Amazon）與Nike。那些股票在那段期間也同樣大漲（雖然漲幅不如Netflix）。為了節稅而賣掉Netflix股票對我是嚴重的打擊，但分散投資讓這次損失不至於致命。你要設法讓自己有能力在被流彈打到後活下來，因為在投資的世界，你一定會中槍。沒有人能全身而退。記住，很少人會炫耀自己賠錢的部位，但這樣的虧損無所不在，而且每個人都會碰上。

隨機漫步

幾年前，在波克夏海瑟威（Berkshire Hathaway）的年度會議上，巴菲特以100萬美元為賭注，賭股市平均值（標普500）能在十年後打敗任何一個主動型投資者。（如果你不知道標普500是什麼，可以把它理解成股市的平均價格，我會在後面章節更詳細的說明。）一家名叫Protégé Partners的對沖基金與巴菲特對賭。Protégé Partners選了五個避險基金，並且在接下來的十年陸續把績效不佳的基金汰換掉。

第一年，這五個避險基金都大勝標普500。次年，也就是2009年，標普500贏了，在2010和2011也贏了，接下來的

每年都贏。到2017年，標普500的投報率是126％，而Protégé Partners呢？36％。這個賭局要到2017年12月31日才算結束，但Protégé Partners在那年夏天就認輸了，因為巴菲特實在贏太多了。

巴菲特的故事，是華爾街不希望你知道的真相，因為如果你發現幾乎沒有人（如果有的話）能持續打敗市場，恐怕就會有一大堆股票經紀人、避險基金經理人與投資顧問面臨失業的風險。這是大家都知道卻不願承認的股市祕密：長期來看，沒有人能勝過市場，無論你受過多高的教育、掌握多少資金、或是擁有多強大的團隊。當然，在短期內是有可能打敗市場的。事實上，2021年就是這樣，很多人一股腦買進漲幅遠遠勝過股市的加密貨幣和迷因股。當時我十一歲的兒子買了狗狗幣（Degecoin），一度看起來像個小天才，但狗狗幣後來就不行了。到了2022年，有四分之三的加密貨幣交易者賠掉了初始投資。與此同時，在高風險資產崩跌之際，股市仍一如往常，照著自己的步調，緩慢平淡地持續向上爬。

不要只聽我（或巴菲特）說，數據就擺在那裡。過去二十年，標普500勝過94％的大型股基金。同一時間，股票型基金的平均報酬率為8.7％，而標普1500綜合指數的報酬率為9.7％。另一項研究發現，在十五年期間，美國只有半數的股票基金存活下來。

這個主題的經典，是普林斯頓大學經濟學教授墨基爾（Burton Malkiel）寫的《漫步華爾街》（*A Random Walk Down Wall Street*）。墨基爾主張，資產價格（尤其是股價）遵循所謂的「隨機漫步理論」，也就是長期來看無法被預測。因此，選股這件事本質上就只是「隨機漫步」，不值得你耗費心力。這本書最早出版於1973年，後來又再版了十三次，最新一版於2023年出版，其中探討了Google、特斯拉、特殊目的收購公司（SPACs）與比特幣。然而，這本書的結論依然不變：長期的主動型投資無法勝過市場。（這些討論比較聚焦在股市，但多數原則也適用於其他資產類別：在任何市場中，個人主動投資極少能打敗分散的被動型指數。）

這會引發兩個疑問。第一個疑問：那巴菲特呢？這位奧馬哈的先知不是被視為聰明絕頂的投資者嗎？他不是長期勝過了市場嗎？第二個疑問：蓋洛威教授，如果我注定會賠錢，你為什麼告訴我要主動投資？

這裡要說明幾件事。第一，把所有資金都投入標普500（你可以透過ETF做到，稍後會說明）並不是最好的策略，因為最佳長期報酬最大化，不是你唯一的考量。整體市場的波動性極高。從2000年到2022年，標普500有七年是下跌的，其中有三年的跌幅甚至超過20％。還記得上一部提到的嗎？預期未來幾年需要用到的錢，不適合放在波動性高的標的。如果你

存了100,000美元作為買房的頭期款,把這筆錢投入標普500的ETF,等你真的需要用到這筆錢的時候,它有相當的機率是縮水的,甚至是縮水很多。

你當然應該透過被動分散的投資獲得長期報酬,但也需要為你的中期錢桶降低波動性帶來的風險。此外,即使你想把所有資金投入標普500市場,你可能不會真的這麼做。買房子就是重大的房地產投資。你也可能有機會投資私人企業,像是你任職的公司或是自己創業。儘管整體市場指數提供了最佳風險回報率,在你取得財務保障的過程中,還是應該找方法冒更高的風險,來換取更高的報酬。善於理財指的是了解金錢的運作,無法光靠吸收金融市場的各種資訊。

再者,如果你選擇做主動投資,也不代表一定虧錢。「隨機漫步」假設的極端說法(也就是完全沒有人能預測任何股票的價格)是很具爭議的,我也認為言過其實。市場價格是投票的結果,是人類集體判斷的產物,而人類的判斷通常是非理性的、資訊不完整的。有時候,目光銳利、冷靜沉著的投資人,真的能看出價格與價值的落差,並從中獲利,特別是當他們有耐心地長期持有資產的時候。正如一句老話:「成功不是來自抓準時機,而是來自持續參與市場。」

這正是巴菲特一生奉行的投資策略。他用100萬美元對賭時,是針對那些高度主動型的投資策略,也就是短期進出股票

或其他資產，試圖從波動中賺錢的做法。另外，巴菲特雖然會透過他的公司波克夏海瑟威購買上市公司股票，但波克夏海瑟威主要是一家經營型企業，它擁有許多公司，並實際參與經營管理。事實上，如果撇開巴菲特那種內布拉斯加式的樸實風格，波克夏海瑟威本質上其實是一家保險公司，一家超級賺錢的保險公司，透過將利潤再投資到其他產業，達到分散布局。

這就是投資的基本原則：風險與報酬，分散投資，還有意識到想打敗市場只是浪費力氣（多數時候）。

13
聰明資本家的入門手冊

要了解你的投資選項，最終發展出投資策略，你首先需要了解「資本」的概念，以及支撐資本運作的經濟體系（也就是資本主義）有基本的認識。在接下來幾頁，我會提供一個簡單但全面的資本主義系統概述。這裡提到的每一個概念，都是獨立的學術研究領域。我對這些領域的熟悉程度不一，但事實上也沒有人能對經濟學的每個領域都有專家級的理解。你不必成為任何一個領域的專家，也能成為成功的投資者。這些概念的複雜性與深度，不該妨礙你了解資本主義系統的整體架構。更重要的是理解這些概念如何互相連結，構成整個體系。從兩萬英尺的高空鳥瞰，就能一目瞭然這個系統的互相依存性。對於比較有經驗的讀者來說，接下來的內容可能太過簡化或教條，

但市面上有太多投資建議喜歡把真實情況講得過度複雜又神祕，其實真正重要的，是那些基本概念。

金錢與時間的交換

所有的有機生命體都有需求。植物需要水和陽光，毛毛蟲需要葉子，人類需要各種東西。經濟體的一個重要功能就是不斷創造我們需要的新東西。然而，無孔不入的消費主義其實也是建立在最實際且無法免除的需求之上：食物、遮風蔽雨的地方，他人的陪伴。在自然界，上一代會滿足下一代的需要，有些物種演化出合作模式，但在多數情況，物種要靠自己努力取得所需。

人類不一樣。我們有想像力與預期未來的能力，還能用複雜的語言溝通。於是我們發展出工具，使我們不只能交換自己需要的東西，還能交換我們沒有能力掌控的東西：時間。這是我希望你看待金錢的方式：它是我們用來換取時間的工具。

想像一個工廠工人一天上班八小時，一週工作四十小時。一週結束時，老闆付薪水給他。這是很直截了當的用時間換取金錢。（經濟學家會爭辯說，老闆是為了工人的勞動力而付錢，這沒有錯，但時間才是工人放棄的主要資產，雖然是他的勞動力使得他的時間對老闆有價值。）

這名工人拿到薪水，在回家途中走進一家酒吧，用10美元買了兩瓶啤酒，至少表面上看起來是這樣。但在更深的層次，他其實是拿他在工廠工作的時間，交換釀酒廠工人的時間。他花錢買的是酒保與大麥農夫的時間。那10美元有一小部分會分給那天晚上打掃酒吧的清潔工，還會分給市政府，因為市政府要付錢給警察和消防員，而警察和消防員的職責是保護酒吧的安全。其餘的部分（如果有剩的話）就是酒吧老闆的報酬，因為他花了時間經營那家酒吧。

金錢作為交換時間的工具，創造了相對優勢，也就是讓人們能夠專業分工。亞當·斯密（Adam Smith）用製針工廠的經典例子來說明專業分工的力量。亞當·斯密說，十名製針工人如果每人從頭到尾製作針，一天總共製作幾百根針。但參觀工廠時發現，若這十個人每人負責製針流程的一小部分，他們每天就能製作超過四萬八千根針。酒吧也是如此。一個人不可能同時設計裝潢、採買庫存、調酒並經營。餐廳也一樣，任何現代社會的產物都不可能單靠一人完成。專業分工是現代經濟運作的根本邏輯：人們把時間投入在自己擅長的事，例如寫書或修理化油器，然後再由付出的時間獲得金錢，再拿錢去換別人花時間做出來的產品。

數百年來，經濟學家一直在爭論這種交換的本質，以及製作商品的勞動力與商品價格之間的關係。但你可以先不用管

那些爭論，我們用錢來交換時間，而讓錢產生價值的，就是別人會用他們的時間、或是他們花時間製作的產品，來換取你的錢。其餘的都只是噪音，不用理會。

供需市場

不是所有人的時間（或所有的東西）的價值都是相同的。我高中畢業後的暑假去打工，時薪18美元，工作是組裝貨架。以C羅與艾納斯（Al-Nassr）足球俱樂部的合約來算，他上場比賽的時薪是250萬美元。相對來說，我的時薪過高了，因為我很不會組裝貨架。

有交換就有價格。一瓶冰啤酒多少錢？為了賺那幾塊錢要在工廠工作多少時間？為交換找到對應的價格，這個行為推動我們的經濟不斷運轉。這個任務非常的複雜。工廠付給工人的價格必須夠低，才能以夠低的價格吸引顧客購買商品，而這又取決於顧客為工作所花的時間換來了多少薪水，無論他們在哪裡工作。同時，工廠工人也需要獲得薪水，才能買必需品，以及他們想要的東西。

所謂的「自由市場經濟」，其特徵就是我們（多數時候）都依賴供需市場來定價。相反的，「計畫經濟」則是由中央當局（通常是政府單位）決定價格。理想主義者常會被計畫經濟

吸引，但目前為止沒有任何計畫經濟能在大規模下成功運作。或許將來有一天會發生，但本書談的是現實世界，二十一世紀的全球經濟仍大多以市場機制為主。

有供應和需求，才能形成交易。能立即治好癌症的藥物需求很大，但沒有人能供應，所以就沒有價格。如果能治療所有癌症的藥物被發明出來了，但每天只能生產一顆，這個藥物的價格會變成天價，可能到數億美元一顆。如此高的價格會引發競爭，當癌症藥物的供應量提高，價格就會下降（除非出現管制俘虜，在華盛頓特區四處遊走的說客限制了供應量）。如果市面上出現了數千萬顆藥物，它的價格就會崩盤。當供應和需求達到平衡，價格通常會穩定下來，價格高到廠商願意生產，也低到足以刺激需求；高到有利潤，也低到不致於引發競爭者一窩蜂投入生產。

這個穩定狀態是透過市場達成的，市場本身就像一個「價格發現機制」。意思是市場參與者不斷試探與回應，最終摸索出一個價格的動態平衡。市場價格不是被「設定」的，而是被「發現」的。

我們用「效率」來描述一個市場的價格多大程度能完整反映供需狀況。這有很大部分取決於資訊流通程度：當所有的市場參與者都能取得彼此的資訊，就能很快找到一個平衡價格。一般來說，當交易成本低，交易次數多時（供需資訊很豐

富），以及當交易標的是可替代性高、規格一致的商品時（例如黃金），市場效率通常較高。反之，當商品是品質差異大、難以標準化的標的時（例如藝術品和勞動力），市場會比較沒有效率。

效率低落的市場會引發所謂的「套利」行為，當交易者向不了解真實需求的賣家購買商品，再賣給不了解真實供應情況的買家（或是買賣雙方由於距離或文化因素無法進行直接交易的情況）。

1980和1990年代，Levi's牛仔褲（尤其是501系列）在歐洲和亞洲的價格遠高於美國的價格，利惠公司（Levi Strauss & Co.）在歐亞地區成功的把501系列打造為時尚單品，刻意限制在這些地區的供貨量。這種高需求、低供應的狀態，讓海外零售商能把在美國賣30美元的牛仔褲賣到100美元以上。Levi's牛仔褲的市場價格差異，因為美國的供應量很充足，但歐亞地區的供應量很低。直到後來，情況開始逆轉。

套利行為開始蓬勃發展，一部分是經銷商把原本要銷往美國的產品轉運到海外市場，另一個原因則是公司所謂的「行李箱交易」：到美國遊玩的外國觀光客會購買大量的Levi's牛仔褲，帶回家自己穿或轉賣。利惠公司是我最早接觸的顧問客戶之一，我們其中一個專案就是幫助他們評估這種套利行為的規模。我們派顧問到美國東岸和西岸的機場，詢問即將登機

飛往歐洲和亞洲的旅客（911之前的安檢還沒那麼嚴格）：他們在美國有沒有買Levi's牛仔褲、買了幾件、回國後打算怎麼處理。我們發現，有很高比例的旅客行李箱裡都有Levi's牛仔褲，而且很多人打算回國後轉賣。

套利行為會使市場更有效率，因為每一筆交易都會讓市場得到更多訊息，使供需之間的連結變得更緊密。這就是發生在Levi's 501牛仔褲市場的情況。套利的觀光客透過提高需求，提高了美國的售價，而他們的私下轉售也提高了自己國家市場的供應量，進而降低了Levi's牛仔褲的售價。電子商務使得刻意壓低效率的市場難以存續。如今，501牛仔褲在全世界的售價大約都在90美元左右，或是相當於1990年的40美元。

資本與貨幣市場

現在，我們已經了解經濟基本的運作動力。人們用時間換取金錢，用金錢換取商品，也就是其他人的時間與金錢的交換結果。這些交換發生在各種類型的市場，從實體市場（像是Whole Foods超市），到勞動市場（只存在於統計數字的世界，但非常真實且重要，多數人一生中或多或少都會參與其中）。不過，我們還需要深入探討一種市場，因為大多數的投資都發生在這個市場：金融市場，也就是進行金錢交易的市場。

金融市場賦予了金錢交易媒介以外的力量。它就像讓超人變身的電話亭，讓金錢變身為資本。前面說過，資本就是「在工作」的錢，但那是什麼意思？在任何時間點，一個組織（小本生意、大型企業、政府、慈善機構）會運用各種資產來實踐它的使命。一家酒吧需要有酒精飲料、玻璃杯、啤酒龍頭、家具，還要有現金去買這些東西，付員工薪水和繳房租。這一切都要錢，但如果由一位有能力的酒吧老闆來管理這些資產，就會創造出超過購買成本的價值，而且我們能夠算出超過多少：就是這家酒吧用這些資產創造的利潤。資本就是能賺更多錢的錢。

　　就像其他市場能為商品定價，金融市場也能為資本定價。如果上述的酒吧老闆想開分店，他就需要更多資本。最簡單的方法是向銀行借錢，這是一種很基本的金融市場交易。酒吧老闆會拿到一筆錢，同時承諾未來還給銀行更多的錢。「借到的錢」和「將來要還的錢」之間的落差，就是我們說的「利息」，但它其實是金錢的價格（或者更深一層來看，是時間的價格）。利息通常以百分率定價，我們稱為「利率」。如果銀行借100,000美元給酒吧老闆，並收取8％的利息，酒吧老闆每年就要付銀行8,000美元來繼續租用那100,000美元。這有可能行得通，只要那家分店賺的夠多，支付8,000美元的利息以外還能有利潤。

這種簡單的銀行貸款，只是金融市場用錢賺錢的無數交易中的一個例子，但所有的交易都按照相同的基本原則運作。甲提供一筆錢給乙，而乙承諾將來償還更多的錢給甲。當這個交易是貸款時，兩筆錢之間的差距就稱作利息，更廣義的說法是「回報」。「投資」的意思就是交易一筆金錢，而交易會「回報」一些利潤給拿錢出來的參與者（「投資者」）。這個交易的另一方參與者（被投資者）願意付出報酬，是因為他相信他能把錢變成資本，賺取比要還投資者的回報更多的錢（以酒吧的例子來說，酒吧老闆需要賺到超過貸款利息8,000美元的利潤）。當這個投資順利運作（在健康的經濟體通常可以），這筆交易會為雙方創造價值，經濟體的規模也會成長。這一點是關鍵。投資不是零和遊戲——它會把餅做大。

你大概知道我接下來要講什麼了。投資是一門好生意。你把一筆錢給別人，不久之後，對方會還給你更多的錢。你一再重覆這麼做，你的資產就會飛快成長，而且可以長期穩定維持獲利。就像電影《華爾街》經典角色蓋柯的台詞：「錢從來不睡覺。」

不過，錢偶爾也有醒不來的時候（你的錢拿不回來的時候）。這時就是「信用品質」（credit quality）發揮作用的時候。放款人必須做評估借款人償還貸款的可能性，或者要求借款人提供擔保品，以便在借款人無力償還本金與利息時可以扣押。

借錢出去很簡單,難的是如何評估對方的信用品質。

如果要明智地投資,光是了解資本的基本運作機制還不夠。投資只會發生在金融市場這個環境中,而在金融市場活動的主要有三種廣義的實體類別:企業、銀行與其他金融機構,以及政府。

企業的角色

我們想到投資時,通常會先想到買公司的股票。這很自然,因為企業是經濟體中資本的主要使用者,它雇用了大量的人,製造出大多數的商品與提供大部分的服務。

人類歷史上大部分的時間,私人企業的規模都很小:家庭農場、鐵匠和鞋匠。規模較大的活動,例如軍事戰爭或是建設道路網絡,這類活動通常屬於政府,有時是宗教組織的範疇。

工業生產模式在十九世紀興起之後,私人企業開始需要擴大規模。工廠需要數十或數百名工人,這已經不是一個家族或是某個關係緊密的群體可以應付的。因此,有抱負的企業家需要找方法匯集資源。但集中資源這件事,特別是涉及很多毫無關係的人時,會引發很多問題。如果這個事業成功了,要如何分配利潤?如果不成功,誰要負責提供更多資本?最重要的是,誰來當家作主?久而久之,私人企業就進化成能夠解決這

些挑戰的組織。

企業是一個法律概念，它沒有實體，不是一棟建築物或是一群人。但它具有法律上的法人格，可以擁有財產、簽訂契約、借貸資金、進行法律訴訟，也必須繳稅。不過，它也不等同於自然人，企業不能投票，也不能結婚或擁有孩子的監護權。但就商業層面的需求上，企業都能作為企業主的代理人。

企業有內部的規定，稱為內部章程，會規範誰有決策權。這些規定具有法律效力，但一般很少真的訴諸法律。章程賦予執行長權力，可以把決定權限委派給單位主管，進行人事任免，以及公司資本配置。章程也讓企業可以進行分層監督與問責。在這方面，企業與個人很不一樣，更具可預測性、更透明、更理性，至少理論上是如此。就像銀行會把短期存款轉變為長期放貸，企業也會把人類的情緒透過集體智慧，轉變成深思熟慮的決定與行動。這樣的設計很合理。畢竟，企業可能每天都會做蠢事，但人類是每分鐘會在做出瘋狂的事。

企業具備的標準特徵，在法律意義上與組織架構上都對企業的使命至關重要，也讓企業有能力運作大量的資本。而供應資本給企業，就是金融市場的一個主要目的，甚至是最主要的目的。我在稍後討論股票和債券時會再說明這種運作機制。

金融業

實際從事經營活動的主體（包括企業和個人）並不會直接參與金融市場，而是透過銀行或其他金融機構的服務來進行操作。金融機構大致可分為四大類型：零售銀行、投資銀行、證券經紀商，以及投資公司。這些類型的分界不太明確，特別是像摩根大通和美國銀行這樣的大型銀行，通常同時涉足這四種類型。

最基本的業務單位是傳統銀行，常被稱作零售銀行。簡單來說，零售銀行向一群顧客借錢，再貸款給另一群顧客。銀行的利潤就來自銀行給第一群顧客的利息，與它從第二群顧客收到的利息之間的利息差（再加上所有的手續費）。

多數人一開始接觸零售銀行，就是作為第一群顧客：我們以存款的形式把資本借給銀行，一方面是為了賺取利息，但主要是為了把錢放在安全的地方。這就是為何我們對銀行的印象都是雄偉的大理石建築，裡面有一個大型金庫。因為銀行給儲戶的基本價值主張就是，把錢放銀行比放鞋盒裡更安全。既然銀行的任務是保管金錢，為了讓保管金錢的服務更有吸引力，銀行同時也處理多種金融交易：提供與處理支票業務、進行電子支付，以及接受電子存款。這些服務不斷被後起之秀重新配置並被搶奪，例如，PayPal 與其他仿效者取得了銀行一部分的

交易業務。加密貨幣的積極支持者更宣稱，科技可以讓我們自己成為銀行。以便利且穩當的方式保管金錢，是任何經濟系統的基本要素，這項任務主要由零售銀行來完成。

我們多數人同時也是銀行的第二群顧客，也就是跟銀行借錢的人。這些貸款的利息是銀行的主要獲利來源，貸款同時也為經濟體注入了新的資金。貸款有很多形式，從單純的無抵押貸款（只憑未來還款承諾就放款），到橫跨長時間涉及多種責任與承諾的複雜協議都有。房貸就是一種銀行貸款，而且是有抵押貸款，表示如果你付不出房貸，銀行可以把你的房子賣掉，把錢拿回來。信用卡消費也是一種銀行貸款，被稱為循環信貸，你可以按照自己的時間表還錢。

除了零售銀行，還有一種截然不同的銀行，叫作投資銀行。高盛和摩根士丹利這類投資銀行，還結合了財務顧問服務與資產管理。他們為客戶提供建議，進行複雜的大額金融交易，並且動用自己的資本（大多是暫時性的，直到他們找到其他的投資者），協助客戶完成那些交易。他們也會把自己和客戶的資本投入金融市場，進行交易。

證券經紀商協助客戶進行各種一般性的金融交易，買賣股票是他們的交易大宗，但經紀人也會用許多金融資產創造市場。零售與投資銀行通常都會提供證券經紀服務，另外也有獨立的大型經紀公司，包括傳統的券商，像嘉信理財集團

（Charles Schwab），以及線上新創公司，像是網路券商「羅賓漢」（Robinhood）與Public（我是Public的投資人）。

最後，投資公司的做法是匯集客戶的資金，再拿去投資。投資經理人辨識出風險與報酬的不平衡之處，透過投資從中獲利，藉此分得一部分的利潤。投資公司的種類很多，全球大量的金融資本都是透過投資公司進行投資。事實上，你很可能已經透過投資公司持有資產，例如，美國的401(k)退休帳戶，通常就是透過像富達這類的公司負責操作與管理。

有些投資公司專門進行特定的投資。例如，創投公司專門投資新創公司。也有投資公司針對特定類型的投資人，例如先鋒（Vanguard）與富達專門服務散戶投資人，透過資金的集合投資，進行各種操作。對沖基金則服務高資產個人與機構，採取高風險、高報酬的集中式投資策略。還有一些投資公司會專注於某種投資方法或哲學，例如波克夏海瑟威遵循創辦人巴菲特的原則，鎖定公司認為穩定的長青企業，進行大規模長期投資。至於高頻交易業者，則是運用大量運算資源與複雜的演算法，在極短時間內進行高頻率交易，試圖從極微小的價格變動賺取利潤。

過去數十年的一個重要發展，是「私募」資本（股票上市以外的募資方式）的崛起。某些類型的投資公司規模變得更大、數量也變得更多。例如，創投在上一個世代還是很小眾的

領域,現在已經成為一個很大的市場,每年可以操作數千億美元的資本。在這些領域評估創造財富的機會,對個體投資人是相當困難的事,因為一般人手上很難有數百萬美元的資金。不過,市場很善於創新。我們在討論資產類別時會再詳細談。

政府的角色

金融市場還有一個重要的參與者:政府。政府扮演了兩個非常重要的角色。

第一,它提供市場運作的許多基本規則,並透過監管措施、司法訴訟,以及在極少數情況下的扣押與判刑,來執行這些規則。政府也會透過稅制政策,影響資金的投資方向。許多金融服務從業者都想相信,金融業是獨立於政府之外的領域,更有效率也更令人尊敬。但這是個迷思。

金融市場的可靠運作,百分之百仰賴政府機關建立並強制執行遊戲規則。少了政府,市場會淪為詐騙、毀約與偷竊的溫床(參考2022年的加密貨幣暴跌)。沒有哪個政府能完美扮演好監管的角色,很多政府的表現都很糟,但每個市場都需要政府的監管,來創造必要的信任感,鼓勵大家投入市場。

政府在金融監管的其中一個較具爭議的角色,就是挽救岌岌可危的市場參與者。大多數人都同意在某種程度上,政府的

協助是必要的。例如，聯邦存款保險公司（FDIC）為儲蓄帳戶與活期帳戶提供保險（目前保額最高為250,000美元，未來可能更高），並有權接管經營不善的銀行，以降低擠兌風險。這普遍被視為是好的政策。然而，在2008到2020年間，美國政府對銀行、航空業與汽車業的紓困，就引發許多爭議。沒有任何一個民選官員希望經濟在自己任內崩盤，因此很難避免政府出手干預。更令人擔憂的是，這些接受紓困的人，在華府的影響力遠超過一般人。

政府的第二個角色，是金融市場的主要參與者。美國政府毫無疑問是全世界最大的單一資本池。截至目前為止，美國國債持有者已經投入近25兆美元的資金，規模相當於紐約證券交易所全部上市公司的市值總和。這使得政府成為金融市場最有影響力的玩家之一，就像一頭巨鯨，一舉一動都會在市場引起波瀾。

金融市場最活躍的政府部門就是中央銀行，在美國就是聯準會。聯準會是政府的銀行（處理存款與付款），也負責監管商業銀行，提供投資人仰賴的重要數據，也會在銀行體系裡進行借貸。美國財政部發行公債，許多機構（包括證券交易委員會、勞動部與商務部）負責監管與協助金融市場的各個方面。

衡量景氣

投資人還需要了解金融市場一個更基本的面向：如何衡量經濟景氣。個人的投資決定（是否該買股票、該買多貴的房子）有部分取決於投資標的的獨特環境，但也應該考慮整體的經濟脈絡。我們已經為這個目的發展出一些指標。順帶一提，這也是政府的重要功能，運用法定權限收集這些指標所需要的大量數據，以及投資人與納稅人提供的資本，得出指標後免費向大眾公布。這裡有幾個美國政府網站，都是投資人不可或缺的參考資料來源，包括勞動統計局（www.bls.gov）、商務部（commerce.gov），以及聯邦儲備經濟數據資料庫（fred.stlouisfed.org）。

目前已經有數十個廣泛使用的指標，以及上千個利基指標。下面是幾個實用且常被財經媒體提及的類別與指標。

國內生產毛額（Gross Domestic Product, GDP）

GDP可說是所有經濟指標之母。它指的是一個國家在一年內產出的最終成品與服務的總值。它不是經濟體的價值，而是衡量每年的產出量，有點類似公司的營收。

衡量GDP的方法很多，實際的數據收集與分析也非常複雜，但這些細節對投資人不太重要。事實上，GDP數值的變

化幅度比GDP數值本身更重要。當GDP持平或萎縮，代表投資在經濟體的資金沒有產生正報酬，這會使未來的投資信心下降，抑制經濟成長。當GDP連續好幾季都下滑，而其他的經濟指標也疲軟，就被視為「經濟衰退」。比較特殊的時期，例如在1930年代，GDP連年下滑又被稱為「經濟蕭條」。

消費者物價指數（CPI）

這是針對多樣性的「商品籃子」（basket of goods）價格進行標準的衡量，同時試圖掌握一段時間前後的價格變化——通常是價格的上漲，也就是通膨。通膨通常以年度百分率表示，當媒體報導通膨是4.5％，代表CPI比十二個月前高出4.5％。但就如我在前文提過的，不是所有商品與服務的價格都會以相同幅度變化，而且經濟學家會把CPI細分成不同類別，以便得到更精確的分析。

以消費者物價作為關鍵指標，有幾個原因。消費者支出是經濟活動的主要驅動力，價格飆漲可能會抑制消費者支出，使經濟成長放緩。但投資人關心的是更直接、實際的層面，通膨是聯準會有權力影響的兩個指標之一（另一個是就業狀況，後面會討論）。聯準會的通膨目標是2％，當通膨超出那個目標，聯準會通常會升息，也就是把錢變得更昂貴。這個舉動會在整個經濟體產生巨大的連鎖效應。

失業率

用這個數據衡量就業狀況很令人沮喪,我們其實也可以改成討論就業率,會顯得正向許多。但無論用哪種方式,我們都是想得到勞動力市場的供應與需求形成的壓力。失業率低代表勞動力的供應低於需求,因此勞動力的價格(薪資)通常會上漲。

「充分就業」這個很容易誤導的名詞,指的是失業率與勞動力市場的供需平衡處於一致。失業率並沒有所謂的神奇數字,經濟學家通常把5%的失業率定義為「充分就業」。這個數字是合理的,因為總會有在找工作的人,可能是剛辭職或被解雇的人、初次進入就業市場的人,或是想重回職場的人。

失業率低直覺上是好事,短期內可以促進經濟成長,因為勞動者口袋裡有更多錢可以花。但是當失業率變得太低(低於5%),職缺空懸無人填補,薪資就會上漲,這往往也會連帶導致物價上漲,造成通膨並降低經濟產出。對於成本結構中包含大量低技術與半熟練工作者的公司來說(例如速食業者與某些零售商店),短期性的高失業率可能是好事,因為大量的勞動力供應會降低薪資,減少企業的營運費用。但高失業率最終會抑制消費者支出,使經濟成長放緩。當通膨出現時,聯準會(以及其他國家的央行)就要負責把失業率維持在理想的範圍,並且在必要時要調整利率。

利率

我們到目前為止已經提到利率很多次，包括在討論金錢的成本（更明確一點是貸款的成本）的時候，但投資人不只關心他們要為自己的投資收取或付出多少利息，他們也很關心其他人要付多少利息。利率就像是萬有引力，隨時隨地都在影響每個人、所有事物，而利率愈高，對成長與獲利就愈不利。

利率不像失業率或GDP，有一個單一的總體數據。分析師與財經媒體通常會提到各式各樣令人眼花撩亂的利率數據，例如：三十年期固定房貸利率，7/10可調整利率房貸（ARM）、三個月期商業本票利率、十年期美國國債殖利率、定存利率等等。這些特定利率數字多半對你影響不大，除非你剛好要買那些商品（開始看房子後就會對房貸利率極度敏感）。重要的是了解這些利率之間的連動關係，尤其是它們幾乎全都架構在一個核心利率之上，而這個利率（某種程度上）是由聯準會決定的。

聯準會握有政府的資金，並提供交易服務。回想一下，政府是經濟體中最大的參與者兼裁判，聯準會（以及其他國家的央行）因為與政府的特殊關係，等於擁有各種金融超能力。每一天，銀行都要經手數十億美元的交易，為了確保有足夠的資金，銀行會彼此借錢，也會向聯準會短期借錢，借貸時間非常短，通常是一個晚上。聯準會透過說服與提供經濟誘因，引導

所有的銀行將借款利率朝向一個目標利率調整，那就是聯邦基金利率（federal funds rate）。當媒體報導聯準會升息，意思就是聯準會正在調高聯邦基金利率。

這件事為何重要？因為聯邦基金利率就是所有其他利率的基準線。這個利率不是政府決定的，而是一個更高的力量：供需法則。想像你是銀行總裁，你手上有1,000美元準備放款。你最保險的投資方法就是把錢放進聯準會的金庫，或是借給聯準會支持的銀行。投資聯準會就等於投資美國政府，美國政府有三百年的償還債務紀錄，你還會有向全世界最大經濟體課稅的權利，甚至在必要時還能動用每年7,000億美元的國防預算。借錢給美國政府基本上是零風險的投資。

假設美國政府給你的年利率是3.5％，你就沒有理由以更低的利率借錢給其他人，因為他們的信用風險必然高於美國政府。這3.5％的利率就被稱為無風險利率。當一位顧客走進門，想借1,000美元，你一定會根據他們的信用風險，在無風險利率上加上適當的風險溢酬，作為這筆貸款的利率。也就是說，如果聯準會把聯邦基金利率設定在5％，那就沒有任何人可以用低於5％的利率借到錢。

每一種貸款都會落在風險階梯的某個位置，而聯準會就是最底下的一級。在政府與大型銀行之上，沒有大量債務而且有獲利的大公司，是風險次低的債權人，它們貸款能得到很接近

利率階梯

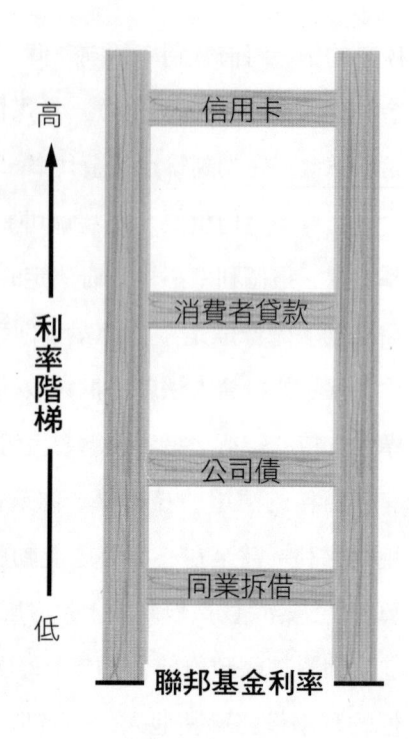

```
高
↑
│
利
率
階
梯
│
↓
低
```

信用卡
消費者貸款
公司債
同業拆借
聯邦基金利率

聯邦基金利率的利率。接下來是財務狀況沒那麼好的公司,它們的利率會再高一點。這種貸款有時被稱作垃圾債券,聽起來聳動但很誤導,這些債券的信用風險還是相當好的,只是沒有經營穩定的公司那麼好。想以房屋或汽車作擔保來貸款的消費者的風險更高,但還不算太糟,因為他們還有提供擔保品。風險最高的是無擔保的消費者貸款,例如信用卡消費。當聯準會升息二分之一個百分點,就會在這個利率階梯向上傳遞連鎖效應,影響的效果不是平均增加,而是愈向上影響愈大。因此,

大公司的貸款利率上升可能不到一個百分點,但信用卡利率可能一次會躍升好幾個百分點。

關於利率還有一件事。由於利率的數值通常很小,但非常小的變化也會產生巨大的影響,因此分析師往往非常關注極微小的變化。所以你會常聽到有人用「基點」(basis point, BP)來衡量利率。一個基點是一個百分點的百分之一,也就是0.01%。從1.5%升息到1.8%,就相當於升息三十個基點。有時候,如果我很想讓別人知道我是內行人,我會把基點叫作bips,例如:「我想聯準會明天應該會降息二十五到五十個bips。」巧合的是,bips也是「我用人生第一筆年終獎金買了BMW,而且一點也不後悔。」的意思。

市場指數

最後一個指標就是股價指數:道瓊、標普500與納斯達克是幾個最主要的指數,但除此之外還有許多其他指數。

最古老也最怪異的指數就是道瓊工業平均指數,通常被稱為道瓊指數。數十年來,道瓊指數指的都是平均值,讓我們看見領先者優勢真的存在。道瓊指數最早在1896年由查爾斯·道(Charles Dow)創造,是數十家知名製造業公司股價的總和,再乘以「道瓊除數」(Dow Divisor)。「道瓊除數」是查爾斯·道發明的數字,用來對道瓊指數進行微幅調整,道瓊指數

納斯達克、標普500與道瓊指數的表現

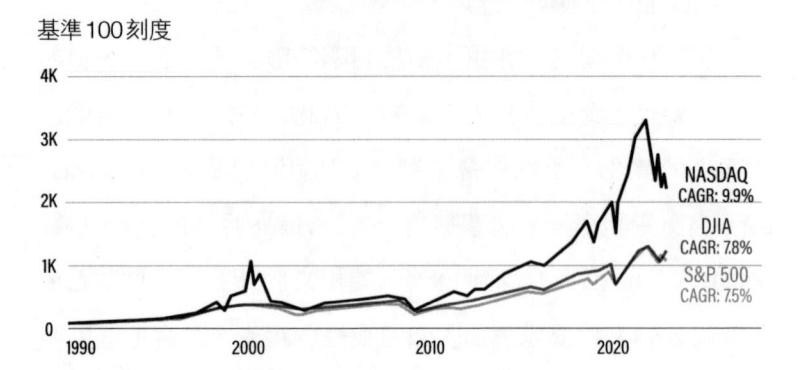

基準100刻度

NASDAQ CAGR: 9.9%
DJIA CAGR: 7.8%
S&P 500 CAGR: 7.5%

註：年複合成長率（Compound Annual Growth Rate, CAGR）
資料來源：Rogo

是評估股市表現的一種奇怪方式。標普500可說是比較合理的指數，它是500家最大上市公司總市值的加權平均數。納斯達克綜合指數的範圍更廣，它是在納斯達克證券交易所交易的所有股票的加權平均數，這個指數也會有偏差，因為納斯達克在1980與1990年代崛起，裡面包含高得不成比例的科技公司。

實際上，儘管這三大指數的計算方式大相徑庭，它們往往會彼此趨近。不過，納斯達克的波動稍大一點，也因為過去數十年科技股的快速成長，表現比另外兩個指數更亮眼。

我對這些指數有幾個觀察。第一，這些指數有重要性，因為它們透露出投資人對大公司成長潛力的信心高低，但它們的

重要程度並不像媒體大量報導的那麼關鍵。這些指數只衡量了一部分的股市，而不是經濟體本身。大部分的經濟活動是發生在沒列入計算的公司，而且經濟是一個很複雜的概念，沒有任何一種衡量方式能夠完整描述。你可以把股市想成是綁了牽繩的小狗，經濟體就是牽著小狗的人。人牽著狗去散步，最後都會走到同一個地方。但小狗（股市）不時會來回亂跑，並傳送許多關於散步路徑的錯誤信號。

第二，這些指數有一個很有價值的功能，就是為投資人提供投資報酬的參考基準。當你投入金錢市場，當然會希望盡可能從投資得到最佳報酬，而你應該用競爭者的表現來評估你的投資效益。當我們說某支股票「打敗大盤」或「落後大盤」，我們指的都是與股市指數相比，那支股漲或跌了多少。我們通常會用納斯達克作為科技股的參考基準，用標普500作為其他股票的參考基準。如果你想了解更詳細的情況，還有幾十種指數可以參考，這些指數主要以產業分類，但也有按規模大小與其他因素分類。每當有人告訴你，某公司在那一年漲了（或跌了）幾個百分點，你的直覺反應是拿它與更大範圍的市場做比較。別忘了，就長期而言，由於倖存者偏差，市場指數的表現會遠比個別公司的平均表現更好，因為當公司經營不善，就不會被納入市場指數，被績效更好的公司取代。請記住，長期而言，幾乎沒有公司能打敗市場。

估值與金錢的時間價值

市場指數反映出公司的價值。估值就是每個投資決定的核心，每個投資機會都是你購買資產的時機：某張股票、金條、好學區裡的三房物件。投資人的挑戰就在於用比標的物的價值更低或相等的價格買到它。

▎價格 vs. 價值

價格與價值是不同的東西。資產的價格通常很容易知道，就是這項資產在市場上的交易價。股價可以從證券交易所隨時公告的價格得知，房價可以在稅務記錄上看到。而資產的價值，則是我們預期它在未來能創造多少錢。

資產對於不同的人，價值也不同。在好學區的房子對有學齡孩子的家庭的價值，比對退休夫妻更高。擁有一群狂熱粉絲與多種專利製造技術的特色製鞋公司，對Nike的價值就比對麥當勞更高。對擁有者來說，許多東西的優點是以非金錢的形式存在（雖然那些東西仍然可以估值）。一副好看的太陽眼鏡無法帶來收入，但仍然有價值：它可以保護你的眼睛不受陽光傷害，使你在潛在對象的眼中更有魅力，給你自信心等等。

在一個有效率的市場，價格與價值是高度連結的。然而，真正有效率的市場很罕見，而且沒有一個投資市場是百分之百

的有效率。價格通常會與潛在價值一致，但不會完全吻合，因為心理因素、時事、政治動態與資訊不完整等等。經過時間的考驗，混亂因素會消失，大多數資產的價格通常會與價值趨於一致。據說，傳奇投資大師葛拉漢（Benjamin Graham）曾說：「短期而言，市場是個投票機；長期而言，市場是秤重機。」葛拉漢是價值投資的先驅，價值投資的策略就在於找到價格低於其真實價值的投資機會，下手投資，等待價格慢慢追上價值。

估值的原則幾乎適用於所有的資產，但也有針對每一種資產類別需要特別考慮的點。我接下來會討論一般性原則，稍後討論資產類別的部分再說明需要特別考慮的重點。

基本估值方程式

估值是一種預測，根本上是預測三個東西：收入、終值（terminal value）與風險。

首先，這個資產在你持有的期間能產出多少收入？有些資產很容易能知道答案。我可以篤定的告訴你，一張百元美鈔不會產出任何收入，但如果存在利率4％的儲蓄帳戶裡，每年會產出4美元。很多資產都會提供可預測的收入流。公司債券會直接告訴你，發行債券的公司會付給你多少錢。有些資產的收入就比較難預測。例如，房屋能帶來顯著的收入，無論是出

租還是自住（省下房租），但那筆收入的價值比較難預估。有些資產（包括房屋）還有附帶的成本，你需要精準預估這個成本，才能知道這個資產帶來的淨收入。

第二，這個資產將來能賣多少錢？用估值的用語來說就是終值。預測終值的難度會因資產而有很大的差異。不考慮通膨的話，無論是一張百元美鈔、還是儲蓄帳戶裡的100美元，明天的價值都是100美元。房屋呢？那就不一定了，終值會取決於景氣好壞、房屋所在地等特殊條件，以及房屋是否維護得當等等。

第三，風險，也就是不確定性。你前兩項預測的準確性有多高？如果你有兩個投資機會，具有相同的預估未來現金流與終值，你應該選比較有信心的投資，也就是風險較低的那個機會。風險愈高，投資報酬就要愈高，才值得你投資。

基本估值方程式可以把這三個預測放在一起評估：

價值＝
（未來收入＋終值）× 風險扣除額

嚴格來說，這不是精確的計算公式，還有另一個重要的因素沒有考量進來，但原則上來說，這可以作為你購買任何一種金融產品的判斷方式。持有這項資產的期間，它能幫你賺進多少錢？你將來要賣時，可以賣多少錢？以及你對這兩個預測有

多少信心？

一支球隊的收入或現金流（通常）是零或負值，因為所有的營收都要再次投到場上（也就是球員身上），但終值（球團的市場價值）會增加。而只要收入不平等的情況繼續存在，我們就會不斷製造出新的億萬富豪球員，當他遇到中年危機時，會花數十億美元把球隊買下來，邀請他的第四任老婆和朋友坐在球隊老闆包廂看球賽。赫茲租車（Hertz）買一輛車然後出租，可以得到不錯的收入，但這輛車的終值會隨著時間遞減。租賃性住宅在過去五十年創造了大量的財富，因為這個資產類別取得了愈來愈多的收入流（租金）、愈來愈高的價格（終值），持有者信心也更大（相對其他資產），相信未來的租金與售價會持續增加。

時間之箭

估值的另一個要素，是明天的錢會比今天更不值錢。由於複利效應，錢在幾年後的價值會比今天的價值低很多。這就是金錢的時間價值，是投資的重要基本原則。

即使你百分之百確定某一筆錢將來一定會付給你，還是有兩件事會降低未來那筆錢的價值：通膨和機會。我們前面已經討論過通膨：價格會隨著時間不斷上漲，錢的價值也就隨之減少。同樣用100美元買東西，你在一年後買到的品質跟你現在

買到的品質不會相同。

錢會變薄的另一個原因是機會成本。你把現在擁有的錢拿來投資，但潛在報酬要等到你在未來真的拿到錢的時候才會實現，而未來的錢會比現在的錢更沒有價值。

由於資產的價值取決於你在未來拿到多少錢（這就是現金流），我們必須把金錢的時間價值納入考量。在上述的基本方程式中，我們得到的價值已經有一個風險扣除額，因為我們把投資的風險納入考量（也就是我們不敢確定自己的預測一定正確）。投資的風險再加上價值的遞減（根據你要等多久才能拿到現金，會決定減少多少），就是所謂的折現率。

價值＝
（未來的收入＋終值）× 折現率

投資人經常談到把預期的報酬「折現」，那代表他們應用了折現率。**所有的未來現金流應該折算為現值。**即使是假設性的無風險未來現金流，也承擔了機會成本。

基準折現率就是無風險利率，指的是你可以從沒有承擔風險的資本賺得的利率。理論上這樣的東西並不存在，但如同我曾提到的，借錢給美國政府幾乎等於零風險。銀行把聯邦基金利率當成無風險利率來做貸款決策，但投資人無法這麼做。因此，專業分析師通常在他們的估值模型套用九十天國庫券利

率。然而，作為一個投資散戶，你應該仰賴一種更務實的無風險利率，那就是你透過儲蓄帳戶或貨幣市場基金進行單純且安全的投資，所能得到的最優惠利率。

無論你把無風險利率用在哪裡，重點是你至少能得到報酬，所以你不該接受比這個更差的條件。機會的風險愈高，在無風險利率之上的預期報酬率就必須愈高，這樣你的投資才不會虧錢。

最後複習一次：致富之道在於盡可能把你現在的收入轉變成投資資本。你根據哪一種投資可以給你最多報酬（未來現金流），來決定投資在哪裡，然後再根據風險（你對那些現金流的信心）進行調整。現在我們就來談談你的投資選項：金融資產的主要類別。

14
資產類別與投資範圍

投資不需要具備深厚的金融知識。資本主義的自駕模式只有三個步驟。這並不是投資成功唯一的方法,但如果你應用本書的建議,這條路徑是建立財務保障的可靠方法。提醒:這還是一件不容易的事,你需要有賺錢的能力和恆毅力,以及儲蓄和投資的自制力。

1)把你的長期基金(也就是你的投資本金)放富達或嘉信這類知名的券商,開立一般證券帳戶,選免手續費的方案。

2)用這筆資金投資幾個低成本、具高度分散性的ETF指數股票型基金,主要配置在美國企業股票。

3)持續定期存錢到你的投資帳戶,直到達到你設定的財務目標(也就是你可以靠被動收入維持生活水準)。

這是一個踏實的策略,但缺乏一些實務上的伸縮空間。因此,許多成功的投資人偶爾會偏離這條路。原因有兩個。第一,世事難料,有時候你必須放下這個策略,或許是為了避免損失,或是提高獲利,例如人生第一次買房子、需要支付意料之外的醫療費、生小孩,或是遇到千載難逢的投資機會。那我們如何判斷什麼時候該放下這個核心策略?如何做出決定?

第二個原因是,無論你選擇什麼職業與生活方式,你都活在資本主義的架構裡,所以你最好弄懂資本主義體系如何運作,才能悠遊其中,甚至是改變它。以資本家的角色讓自己的錢發揮作用(也就是投資),可以幫助你洞悉「事情實際上是如何」(現實),而非「事情應該如何」(理論)。你不只擁有知識,還會對於價格與價值、市場動態,以及你評估與回應風險的能力,形成直覺。

並不是所有人都能幸運遇到像賽・柯德納這樣的投資導師,但無論你的興趣或政治立場為何,每個人都可以也應該培養這方面的知識。安迪・沃荷(Andy Warhol)曾說:「在商業上表現出色,是最迷人的藝術。」恩格斯(Friedrich Engels)在與馬克思(Karl Marx)合寫《資本論》(*Das Kapital*)時,同時也在經營他父親的紡織工廠。你應該在買下人生第一個房子之前,就對利率和節稅扣除有直覺式的理解。如果你正在為新創事業募資,光是了解你的產品、市場和策略還不夠,你還需要

站在投資人的角度思考，他們為何坐上談判桌，他們想從你這裡得到什麼，以及你能從他們那裡得到什麼：估值、持股稀釋、公司治理、優先清算權等等。

平衡的配置

無論是誰，都沒有所謂最理想的投資方式。你一生當中會做各式各樣的投資，並且根據你的需求來思考風險、報酬與其他考量。

前文中我建議你想像三個錢桶：消費、中期支出與長期支出。消費錢桶裡的錢很快就會花掉，無法用來投資，但你應該把中期和長期的錢桶視為投資資本。

如果你已經開始存緊急預備金，它就屬於中期錢桶。如果你預期會有大筆支出，像是讀研究所或是買房子，那麼除了緊急預備金，你的中期錢桶就應該加上其他的目標。準備為長期錢桶存錢的過程中，要記得上述的這些規劃，因為你不會希望明年或後年需要用錢時，那些錢被綁在高波動性、無流動性的資產上。價格穩定而且容易進出的資產類別，是比較適合的選擇：高收益儲蓄帳戶是最簡便的方式，但你也可以考慮國庫券與低風險公司債券。

如果你有401(k)退休帳戶，裡面的錢全都要算進你的長期

錢桶。你可能沒有太多投資選項，因為這個計畫會限制你只能採用少數幾種投資工具。但了解那些選項是什麼、並做出對的資本分配，對你很有意義，而且會對你的長期報酬產生實質影響。讀完本章後，把你不知道已經丟去哪裡的 401(k) 簡介找出來，測試自己能否看懂上面提供的選項。（再次提醒，最好的做法是充分利用像 401(k) 這種有配對提撥與稅務優惠的機會。）

當你開始儲蓄超過退休計畫提撥的額度時，就表示你開始擁有長期資本，也就是一支任你調度的軍隊。對許多人來說，這指的是年終獎金或其他的意外之財。如果你的緊急預備金已經存夠了，你也充分善用遞延課稅存款的額度，並且持續存錢到中期錢桶，就可以開始把學到的財務知識付諸實踐了。如果你覺得這個建議聽起來很可怕，別擔心。開始把資金注入第二個和第三個錢桶的能力，要靠長期省吃儉用的自律精神。這需要花時間。問題：如何吃下一頭大象？答案：一次吃一小口。你要有耐心，但現在就要開始。

你可以依自己的情況微調，但我建議，當長期錢桶的現金儲蓄達到一萬美元時（是現金存款，不是退休基金），你可以用 80／20 的比例分配：

80％的錢放到被動投資（主要是 ETF，我稍後在「基金」的部分會再解釋）。買了之後要長期持有，或許要持有一輩子

（提示：資本主義的簡易模式）。這些是被動投資。

另外20％的錢可以進行主動投資。幾千美元就夠了，這個金額不會影響到未來的財務保障，但賠錢時仍會心痛。你的目標不是短期致富，而是學習了解市場、學習風險的概念，最重要的是，學習了解你自己，因為長期主動管理自己的投資，並不適合每個人。主動投資需要花大量的時間（而年輕人有的是時間）。另外，要做好心理準備，投資有可能讓你的情緒坐雲霄飛車，也會在認知上令人疲憊。

那為何還要主動投資？我在紐約大學的同事達摩德仁說，人生的教訓就是最好的監管。多數人（可能是所有年輕人）都有一種錯覺，以為自己能打敗市場。沒問題，放手嘗試吧。然後你可能會發現自己其實無法打敗市場，長期主動投資的表現往往不如你的被動投資。不過有些人就是喜歡這個過程（就像一種消費行為），而且你會慢慢學習。

此外，未來你可能會遇到特別的機會，讓你在某些投資上擁有比市場更好的資訊優勢和價值判斷：例如，隔壁那間結構穩固的老房子即將進入法拍程序；或是你媽媽的朋友打算退休，要賣掉一家你從高中就打工過、也非常了解的公司。理想上，這種直接投資的機會，最好不要是你的第一次實戰操作。

把主動投資的資金放進你的券商帳戶，要選擇有提供零股交易與零手續費交易。你可以選擇跟你的被動投資不同的券

商，一方面加強兩者的區隔，一方面避免你日後從被動投資「借錢」給主動投資（千萬不要這麼做）。如果你要用同一家券商處理主動和被動投資，那就要開設兩個不同帳戶。

當你的存款超過一萬美元，超過的部分應該全部投入被動投資帳戶。因為用20,000美元和2,000美元主動投資，能學到的其實差不多。如果你決定要進行超過2,000美元的主動投資，就要先做好資金配置計畫並嚴格遵守，才不會情緒化操作，愈虧愈加碼。仔細追蹤你的實質報酬，包括虧損、稅金、手續費等等。如果你無法做好詳實的紀錄（反正你報稅時也會需要這些資料），那麼這個「嗜好」可能不太適合你。

在你義無反顧的把積蓄全押在兩週後到期、價外的GME（GameStop股票代號）看漲期權之前（千萬不要這麼做），我們先複習一下，你在進行主動投資之前應該做的事：

a）你有遵守「水位線」預算，也就是能反映你實際支出的預算，並確保預算中包含儲蓄項目。

b）你已經最大限度自願提繳退休金，合法避稅。

c）你已經存到適當的緊急預備金，並有按計畫存錢到中期錢桶，準備因應中期支出。

d）你已經開始有多餘的現金可以存在第三個錢桶，這筆資金投資在接下來討論的資產類別，80％放在被動投資，20％放在主動投資。

做到上述四點,你就準備好了。那你該把錢放在哪裡?

各種投資類別

最簡單的投資方式,就是把錢借給你的銀行,存錢到計息活期儲蓄帳戶。你讓銀行使用你的錢,主要是貸款給銀行其他的顧客,而銀行會付(非常)保守的利息給你。如果你願意承諾,在一定的期間內不把錢領出來(例如六個月或十二個月),銀行會給你(稍微)高一點的利息,這通常稱為定期存款。

然而,活期與定期存款的報酬非常低,不足以讓你真正致富。因此,你需要把錢投資在更主動(也就是冒更多險)、報酬更高的標的。最典型的方法是投資微軟或麥當勞這類企業,他們把賣股票得到的錢拿去買原料、付薪水與房租,以及支付生產商品的成本。由於選擇要投資哪家公司需要花很多精神,也要具備專門知識,於是開始出現各種投資公司,把你的資金和其他客戶的資金匯集起來,投資在好的投資標的(包含很多家公司)。共同基金(以及新出現的指數股票型基金,或稱ETF)就是典型的例子,這也是避險基金與創投的基本概念。

除了直接或透過投資公司投資企業,你也可以直接投資在對經濟體有直接貢獻的東西,例如土地與原料。

消費者投資工具

活期存款	金融市場／定期存款	公司與政府債券	ETF與共同基金	個股	選擇權

低 ——————————— 風險 ——————————→ 高

在光譜的另一端，有些人選擇投資衍生性金融商品，基本上就是押注在金融市場的走勢。買權與賣權、放空、期貨交易，這些都是衍生性金融商品的工具。衍生性金融商品在經濟體與市場具有重要的功能，但也產生了副作用，也就是更高的風險、以及更高的潛在報酬。

我接下來會詳細說明這些資產類別，因為它們對我們的金融體系非常重要，而且我相信，即使你不打算投資這些標的，有基本的認識也會很有幫助。的確，當你愈了解這些資產類別，可能會愈確定你不想直接投資這些資產。對多數人（可能也包括你）以及大部分的投資資本而言，最終的答案可能就是這一段的結論：你的長期錢桶（你的養老基金）應該主要投入低成本、高度分散的ETF。我們會先繞一段遠路再到達終點（我稍後會詳細解釋什麼是ETF）。在我們仔細說明主要的資產類別時，請把這個結論放在心上。

股票

無庸置疑，股票是投資的重頭戲。財經新聞頻道CNBC與《華爾街日報》(*The Wall Street Journal*)等財經媒體總是大篇幅報導企業績效與其股價，投資類社群媒體也對股票情有獨鍾，一般人想到投資時最先想到的也是股票。

為什麼？因為我們可以透過股票，直接觸及經濟體中最原始的財富創造能力，以及美國史上最偉大的財富產出機器，也就是美國企業。關於一個經濟體系是否該讓企業累積如此巨大的力量，還有待爭論，但在現實世界，你得到財務保障的最佳方式，就是快點搭上火箭，或是其他類似的方法。

要了解股票為何是經濟體的命脈，我們就需要了解股票本身與持有股票是怎麼一回事。你可以在不了解的情況下買賣股票，但考量到股票可能是你投資組合中最主要或次要（僅次於房地產）的資產類別，花一點時間了解你追求財務保障的基本支柱，是絕對值得的。

前面解釋過，企業是一種法律結構，目的是為了匯集多方的資源，而股票就是實現這種資源集中的機制。

▍股東權益

持股（又稱為股東權益）有兩個面向：控制面與經濟面。

散戶投資人對於控制面不是那麼感興趣，所以我只簡短說明一下。企業的日常經營由執行長負責，而執行長要向董事會負責。股東通常每年投一次票，進行董事選舉。基本上，股票的一股代表一個投票權。近年來出現一個趨勢（在我看來是令人遺憾的趨勢），那就是「雙重股權結構」，意思是某些股票擁有更多的投票權，使那些股票持有者（通常是公司創辦人與早期投資者）擁有更大的實質控制權。不過，無論投票原則是什麼，基本的結構都是相同的：股東決定誰能進入董事會，董事會負責做出重要的決定（包括聘任與解雇執行長），而執行長負責經營公司。某些重大的決定（像是出售公司）還是由股東投票決定。

多數投資人最看重的，是持股的經濟面。持有一張股票，代表你在這家公司有經濟上的權益。具體上這代表兩件事：第一，股東擁有對公司資產的「剩餘請求權」（residual claim）。雖然企業在法律上沒有存續期限，但在資本主義市場中，沒有所謂的永遠。當一家公司走到終點，無論是被收購（通常被另一家公司）或是經營不善而破產，在清償完所有的債務後，剩餘的資產將按持股比例分配給股東。所以，每一股股票會對應到公司相應比例的資產。

但基本上，我們買股票時不會預期這家公司會倒，而是預期它會成長。每一股股票不只能讓我們索取公司剩餘的資產價

值,也能讓我們得到相應的未來利潤。企業是賺錢的機器,而股票就是分配利潤的方式。但多數公司不會直接分配利潤給股東,股東不會每天、每季或每年聚集起來,把公司銀行帳戶裡的現金拿來分。實際上的做法是,公司經理人(執行長與董事會)會決定在什麼時間、把多少利潤分配給股東。一般來說,尤其是快速成長中的新公司,管理團隊會決定把利潤再投資回公司,促進業務成長,例如雇用更多員工、設立新工廠或是營業辦公室。如果管理團隊投資得當,公司前景會被大家看好,即使股東沒有立即得到每股的現金利潤,股票的價值也會增加,因為市場預期這家公司會創造更大的現金流。

利潤分配

到最後,多數經營良好的企業會發展成熟到無法再運用所有的利潤,這時候公司會開始把一部分的利潤分配給股東。可以透過兩種方式:發放股息(直接給現金)或是股票回購(也就是企業用利潤把股票買回)。

發放股息是傳統的做法,現在很多經營穩定的大企業都會定期配息。但你要理解,股息不是「免費的錢」或「額外的獎勵」。這筆錢一直都是股東的錢,只不過是從一種持有類型(股票),轉換成另一種類型(現金)。事實上,當一家公司配息,股價通常會下跌,跌幅大致相當於股息的金額,這反映了

價值從公司內部轉換出去的結果。

另一方面，庫藏股則是把利潤回饋給股東的另一種比較間接的方式，做法是提高每股的價值、而不是發現金股利給股東。公司會回購市場上的自家股票，導致在外流通的股數漸少，股價會因此上漲，因為每一股股票所代表的公司資產與未來獲利的比率變高了。

股票回購正在取代股利發放，成為更多公司分配利潤給股東的工具。在過去，配息的優點是股東不需要賣股票，也能以現金形式獲得一部分的投資收益。在很久以前（2020年之前，在2000年之前更是如此），賣股票的手續費很高，尤其是賣不到100股的時候。不過，低手續費或零手續費的股票交易與零股交易開始出現之後，現金股利對投資者不再有那麼多實質上的好處。現在，投資人如果想從股票取得現金，他們可以賣幾股、甚至不到一股的股票，來創造「合成股利」（synthetic dividends）。只要股價持續上漲，股東就能持續賣出愈來愈小比例的股票，來獲取穩定的現金流。另一方面，股票回購可以提供股東一個重要的稅務優勢：遞延納稅，並且能掌控繳稅的時間。當你收到股利時，當年就會被課稅（大多是以資本利得稅率徵稅）。如果公司回購股票並使股價提高，你要到賣掉股票的時候才需要繳稅（可能是多年以後），因此你的投資可以在還不用繳稅的狀態下繼續增值。

由於多數公司的利潤不會以現金形式發給股東，股東最重要的報酬是來自公司股價上漲。理想上，買股票就是在賭股價低於真正的價值，而市場遲早會實現這個價值，使股價上漲到公司真正的價值。這又帶我們回到估值的問題。我們如何評估某支股票真正的潛在價值？簡短的答案是（前面講過）：股票所有未來現金流的現值。那你就會接著問：如何得知未來現金流的現值？要回答這個問題，我需要簡短說明企業向股東報告經營狀況所用的工具：財務報表。

財務報表

　　企業保留了大量的內部紀錄，但會將這些紀錄濃縮成三份主要文件給股東：損益表、現金流量表和資產負債表。股票上市公司每季要向美國證券交易委員會（Securities and Exchange Comission, SEC）提交這三份報表，你可以透過SEC的資料庫EDGAR取得這些資料（sec.gov/edgar）。

　　我先簡要說明資產負債表和現金流量表，然後再談損益表，因為它是最有趣、也是對投資人最重要的報表。**資產負債表**上會列出公司的資產和負債，以及關於股本的基本資訊。資產主要是現金或投資等金錢資產，以及像工廠設備或廠房等實體資產。專利權與著作權等智慧財產，以及公司對外放款（別人欠公司的錢）也屬於資產。

相對的，公司對外負債（例如借款）則是負債。其他負債還包括未來需要付的退休金義務，以及公司管理層為了因應潛在風險（像是法律訴訟的損失）而預先提列的準備金。在一家財務健全的公司，資產總額會大於負債總額，而兩者之間的差額就是股東權益。值得注意的是，資產負債表上股東權益的價值，並不等於公司股票的市值，後者通常會高得多，因為市值不只反映公司當下擁有的資產價值，更是代表對未來獲利的主張。

顧名思義，**現金流量表**就是在追蹤公司現金流入與流出的情況。企業需要有現金流量表，是因為公司通常採用「權責發生制會計」（accrual accounting）來追蹤營運狀況。（如果看到這裡你已經快睡著，我允許你跳過這一段。）權責發生制會計，指的是不以實際收付款為基準，而是以交易發生的時點認列收入與支出。舉例來說，如果某公司在2023年12月31日賣出一項售價100美元的產品，但直到2024年1月31日才收到款項（這在商業交易極為常見），這家公司會在2023年認列這筆收入，即使實際入帳是在隔年。現金流量表的功能，就是在調和帳面上已認列100美元的收入，與實際上銀行帳戶還沒出現那100美元的事實。就和資產負債表一樣，現金流量表也包含許多可以深入分析的重要資訊，但它並不是了解公司營運狀況的主要工具。

要了解公司的營運狀況，我們要看**損益表**。損益表有時也稱為「營運報表」或「利潤與損失表」（profit and loss, P&L），可以讓我們清楚看到某家公司如何賺錢，以及未來可能產生多少獲利。由上而下閱讀損益表，就像一條金流之河，流經整個企業，滋養企業的營運。這條河的源頭是「營收」，也就是公司銷售商品與服務賺到的錢。如果一家公司銷售十個產品，每個產品售價是10美元，營收就是100美元。接著往下看，營收的大河會分流到公司的不同部分。第一道、通常也是最大的支流，就是「銷貨成本」，指的是製造產品所需的原物料與直接人力成本。扣除銷貨成本後剩下的部分就叫作「毛利」或「毛利率」，接下來是「營業費用」，也就是企業日常營運的各項開支，通常會包含「銷售與一般管理費用」（SG&A），主要是銷售與行銷部門、管理階層與其他員工的薪資。有些公司會把研發支出列入SG&A，有些則會單獨列出來。營收之河扣除完這些費用後剩下來的水量，就是營業利益。

營業利益是非常重要的數字，因為它顯示了公司在扣除融資與稅負影響之前，單純靠經營賺了多少錢。融資與稅款當然也是實際成本，但它們與一家公司經營上的基本問題無關，基本問題包括：顧客是否需要公司的產品？願意付高價購買嗎？公司能否以低於顧客願意付的價格製造並銷售這些產品？公司是否透過開發新產品，積極投資未來？分析師有時會用一個專

損益表的金流之河

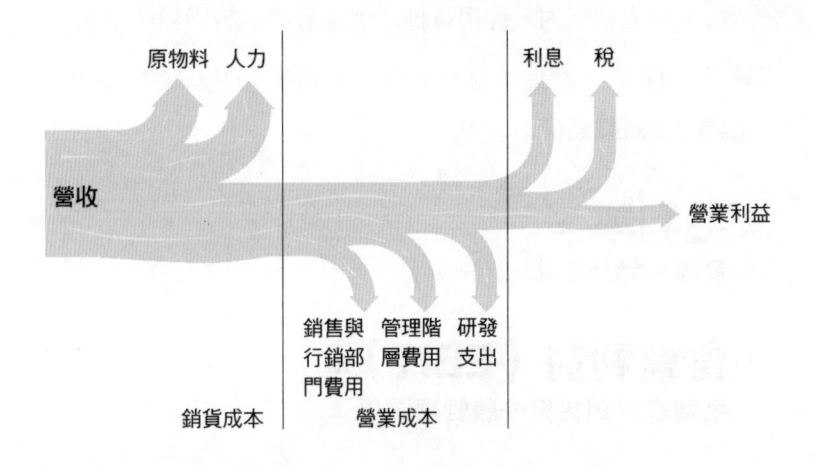

```
原物料  人力                    利息   稅
                                ↑    ↑

營收  ─────────────────────────────────→  營業利益

              銷售與  管理階  研發
              行銷部  層費用  支出
              門費用
      銷貨成本         營業成本
```

有名詞「EBIT」,也就是稅前息前淨利,來代表營業利益。

　　一個從EBIT衍生而來的指標也是許多人關注的焦點,叫作「稅前息前折舊攤銷前淨利」(EBITDA)。折舊和攤銷是權責發生制會計方法之下的一個產物。當一家公司購買使用期間超過一年的資產時,不會在損益表上一次認列全額成本,而是根據那項資產的預估使用年限分攤總成本,每年在損益表上認列一部分的折舊費用。舉例來說,公司購買一台預計使用五年、價值1,000美元的電腦,每年就會在損益表上認列200美元的折舊費用,持續五年。(實務上這個計算會更複雜,這裡只說明基本原則。)至於攤銷,則是將相同的概念應用在無形資產上,像是專利。由於折舊與攤銷並不是公司當期實際發生的

14　資產類別與投資範圍　　283

支出（資產的費用之前已經付完了），如果你想更清楚地知道公司當下的獲利能力，你可以把這個部分的水放回營收之河。要計算EBITDA，就把損益表上的營業利益，加上現金流量表上記載的折舊攤銷費用。

毛利率 =
營收 – 銷貨成本

營業利益（EBIT）=
毛利率 – 銷售與一般管理費用

淨利 =
營業利益 – 利息 – 稅

　　執行長喜歡強調EBITDA，因為它會讓公司看起來更賺錢。我在出售L2公司的時候，提案簡報上強調的也是EBITDA數字。不過，使用EBITDA也有爭議，因為折舊雖然不是現金支出，公司仍然需要投入資本支出（例如購買設備與投資研發），然而EBITDA卻把這些真實的成本排除在財務表現之外。巴菲特就曾基於這個理由批評EBITDA，他說：「管理階層難道以為資本支出是牙仙付掉的嗎？」

　　近年來開始流行一個更有企圖心的指標（尤其是創立不久的新公司），叫做「調整後EBITDA」，把行銷費用、甚至是員

工薪資這些成本都拿掉了。人們提出的理由通常是：那些成本只會發生在公司成長階段，未來營運不會有這些費用，所以不用考量。但這種說法很值得懷疑，大部分「調整後」的指標，給我的感覺就很像是汽車業務告訴我車子的油耗時，都是根據車子在一路下坡道路上行駛的油耗。

回到損益表上，營業利益（EBIT）之後就是融資成本（主要是債務的利息）與稅款。公司有時候可以在這個階段把一點水加回營收之河，例如公司以自有現金獲得投資收益、收到退稅，或其他非常規收入。值得注意的是，貸款的本金（借來的錢）不會出現在損益表上，只會顯示利息支出（或利息收入）。因為貸款不屬於公司本業營運的一部分，所以不能算進營收之河。

最後，河流裡剩下的水就是公司的獲利，通常稱為淨利或淨收益，上市公司的報表會公布淨利絕對值與「每股盈餘」（EPS），也就是用淨利除以流通在外的股票總數。每股盈餘是衡量公司獲利能力的最重要的指標，代表每一股股票理論上可以主張的利潤（儘管大部分的獲利會保留在公司裡）。

股權評價

最簡單估算股票價值的方法，就是用每股盈餘乘以一個「本益比」。這是一種粗估方式，根據這家公司最近一期的盈

餘來估算它未來的現金流價值。人們預期這家公司的成長愈高，應用在當期盈餘的倍數（本益比）就愈大。以上市公司來說，我們能根據股票交易價格與公司每股盈餘的比值，了解市場對這家公司的發展前景的評價。這個比值就叫做「本益比」（P/E ratio）。本益比愈高，代表市場愈相信這家公司未來的獲利成長潛力。一般而言，本益比超過30，通常代表市場認為這是一家高成長公司；成熟、成長趨緩的公司本益比則大約是接近10。

本益比是市場常用的「倍數評價」，但它不是唯一或是最有用的指標。投資人常會去看損益表上幾個重要項目的倍數。例如，一家市值1,000美元的公司，營收為100美元，毛利為50美元，EBIT為25美元，淨利為10美元。它的營收倍數是10，毛利倍數是20，EBIT倍數是40，淨利倍數是100。

基本上，財務報表上的任何數字都能計算倍數。例如，串流訂閱服務公司，有時會根據「每位訂戶的價值」來評價。而發放股息的公司，則可以用殖利率（dividend yield）來評估，也就是年度總股息除以股價。除了市值相關的倍數指標，分析師也會其他的財務比率：毛利率就是毛利相對於營收的百分比，它能告訴你這家公司的定價能力。存貨周轉率（銷貨成本除以存貨金額）能告訴你公司在生產與銷售產品的效率如何。

倍數本身無法告訴你太多訊息。但如果你很了解某個產

股權評價倍數

	盈餘	市值	倍數
營收	$100	$1,000	**10**
毛利率	$50	$1,000	**20**
EBIT	$25	$1,000	**40**
淨利	$10	$1,000	**100**

業，就會知道那個產業的常見倍數。倍數最主要的用途是做比較。如果有兩家相同產業的公司，一家的EBIT倍數是20，另一家是35，就表示市場對第二家公司的前景更樂觀。我們通常會根據這些倍數說，第一家公司比較「便宜」，第二家公司比較「昂貴」。但這只是相對的概念。

一般來說，損益表愈下方的數字，算出來的倍數愈有意義，因為能反映出公司真正的獲利能力。但由於盈餘會受到非營業因素（例如稅與融資）的影響，精明的投資人往往會以EBIT倍數作為衡量公司價值的最佳依據。但對於高成長公司，或是被視為併購目標的公司，營收倍數反而是更適合的評價指標。

在計算倍數時，我們要學會分辨「市值」與「企業價值」

的差別。市值是公司的股價乘以流通在外的總股數,代表公司股票的總價值。

市值 =
股價 X 在外流通總股數

對於沒有大量債務或大量現金部位的公司而言,股票價值就相當於公司的價值。不過,債務與現金會讓情況變得複雜。要計算一家公司的企業價值,需要採取有點違反直覺的做法:要把公司的市值加上長期負債,再扣掉手上的現金。因此,如果要計算倍數,用企業價值而非市值來計算會更精確。不過,對於沒有太多債務或現金的公司,用市值來計算就可以了。

企業價值 =
(市值 + 債務)- 現金

雖然某個倍數能告訴你一些資訊(倍數愈高,代表市場對未來成長愈樂觀),但倍數主要是一種相對性的衡量工具。也就是說,倍數需要搭配「可比較公司」(comps),才能發揮意義。挑選可比較公司並不容易,有些公司的可比較對象顯而易見,例如,家得寶與勞氏公司(Lowe's)規模相近、屬於同一產業別。如果它們的倍數不同,你就可以確定市場對倍數較大的那一家公司更有信心。然而,像微軟這樣的公司,可比較對

象是誰？微軟在雲端服務市場與亞馬遜競爭激烈，但亞馬遜的主要業務是零售，和微軟完全不同。微軟的Office套裝軟體又與Google的Docs和Sheets互相競爭，但Google的Docs和Sheets是免費的，當其中一家產品要收費，另一家產品免費時，要如何做財務上的比較才合理？

倍數評價是相對性的，而且受限於必須找到可比較公司。因此，有一個更直接的估值方法，就是建立「現金流量折現模式」（discounted cash flow model, DCF）。建立DCF是專業投資人必備的核心能力，但散戶投資人其實不需要了解太深入的細節。簡單來說，DCF是從損益表下手，但不是呈現公司過去的營運表現，而是預測未來的表現。由於所有的未來現金流都必須進行折現，所以要套用適當的折現率，最後將未來收益加總起來，得出公司的現值。如果你算出某家上市公司的現值，得到的結果與市場價格不一樣，表示你的假設與市場的主流預期不同，那可能代表這是個投資機會。

無論你採用哪一種估值方法，都代表你需要了解那家公司真正的業務。而和尋找可比較公司一樣，這可能比你想的更困難。不同類型的行業，對公司的要求也大不相同。例如，像埃克森美孚（Exxon）或雪佛龍（Chevron）這樣的全球性石油公司，需要先投資數十億美元在油田營運，很可能數十年後才得到回報。這些公司需要先投入巨額資本，但一旦油田開始生

產,就能產出巨大的利潤。在這方面,石油公司和某些軟體公司其實很像。兩種公司都需要先投入多年的心血,軟體公司的產品一旦開發成功,就能以幾乎零成本的方式無限銷售產品。

我們再把這個模式與律師事務所做比較。一家小型律師事務所只要有一位律師加上一位律師助理,開業第一天就能獲利,因為他們的固定費用成本微不足道,只需幾台筆電、執業保險、辦公室租金,或許再加上幾套高級西裝,每小時就能收取高額鐘點費。然而,回想一下我在第二部提到的,專業服務類的公司往往難以擴大規模。如果創業律師的時間已經排滿了,想讓營收翻倍,就必須聘請另一位律師。要得到十倍的收入,就必須聘請十倍的律師,即使事務所招攬到的案件量不足,仍然必須支付薪水給那十位律師。

有些公司的業務,與表面上看起來不太相同。例如,Google是搜尋引擎的業界龍頭,但它賣的其實不是搜尋引擎,而是廣告。賣廣告才是Google的真正商業模式。儘管Google開發並運用了技術先進的系統,但從經營角度來看,Google比較像是傳統的電視網或報社,而不像微軟和蘋果這些科技公司。因為Google產出營收的核心業務,是創造能吸引人們注意力的內容,再把那些注意力賣給廣告商。了解一家公司實際產出營收的方式,以及這種模式的成本,是我們了解公司的財務狀況、成長潛力與價值的關鍵。

股票投資

　　基本上，股東不是直接向公司購買股票。大多數的股票交易都發生在次級市場，也就是由第三方彼此買賣股票。你買股票付出去的錢，也不是付給發行股票的公司，而是付給賣股票給你的股東。然而，你實際上仍是在投資那家公司，只不過你是接手了別人先前的投資。公司本身無法從次級市場交易拿到錢，但管理團隊依然會非常關心公司股價。因為股價通常與他們的薪資結構、吸引人才的能力，以及未來能否以股票作為收購其他公司的籌碼密切相關。此外，公司有時會再次發行新股來募集資金。公司第一次向大眾發行股票，稱為「首次公開發行」（IPO），這對公司的發展是重大的里程碑。之後如果再發行股票，則稱為增資發行，但這就不會像 IPO 那麼受關注。

　　投資個股，是讓投資人真正下場參與、深入學習企業與投資知識的好方法。我自己也持有個股，我鼓勵有做功課且態度謹慎的散戶持有個股。但我最反對的（**數據也證實行不通的**），是頻繁進出股市交易。交易次數愈多，你的損失也愈大。這麼做不只非常消耗精神和情緒，績效通常也很差，從稅務角度也不划算，因為持有不到一年的資產無法享受較低的資本利得稅。**簡單來說，不要當沖。**

　　你很可能在職涯的某個時間點，開始持有單一公司的股票，通常是限制型股票。遇到這種情況，我的建議是，一旦可

以賣出，就盡快用最有利的稅務方式賣掉。有時候出於稅的考量，你可能會持有公司發的股票一陣子，但從投資角度，持有自家公司的股票其實不太合理。為什麼？因為你的財務風險已經高度集中在你的公司了：你未來的薪酬、職場名聲，以及你從工作得到的成就感，全都與這家公司綁定了。持有公司股票只會進一步集中風險，而不是分散風險。股票是流動性很高的資產，所以你的薪酬無論是以股票還是現金的形式發給你，你的處理方式其實差不多。想像一下：如果公司不是發股票、而是發給你等值的現金，你會拿去買你公司的股票嗎？我不信你會這麼做。

那有誰會想要持有自家公司的股票？公司創辦人、早期員工與早期投資人在出售股票時必須格外謹慎，因為大量拋售股票可能會向市場（或是向員工，這更糟）傳達你對公司未來前景失去信心的負面訊號。另一方面，你也不需要太過執著於這一點。風險投資家或投行業者總是告訴公司創辦人要把錢留在公司裡。他們說這些話是因為這與他們自身利益有關，他們當然希望公司股價愈高愈好，創辦人與公司綁得愈緊愈好。我自己則會告訴創辦人，要適度套現、分散風險，確保自己和家人的財務保障，因為成長型股票本身就伴隨高風險。至於中小企業主（也就是前面提到的街坊經濟），更要慢慢把公司資產轉成個人資產，使自己的財務保障不會全押在單一事件，像是公

司出售或是交棒給下一代繼承人。

有些員工非常了解自家公司的產業,可能比外界分析師更了解公司的潛力。如果你有理由相信,你的公司的獲利成長速度會比現在的股價上漲更快,那麼你或許可以繼續持有甚至加碼自家公司的股票。但也要小心,不要讓你對工作的熱情、同事情誼,或是自家產品的感情,而影響了你的判斷力。更重要的是,也千萬不要因為掌握內線消息而交易,像是某藥品被政府核准、或是某個大客戶剛簽下合約這類非公開資訊。這麼做真的有可能招致牢獄之災。

除了公司員工之外,你還有其他管道可以對某公司或某產業有深入的了解。公司的主要客戶有時候會比其他人有更深刻的洞察,學者與科學家也可能對某個產業有獨到的見解。以我自己為例,在2000年代中期,我已經在零售業與電子商務領域有超過二十年經驗。我自己也創立過幾家電商公司,其中一家公司還有上市。我對該領域的潛力以及成功條件,有很深度的掌握。當時我清楚看到市場嚴重低估了亞馬遜的價值,於是我把很大部分的財產押在貝佐斯與他的團隊上。過去二十年,我的投資回報超過二十五倍。我當初並不是輕率決定投資,而是根據我個人二十年的工作經驗。

近年來,有一個愈來愈明顯的趨勢,就是政策導向型投資,尤其是所謂的環境、社會與公司治理(ESG)相關投資。

但我不建議散戶投資人完全依照這種標籤來配置。你的個人投資，對公司的決策影響微乎其微，但卻直接決定了你未來的財務保障。當然，如果你不願意投資你認為對社會有害的少數幾家公司，我可以理解。例如，我曾經持有臉書的股票很多年，後來我認為那家公司正在對年輕人與整個社會造成實質的傷害，我就把股票賣掉了。不過，我還是強烈建議你，不要根據你的政治偏好來決定所有的投資組合。你可以投票，遊說你的選區的民意代表，在你的社區採取行動，你可以不投資某些公司的股票，但你絕對不想失去你的資本。特別是現在，ESG的標籤已經變成很多公司公關部門濫用操作的武器，本身幾乎已經失去意義。（對大型機構投資人來說，由於資金規模龐大，確實可以對公司產生實質影響力，但那又是另一個話題了。）

債券

企業和政府都會發行債券，債券市場的規模非常龐大：超過120兆美元。債券是一種負債形式，但它不是傳統上的雙邊借貸，而是被「證券化」的負債。所謂的證券，指的是一種可以獨立買賣的權利憑證，代表對某個基礎資產的權利主張。股票就是一種證券，它是對公司股權的主張，但在股票市場上可以進行交易，不需公司參與其中。儘管如此，股票仍然對公司

美國股市與債市的成長

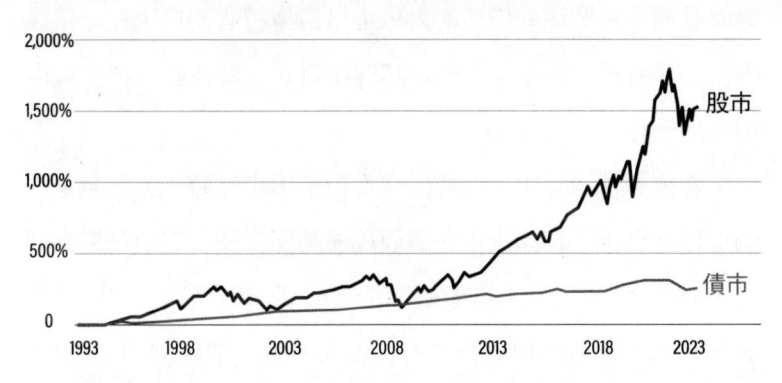

資料來源：Morningstar, Bond = Vanguard Total Bond Market Index Fund, Stock = Vanguard Total Stock Market Index Fund

有法律上的約束力。債券的運作也是同樣的道理，只不過是把貸款的權利，轉成可交易的證券。

我用一個簡化的例子來說明債券的運作方式。假設亞馬遜想要借100美元，於是去找富國銀行。富國銀行看了一下亞馬遜的財務情況，認為亞馬遜的信用風險狀況不錯，同意以6％的利率貸款。亞馬遜說：「嘿，我們是市場上領先的電商與雲端服務公司，現金流超強，利率可以算4％嗎？」最後雙方達成年利率5％的貸款。意思是，富國銀行給亞馬遜100美元，並期待一年後拿回105美元。然而，富國銀行不是自己持有亞馬遜的還款承諾，而是把這個承諾切成一百個小單位（每單位就是承諾亞馬遜要在一年後付1.05美元，也就是1元加上5％的

利息)。然後,富國銀行把這一百個小單位拿到市場上出售,這就是債券。買這些債券的人,可以選擇持有到期,在一年後獲得1.05美元,也可以再賣給其他投資人,就像股票在次級市場交易一樣。

當債券被證券化,並開始在次級市場交易時,就會發生一個有趣的現象。富國銀行在與亞馬遜談條件時,主要在協商利率,亞馬遜希望4%,富國銀行希望6%,雙方最後以5%達成協議。然而,對於想買債券的投資人來說,這個5%的利率一點也不重要。對投資人來說,這張債券就代表亞馬遜承諾在一年後會付1.05美元。在次級市場,債券持有人並不在乎亞馬遜借了多少錢,或利率是多少。他們只關心一件事:「亞馬遜能不能在一年後付1.05美元」這個承諾的價值。

如果亞馬遜爆發嚴重的經營問題,例如供應鏈出狀況、管理層異動、資料外洩等等,投資人或許會開始擔心亞馬遜可能付不出1.05美元,於是債券的估值就會降低。雖然債券預期的現金流金額沒變,但風險上升,所以折現率提高了,導致債券的現值下跌。富國銀行估值時,債券可能值1.00美元,但幾個月之後,亞馬遜陷入危機,它的承諾此時只值0.90美元。這種狀況就稱為信用風險,或是違約風險。

即使投資人對公司的看法沒有改變,債券的價格也可能會改變。利率調高時,投資人有更好的投資選擇,就不會願意

為了一年後拿回1.05美元,而現在付出1美元。如果投資人能現在付1美元給美國政府、一年後能拿回1.06美元,他們就不會只去買亞馬遜一年後拿回1.05美元的債券。無論亞馬遜是多麼穩健的債務人,它的信用可靠度都不可能贏過美國政府。因此,亞馬遜債券的價格會掉到1.00美元以下。反過來說,如果利率下降,亞馬遜一年後付1.05美元的承諾就變得有吸引力了(因為美國政府提供的價格低於1.05美元),於是債券的價格會上漲到1.00美元以上。債券價格由於大環境利率變化而改變的可能性,稱為利率風險。

無論亞馬遜或整體市場情況如何,還款日期接近時,債券的價格會逐漸靠近1.05美元,這是因為貨幣的時間價值,以及時間愈短、能出事的機率就愈低。亞馬遜承諾明天付給你1.05美元,只要亞馬遜沒有突然出現很嚴重的問題,這個承諾的價值就等同於1.05美元。

這裡解釋一些專有名詞:債券到期時會支付的金額稱作「票面金額」或是「面額」。在上述例子中,債券的面額是1.00美元。債券發行時的利率叫作「票面利率」,在這個例子中就是5%。大多數的債券是多年到期債券,發行者每年都會付利息。在上述例子中,到期日則是一年後,利息為0.05美元。債券發行人要在債券到期日償還本金和利息,換句話說,亞馬遜要還1.00美元的本金,再加上0.05美元的利息。

不過，最重要的名詞應該是「殖利率」(yield rate)，指的是你以市場價格購買債券的有效年利率。在上述例子中，如果你在到期日一年以前，以1.00美元購買亞馬遜債券，一年後亞馬遜會給你1.05美元，所以殖利率是5%。如果你在到期六個月前以1.00美元購買債券，殖利率是10%，因為你在六個月內就賺得5%的報酬，年化報酬率為10%。債券的殖利率每天隨著市價而改變，債券發行者的承諾有多大的吸引力，由市場來決定。一般來說（不是一定），債市與股市走勢會呈反方向移動，因為當股票表現亮眼時，投資人比較不會去買債券（報酬穩定但較低），這會使債券的價格下跌，殖利率上升，直到債券的風險調整後報酬率與股票的投資報酬率相當。要弄懂這些關係需要一些練習，最好的方法就是去買一些債券，實際追蹤價格與殖利率的變化。

政府也會發行債券。事實上，全球債市裡流通的很大一部分就是政府發行的債券，而美國聯邦政府是最大的發行者之一。大多數的美國公債由美國財政部發行，以100美元為單位，到期日從四週到三十年都有。短天期的稱為國庫券（T-bills），長天期的稱為債券（T-bond），但基本運作是相同的。美國財務部每週會發行新債，並根據投資人競價來決定利率。債券一旦進入市場變成證券，就會提供固定的利息支付，就像公司債，由市場決定交易價格。美國公債有一個值得注意

的優點,那就是利息是免繳州所得稅的。

債券是我們投資企業的另一種方式,也是投資政府的唯一方法。債券的風險比股票低,報酬較容易預測,多數情況下只要持有到期,幾乎不會虧錢。但債券的缺點是報酬相對較低,獲利潛力很有限。即使發行公司賺了很多錢,也不需要付出比債券面額更多的錢。債券持有人最多能得到的就是債券的面額。債券償付以外的獲利會流回到公司股東。原理還是一樣,風險愈高,報酬就愈高。

房地產

房地產是所有資產類別中的王者。單一地段或物件的價格可能會波動,但長期來說,房地產是萬無一失的投資標的。土地(與建物)能創造收入(透過租金、開發,或自用),而且終值幾乎是確定的:因為我們無法再增加土地。此外,房地產有好幾種稅率優惠。如果你的能力許可,房地產是長期投資的首選。

不過,任何投資都有缺點,房地產有兩個。首先,房地產的流動性幾乎比所有其他投資方式更低。買方不好找,交易成本也很高。事實是,當你買了一塊土地,一開始就是虧損的,因為你必須付仲介費、估價費(有時還有測量費),還有一堆

政府機關的規費，而且等到你將來要出售土地時，這些費用還要再付一輪。第二，光是擁有房地產，就需要持續支出費用，包括房屋稅、保險費、維護費。連空地都可能有維護成本：圍籬、保全、防火與防洪工程、前任持有者還可能留下廢棄物需要處理等等。但往好處想，你有可能在土地上挖到石油或黃金，記得買土地時要一併取得礦產權。

總而言之，房地產有可能是很棒的投資，但就像資本主義體系裡多數的絕佳投資機會，你需要先有錢才能賺錢。投資房地產代表你必須擁有大量資金，可以被土地綁住很多年，還能有足夠的流動現金來支付持有成本。如果你不是億萬地產大亨，你能接觸到的房地產投資機會其實相當有限。

對多數人來說，最重要的房地產投資就是自己住的房子。對本書多數的讀者而言，自己住的家就是此生最主要的資產配置之一。對於幾乎所有人來說，買房子都是一輩子最大的一筆購買、最大筆的貸款，也是每個月預算中最大筆的支出。這種投資可以成為我們人生中強大的穩定力量，因此購屋通常被視為邁向財務保障的里程碑。這種看法也促使美國與其他國家制定鼓勵買房的稅制與經濟政策。人們對於買房還是租房比較好，還持續有一些爭論。在某些情況下，買房子可能真的不是明智之舉。但一般來說，我強烈建議大家把購屋視為取得財務保障的重要一環。和本書多數的忠告一樣，買房子的建議也基

於兩個層面：經濟面和個人面。

首先是經濟面。從歷史來看，住宅房地產一直是很好的投資選擇。要把房子的價值與其他投資的價值相比較，是很複雜的工作，因為稅的處理方式不同，持有房地產的成本與優點不同（前面提過：不用付房租，要付房屋稅），而且房地產有很強的地域屬性。在氣候和天然資源條件好、鄰近就業市場等成熟地區的房地產，因為一直有穩定增值的紀錄，是較好的投資標的。在偏遠、開發中地區的首購型住宅區，購屋成本會比較低是有原因的。2008年金融危機時，就導致很多投資邊陲房地產的家庭失去了財務安全。但長期來說，房地產與其他資產類別相比擁有稅務優勢，在可靠性上也遙遙領先。

在美國，稅法規定出售自住房屋時，前250,000美元的資本利得免稅（夫妻合併申報則為500,000美元），還可以扣除修繕成本，減少應稅利得的金額。因此，如果你以400,000美元買了房子，五年後以500,000美元的價格售出，這筆交易你完全不需要繳稅，因為你的資本利得只有100,000美元。至於投資型房地產（你自己不住在裡面）則有另外的遞延納稅與最低額度條款。美國聯邦與州政府也為首購族與中低收入戶提供了各種購屋計畫，某些情況下，你甚至可以從退休帳戶提取一些資金作為頭期款（雖然金額不高），而不用繳納罰金。

增值不是買房的唯一經濟效益。房屋是唯一可以用來自住

的投資，而你總是需要一個住的地方。居住在都會區的千禧世代，有些人可能要用超過50%的收入來付房租。買房之後要付房屋稅、保險與維護成本，但除非你非常倒楣或真的很不會管理，否則你省下的房租應該還是會超過你持有房屋的成本。

多數人買房子都需要貸款，而且利息相當可觀。從2010到2020年，低利率使買房變得更有吸引力。儘管利率在新冠疫情後回升，但也不太可能回到1970年代的二位數利率。由於房屋貸款是一種抵押貸款（你付不出房貸，銀行可以把你的房子拿走或賣掉），它的利率比其他消費者信用貸款更低，因為借款人的風險等級比較低。即使你有能力不貸款就買房，也要考量投資的機會成本，如果房貸利率低於其他投資的報酬率，貸款購屋仍是划算的選擇。

美國稅制還提供另一個購屋優惠，雖然近幾年變得沒那麼優惠了。美國從1913年開始課徵所得稅以來，房貸利息一直可以從應稅所得中扣除。這項政策依然存在，但由於稅法改變，只有少數購屋族適用這項扣除，才會有明顯的經濟效益。2017年通過的減稅與就業法案（2017 Tax Cuts and Jobs Act，又名川普減稅）將標準扣除額加倍（從6,000美元調至12,000美元，夫妻也調為雙倍），這個變動大幅抵銷了房貸利息扣除額的優惠，除非你的房貸金額很高，或是有其他的大額扣除額，否則使用標準扣除反而更有利。這項措施造成的影響很大，調整之

前，有21%的美國納稅人申報房貸扣除額。但到了2018年，只有8%的人申報。家庭收入在100,000到200,000美元之間的納稅人，申報房貸扣除額的比例從61%驟降至21%。

我強調這個變動，是因為過去一百年來，房貸利息扣除額一直是決定買房的重要因素。因此，你聽家人朋友的建議，或是2018年以前出版的任何資料（2018年之後還是有很多人這樣寫），都還是在宣傳這個觀念。房貸扣除額或許仍適用於你的情況，但不要單純因為你的叔叔這麼說，就跟著照做。稅法經常改變，買房之前要先研究一下現行法規。如果你現在已經準備好要買房，那代表你可能需要專業的稅務諮詢。

儘管如此，房貸扣除額從來不是購屋的主要原因，對許多人來說，買房子依然有經濟效益。因為除了經濟面考量，還有個人層面，房貸就是一種「強迫儲蓄」。意思是，你每個月會很自律地去繳房貸，因此幾乎都會還款。如果沒買房子，即使你有很強的意志力，也很難每個月從收入中拿出1,000美元存到投資基金帳戶。房貸還款會逐漸減少你欠銀行的錢，因此逐漸提高你對房屋價值的持有比例。

持有房屋是對財務保障與經濟穩定的一種承諾。房屋的低流動性可以是優點，因為一旦買了房子，你就會更投入於社區鄰里、甚至是你的工作。受限會促使你更專注，專注會使你比有彈性的時候更快達到目的地。回想一下我在「時間」那一部

提到的改變。你有可能會在年紀漸長之後開始安定下來,開始更喜歡落地生根和穩定的感覺。因此,即使買房子現在看起來似乎會限制你的自由,但是在十年後,你非常可能會把你的家視為你的避風港。如果你現在還很年輕,千萬不要以為你這輩子都會想過著隨時準備好搬家的日子,房東一旦要收回房子,你可能必須在三十天之內搬家。

然而,也有相反的情況。落地生根固然很好,但當你要移動的時候,就覺得不好了。在房價行情好的時候賣房子成本很高,但是在行情差的時候迫不得已要賣房,你會很痛苦。因此買了房子之後,你有可能因此必須放棄某些工作機會、或是提升生活品質的機會。(出租你的房子可以解決這個難題,甚至在某些市場條件下幫你賺錢,但這個選擇涉及風險,需要謹慎管理。)最後,房子都需要維護,也附帶納稅的義務,而且我向你保證,你買家具和裝潢的支出,一定會超出你原本的規劃。

除了自住的房屋,你也可以投資其他類型的房地產。持有投資型不動產是把收入轉變成資本、並建立財務保障的絕佳方法。但這種操作的挑戰在於會產生許多經常性費用。這雖然是一種「被動」收入,但你其實有很多事要做。那也是為什麼我前面提到了我個人持有投資型不動產的經驗,因為它很像是一份副業(或甚至是正職)。如果你很自律、細心、喜歡動手修

東西或是樂意去聯絡承包商處理修繕事宜,當你對地區性市場有深入的了解與人脈,能堅定地與房客協商和執行協議,最重要的是,你有時間可以用對的方式做這些事,那你可以認真考慮購買投資型不動產,然後出租或轉賣。先從小型標的開始,再逐漸擴大規模。

你也能透過財務金融公司投資房地產。房地產投資信託基金(通常)是房地產控股上市公司,有非常多的民營集團在全國各地持有房地產,從資助單一開發計畫(像是購物中心或是辦公大樓)的小型財團,到擁有數十億美元資產的跨國控股公司都有。上市房地產投資信託基金受到的監管較多,比較有保障,對於民營集團的房地產投資,你可能自己要做更多的功課。一般而言,這些投資會比較像投資股票,而不是房地產,因為你投資的是管理團隊與商業模式(只不過他們是在房地產業、而不是軟體或運動鞋產業)。

商品、貨幣與衍生性金融商品

還有一些屬於經濟活動邊緣的資產類別,是你可以投資的選擇。大宗商品與貨幣本身都是實質資產。大宗商品指的是石油、黃金或玉米這類原物料,而貨幣則是金錢本身,這類資產主要在具高度流動性的市場進行交易。大宗商品的價格深受世

界現實狀況的影響：例如，氣候對天然氣與許多農產品的價格有很大的影響，全球製造模式的變化也會影響原料的價格波動。

貨幣的價格通常會反映該國的經濟狀況，尤其是利率，高利率會使貨幣更有吸引力，因為投資那種貨幣可以得到更高的報酬。加密貨幣（最為人所知的是比特幣）的交易情況主要取決於市場對加密貨幣這種資產類別的情緒，從加密貨幣的交易歷史來看，價格波動非常劇烈。未來，加密貨幣有可能成為獨立的貨幣，並列於政府發行的法定貨幣，成為穩定且持久的交易媒介或價值儲藏工具。不過，至少截至2023年為止，在技術與社會層面仍存在許多挑戰。

你應該不會直接投資這些資產，而是透過投資衍生性金融商品，這是為了反映這些資產未來的價格變動風險而設計的。「期貨」是以商品為基礎的衍生性金融商品，而以股票為標的則稱為「選擇權」。基本上，你押注的是對未來價格變化的預期。

衍生性金融商品在金融市場扮演很有趣的角色，因為它既可以用來降低風險、又可以用來提高風險。它的主要功能是讓企業與投資人能針對特定市場的風險做「避險」。最典型的例子是單一大宗商品的生產者，像是黃豆農民或金礦開採業者。這些生產者的生計高度仰賴商品的價格，如果大幅跌價，這些生產者可能面臨破產風險。

衍生性金融商品提供高槓桿投資機會，使承受這類風險的公司能夠針對不希望發生的結果進行對沖，當價格走勢對其不利時，衍生性金融商品的報酬就能抵銷公司的營業成本。例如，一家金礦開採公司可以押注金價下跌，以對沖自身的金價風險。反過來說，大量採購黃金的公司則可押注金價上漲。這在本質上就是買保險。同樣的，跨國企業必須承受貨幣價格波動的風險，如果你以美元付員工薪水，但銷售收入是以歐元計價，當美元兌歐元升值（也就是每單位歐元能換得的美元變少了，因此你需要用更多的歐元換成美元支付員工薪水），情況就會對你不利。這時公司可以押注美元走強，來避開匯率風險。

當然，必須要有人站在對賭的另一邊才行，因此會有許多專業金融玩家下場尋找高風險、高報酬的投資機會。衍生性金融商品有可能變得非常複雜，比較極端的例子有時被稱為「特殊型衍生性商品」（exotic derivatives），這種衍生性商品在2008年的金融危機中扮演了重要角色：當時銀行在交易「擔保債務憑證」（collateralized debt obligations）時，根本也不清楚這些產品的結構，結果在房市衰退時面臨數十億美元的損失。

一般散戶投資人可能最常接觸到的衍生性金融商品是股票選擇權。這跟公司給你的員工認股權不同。購買選擇權，是指在約定期間、以約定的價格（稱為履約價）買進或賣出特定

股票。買進股票的選擇權叫作「買權」，基本上代表你押注股價會漲。反過來說，在約定價格賣出股票的選擇權叫作「賣權」，代表你押注股價會跌。

期權交易會吸引散戶投資人，是因為高槓桿。幾百美元的買權可以在短期內帶來數千美元的獲利。不過，某些類型的合約也有可能造成遠遠超出投資金額的巨大損失。金融市場上，能讓你賠超過下注金額的情況並不多，但選擇權交易就是其中之一。

選擇權市場與所有的衍生性金融商品市場，通常都由經驗豐富的專業人士主導，他們的工作就是了解市場的每個細節。這些交易者通常不靠個別合約賺錢，而是以不同的條件組合多個合約，用「跨式」（straddle）、「勒式」（strangle）和「鐵蝶式」（iron butterfly）這種花俏的策略名稱，創造各種組合。相較之下，單獨買賣選擇權的散戶就像是小魚，很容易會被大魚吞掉。

在特別情況下，個人也可以像機構投資人一樣，用衍生性金融商品來避險。舉例來說，如果你的居住地和工作地在不同國家，就需要承受匯率風險。如果你持有公司發的無流動性股票，可能面臨過度集中在某產業或地區的風險。又或者，你的其他投資也可能使你承受巨大的利率風險。在這種情況下，衍生性金融商品能發揮保險的功能，花一點錢買高槓桿產品，為

潛在損失提供保障。我自己也曾用選擇權創造現金流，保護我想長期持有的大量單一股票。

投資人運用衍生性金融商品的方式有無限多種，包括使用選擇權來微調投資組合的內容。然而，單純以散戶身分進行零星選擇權交易並不是投資，而是賭博。賭博可以是有趣的消遣、也可能變成毀滅性的沉迷，或是介於兩者之間——但它不是投資。

基金

與散戶投資人有關的最後一種金融資產，與其說是一種資產類別，更像是一種評估其他資產類別的工具。而這也應該是你接觸這些資產類別的主要方式。你的長期錢桶（你未來的養老金）應該主要投資在基金。我把基金放在資產類別的最後來討論，是因為基金涵蓋了所有的資產類別。我認為了解金融體系是非常重要的事，但站在長期投資的務實角度，基金無疑是最重要的投資選擇。

基金非常多樣，但基本模式就是匯集眾多投資人的小額資金，由專業投資團隊依據公開的投資策略進行大額投資。基金依照購買、收費以及投資方式分成很多種。

典型的基金模式是共同基金。近年來，ETF簡化了流程，

提供一種更有成本效益方式，讓投資人透過單一商品持有分散的投資組合。ETF除了比共同基金更容易買賣，也有稅務上的優勢：因為有些共同基金的交易會產生應稅所得，即使你只是被動持有這些基金。

基金會採取各種交易策略。「主動式管理基金」通常很複雜，而且依賴人為分析，管理費也很可能較高，散戶應該避免投資。相對的，「被動基金」則是根據演算法來配置，最簡單的策略是追蹤某個大眾化指數，像是標普500。有不少投資公司提供追蹤標普500的ETF，而且手續費很低。其中最有名的是ETF的始祖SPDR（代號：SPY），從1993年就開始讓投資人能靠單一證券跟隨標普500的表現。有些ETF追蹤的是其他的指數，像是羅素3000指數，涵蓋了幾乎所有的上市股票。另外也有按照特定交易策略的ETF，以及投資貨幣與大宗商品市場的ETF。

所有的基金都會收取管理費用，而這些費用通常是多層次，不易看懂。共同基金的費用結構可能比ETF更複雜，這也是ETF勝過共同基金的另一重點。你需要關注的數字是費用率（expense ratio），這個比例應該要很低，遠低於1%，而且愈低愈好。共同基金有時會收取申購、贖回或其他服務的費用，而ETF的交易就像是股票，現在通常不收任何交易手續費。

近年的另一個創新產品是「機器人理財顧問」，你把錢存

進指定帳戶，投資公司會根據演算法進行配置。儘管機器人理財的費用通常很低，但就算是很低的費用，在長期的複利效應之下也會很可觀。再者，大部分的機器人理財顧問只是把你的錢配置到幾個ETF或是共同基金。如果你已經讀到本書的這部分，你可能已經擁有足夠的知識和興趣，不需要付費給機器人理財顧問，也能自己購買ETF。

在討論估值的時候，我曾解釋無風險利率的概念。這是你對任何投資應該要求的最低報酬率，你的投資必須至少優於把錢存在銀行。如果那是基準線，標普500的ETF就應該是你長期投資的參考基準。我的意思是，你無法靠銀行存款的利息致富，投資必須冒更高的風險，來獲取更高的報酬。追蹤標普500的報酬率（從1957年指數創立到現在，年化報酬率是11%，過去二十年約為8%），已被證明是獲得報酬率的可靠方法。

如果是短期投資，標普500是高波動的投資。千萬不要把你今年要用來付房貸的10,000美元拿去投入標普500，那筆錢應該要存在無風險儲蓄帳戶。至於你用來超越通膨並轉為財富的長期基金，標普500 ETF是合理的投資選擇。你應該從風險與報酬的觀點評估替代方案選項。如果某個投資的報酬率高於8%，你要想一下，你需要多承擔的風險是多少？它的獲利潛力可能值得你用長期基金投資。如果它的報酬率低於8%，

你要思考，它可以多給你多少保障？你在幾年之內需要用到的錢，可能需要這種保障，但對於你的長期基金，你要多冒一點險。

對不同的資產類別進行長期投資，配置方法有很多種。每一種方法都有經濟學家支持，但理財顧問通常會建議，年輕時主要投資在公司股票，把少數資產放在低風險投資，像是公司債券，隨著你愈來愈接近退休年齡，逐漸把配置朝低風險方向調整。有一個方法叫作「100減去年齡原則」，意思是你放在股票的資產應該占的比例，是100減去你的年齡（例如，如果你現在三十五歲，那麼你應該把65％的長期投資放在股票，35％放在債券）。然而，經濟學家羅伯特・席勒（Robert Schiller）在2005年分析了不同策略，發現投資績效最好的方式（而且大勝其他的投資方式），是100％投資公司股票，把較保守的投資納入投資組合，只會降低投資報酬（席勒對股價的分析使他在2013年贏得諾貝爾獎）。

如果你的職涯路徑正朝向高收入的方向發展，而且你已經培養出紀律，能穩定存錢在中期錢桶，那我建議你趁年輕時，把多一點的長期投資放在高風險、高報酬的標的：多投資高成長股票，少投資或是不投資債券這類的低風險標的。

15
投資的終極魔王：稅務

在所有機構中，我與美國國稅局（IRS）的關係恐怕是最矛盾糾結的。IRS的工作人員為了確保國家的稅收而默默做著吃力不討好的工作。古羅馬哲學家西塞羅（Cicero）曾說，「稅收國家的支柱」，因為稅收為國家安全、基礎建設與社會投資提供資金。如今，愛國主義已經不再流行了（那又是另一個話題），但如果你認為美國政府有哪些事做得不錯，無論是天氣預報、指揮航艦、還是投資綠能（我認為這些都是很棒的政績），請別忘了這背後都是因為有IRS持續努力徵稅的結果。基於這點，我真是愛死IRS了。

但同時，IRS也向我徵稅。我做的每一個有智慧的投資決定、每次我賣掉我的公司、我賺的每一塊錢，更別提我付給數

百位優秀員工的每一份薪水（那些人為我努力工作，成就了我的今天），IRS都在背後緊盯著我，等著收保護費。從這個角度，我真是恨死IRS了。

你能做的，就是盡可能透過所有的合法方式減少自己的稅務負擔，當你繳稅時，你知道自己盡了應盡的義務。美國士兵若淪為戰俘，有義務盡力設法逃脫。同樣的，我認為所有的公民也要盡對國家與家庭的雙重義務，在合法範圍內繳最少的稅。我剛才是把政府比喻成戰場上的敵人嗎？沒錯，我說過，我內心對這件事非常糾結。

總之，撇開我個人的情緒，我們如何在合法範圍內繳最低的稅？稅務規劃有三個關鍵步驟：提高意識、建立理解，與善用協助。

你需要隨時敏銳的意識到一件事：稅負無所不在，無論是賺錢、投資還是消費，每一個財務決定（包括選擇不採取行動）都會有稅務問題。有些比較明顯，很多並不容易觀察到，這些稅的影響都可能大幅左右你長期努力的財務結果。**你需要培養一種近乎偏執的稅務意識。**

要把這份意識轉化為正確行動，你還需要對稅的一般運作以及稅收制度的設計有基本的了解。你在全年度的財務決定上都應該考慮到稅，而不只是報稅季的時候，到了報稅的時候，大局往往已經底定。我的經驗與理解主要是針對美國的稅制，

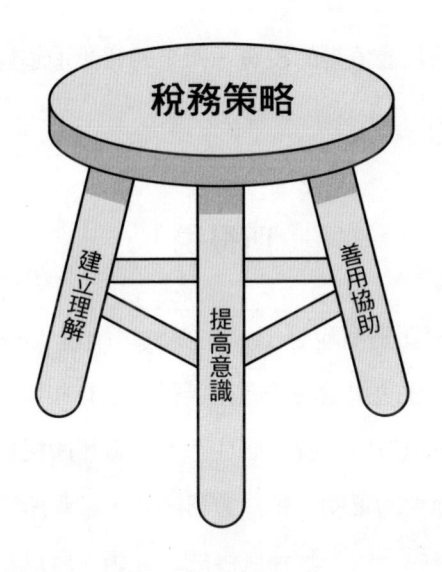

```
         稅務策略
        /  |  \
   建立理解 提高意識 善用協助
```

但許多重要的觀念在全世界都普遍適用。

　　我接下來會討論你需要了解的基本概念，但在那之前，我想先強調第三個步驟：**不要孤軍奮戰**。在你的職涯早期階段，尤其是領固定薪的情況下，你的稅務可能相當單純，可操作空間也不多。接下來解釋的觀念應該能涵蓋你大部分的需要，但你還是可以針對自己的情況額外查詢。隨著你的收入增加，也開始投資，又或者你是自由接案工作者或是創業家，或許購買了房地產或其他複雜的資產，你要準備尋求專業的稅務協助。一開始你可能只需要找別人幫你報稅，但很快你就會發現自己需要更全面的稅務規劃與建議。你要積極尋找專業人士協助自己。我認識一些最聰明、最認真努力的人，就是我的稅務律

師。他們也是我最值得的投資，帶來的報酬遠超過我付給他們的錢。

所得稅

所得稅，就是萬稅之王。在美國，納稅人需要繳納聯邦所得稅，在多數的州還需要繳州所得稅，有些地方（例如紐約市）還會加徵地方所得稅。居住在不用繳州所得稅的州，對於累積財富有極大的幫助，稍後會再細說。聯邦所得稅占最大的比例，州所得稅可說是聯邦制度的迷你版，所以我們會聚焦在聯邦所得稅。如果你已經自己報稅很多年，你對於接下來的內容應該相當熟悉，但就像金融市場的一般性原則，有時後退一步看見整體架構，可能可以幫助你有更深的理解。

所得稅按字面意思就是從你的所得抽取一定百分比的金額做為稅款。這個概念包含兩部分：稅率和所得額。政論節目討論稅的議題時，通常聚焦在百分比，因為稅率很直觀、容易理解。不過，美國稅法有兩千六百頁，而真正列出個人所得稅率的表格，只占不到一頁的篇幅。（收錄在美國稅法第二十六編，A副標題，第一章，第A小章，第一節。）其餘大部分的篇幅都在說明所得的計算方式。

在稅務領域，「所得」指的不是你賺了多少錢，而是指用

來計算納稅義務的一個基準數字（通常比你賺的錢少很多）。我付錢請稅務律師，不是為了要知道我適用的稅率，而是要盡量降低我需要被課稅的所得額。你也應該這麼做。

你的第一道節稅防線，就是讓某些金流不會成為所得。其中最大筆的一項，就是借貸資金，借來的錢不是所得，所以無需課稅。當你貸款買房子，你不需要為你借來的錢繳稅。當你透過房屋淨值貸款向銀行借錢，也是同樣的道理，那筆錢需要付利息，日後也必須償還本金，但當下是免稅的。這也是許多超級富豪合法避稅的主要方式之一。像貝佐斯與馬斯克這些科技公司創辦人，他們的薪酬主要是公司股票，但他們不太會出售那些股票。相反地，他們用那些股票作為擔保品，用非常低的利率向銀行借大額貸款，再用那些免稅的貸款資金支應奢華的生活開銷（支付的利息還能減稅）。這麼做的另一個好處是，這些公司創辦人依然能持有公司股票，在公司保有投票權。私人企業的老闆通常仰賴公司營運，來支持他們的生活方式，像是由公司支付他們旅遊與娛樂的費用。公司老闆最後還是要付那些錢，因為那些成本還是來自營業利益，但他不需要為那些錢繳所得稅，而是以降低公司獲利的形式呈現。然而，過度運用這種策略，可能會形成逃漏稅風險，而且會讓企業負擔的責任延伸到公司老闆的個人資產。

另一個讓錢不被列入所得計算的方法，就是讓別人（或別

的法人）承接那筆收入。有些投資人與企業家會設立公司，把各種活動的收入歸到公司名下，而非個人名下。這種做法有時會搭配在低稅賦司法管轄區（像是開曼群島）設立公司，但並不一定要這麼做。在某些情況下，也可以將收入轉移給家庭成員。許多專業合夥人，像是律師事務所和醫療機構，也會用事務所和診所收取業務執行費，減少或延後計算個人應稅所得。

不過，我們收到的錢大多還是應稅的。應稅所得主要分兩類：經常性所得與資本利得。經常性所得主要是薪資。資本利得指的是出售資產（像是股票和房產）所得到的獲利。稅率雖然不時會改變，但在美國，資本利得的稅率會低於經常性所得稅率。

資本利得稅率會因收入與地區不同而有差異。聯邦層級的資本利得稅率，從低收入戶的0％，到最高所得級距的23.8％。在州政府層級，各州對資本利得的稅率從0％到10％或甚至超過。*如果發生資本損失（當你賠錢出售資產時）則可以扣除所得，目前的最高扣除額為每年3,000美元（超出的部分可以延展到未來的年度）。

很顯然，資本利得比經常性所得更有稅務上的優勢。然

---

* 你需要知道兩個重要的限制：第一，你必須持有資產至少一年，才能享有較低稅率。第二，遞延納稅計畫（像是401(k)或IRA退休帳戶）在取得投資獲利的時候不會課稅，但所有的提款會以一般所得稅率課稅，即使獲利來自資產出售。

而，你無法在取得收入之後變更所得類別，因此，你可以也應該在規畫財務時就把這件事列入考量。資本利得的稅務優勢，也讓投資成為累積財富的重要方式。同時，靠買賣資產賺錢的職業也會享有這項優勢，例如避險基金、私募基金與房地產。當然，稅率很低還是要繳稅，當你的股票在牛市一飛衝天，或是在房市上揚時購置租賃不動產，都很容易會忘記稅的問題，但 IRS 可不會忘記。

接下來談經常性所得。降低經常性所得的主要的方法，是運用扣除額。扣除額是國會立法決定，可從應稅所得額中扣除的費用。制定這些扣除額的理由很多，有些原因則令人難以理解，從合理到荒謬無比的例子都有。

然而，對多數人來說，扣除額現在的節稅作用已經不如以往。事實上，只有10％的納稅人會用逐項列舉，而不是使用標準扣除額。以2023年為例，納稅人的標準扣除額是13,850美元（夫妻為兩倍）。單身人士的年收入若為100,000美元，在標準扣除額的優惠下，他的應稅所得為86,150美元。不過有一點要注意，採用標準扣除額，就不能採用其他的扣除額。（但像401(k)與IRA退休帳戶的提撥仍可扣除。）在實務上，列舉扣除額的金額必須超過標準扣除額，否則沒必要使用。對九成以上的納稅人來說，最划算的都是採用標準扣除額。

對於採用列舉扣除額的10％納稅人來說，兩筆最大的扣

除額分別是州所得稅與房貸利息支出（注意，不是整筆房貸，只有利息，而在貸款初期，還利息的比例最高）。其他重要扣除項目還有醫療費用、大部分的慈善捐款、部分教育費用，以及退休金提撥。許多扣除額（像是學貸利息）會隨所得級距愈高，而逐漸不適用。

　　了解標準扣除額的角色，以及稅務扣除的意義，是很重要的，特別是某人告訴你某項支出「可以抵稅」的時候。多數的扣除額（包括慈善捐款）只適用於列舉扣除。但別忘了，九成的納稅人都是採用標準扣除額。除非你有房貸，否則你的列舉扣除額不太可能高於標準扣除額。即便你採用列舉扣除額，許多扣除額（像是學貸）也會受限於所得上限，通常大概落在年收入100,000美元上下。最後，就算你能扣除，也是從你的所得、而不是你的稅款中扣除，所以你只能省下大約三分之一的扣除額，要視你的稅率而定。

　　此外還有不同類型的稅額抵減，適用對象主要是低收入戶，有些抵減甚至還能退稅。勞動所得稅額抵減與子女稅額抵減是社會安全網計畫的重要項目，透過所得稅制度的抵減來發放福利。

　　自雇工作者（也就是自由工作者）面對的情況比較複雜。好消息是，與工作有關的費用，像是差旅費用和購買設備，都可以從收入中扣除（即使採用標準扣除額也行）。壞消息是，

自營業者需要負擔原本是由雇主繳納的稅。因此他們需要在一年當中分次預繳稅款，而不是像一般工作者在4月15日一次繳清。如果你的自營收入很高，很可能需要專業的稅務顧問服務。

當這些都計算完畢，你的應稅所得額已經確定後，才會決定你適用的稅率。不過，所得稅率不是單一數字，而是累進稅率，意思是所得愈高、稅率也愈高，但只有超過的金額部分才適用較高稅率。舉例來說，2022年單身納稅人的報稅結構：所得前面10,275美元適用稅率是10%，接下來的31,500美元適用稅率是12%，接下來的47,300美元適用稅率是22%，以此類推，直到所得超出539,900美元，稅率最高達37%。這一點很重要，賺更多錢會提高你的整體稅率，但不會回溯加重你被課過的稅。整體來說，你不會因為賺更多錢而受到懲罰，只有多賺的錢才適用較高的稅率。

高收入陷阱

隨收入增加而提高稅率的稅制，被稱為累進稅制（這是經濟術語，不是政治用語）。累進所得稅制被廣泛採用，是因為它考量了收入的邊際效用。對於年收入30,000美元的人來說，每多繳一塊錢的稅，對他的生活品質影響都很大；對於年收入

300,000美元的人來說，一塊錢的負擔相對就沒那麼重了；對於年收入300萬美元的人而言，一塊錢的稅幾乎無關痛癢。因此，累進稅制對所得低的人課輕的稅，對所得高的人課重稅。請留意，只有所得稅採累進制。營業稅、房屋稅、汽車登記稅，以及其他稅都是「累退」的：無論所得高低，每個人付的錢一樣多。對收入低的人來說負擔就比較重。

美國的稅制，在一定程度都是累進制，但當你到達最高級距門檻（目前為年收入539,900美元），就會趨於平坦。因此，所得稅對於高收入專業人士的影響最大：醫師、律師、工程師、高階主管，他們的薪資使他們很接近最高稅率，但又沒有超過。而且，真正的富裕階層還會運用各種方法降低稅負。巴菲特就曾說過一句名言，他的稅率比他的祕書更低。

假設有兩個家庭，一個家庭的年收入是500,000美元，另一個家庭是200萬美元。第二個家庭的稅率會略高於第一個家庭（如果他們沒有聘請巴菲特的稅務律師）。假設他們都住在高稅率州，兩家繳的稅大約都會是收入的50%。占比相同，但對生活品質的影響大不相同，收入較低的家庭受到的影響較大。不僅是因為金錢的邊際效用遞減，更是由於富足生活的基本開銷（例如私校學費、退休存款、汽車與房屋貸款還款）都集中落在年收入500,000美元以下的區間。資本主義永遠有東西可以賣給我們，但當你的稅後收入超過500,000美元，剩下

受所得稅影響的程度

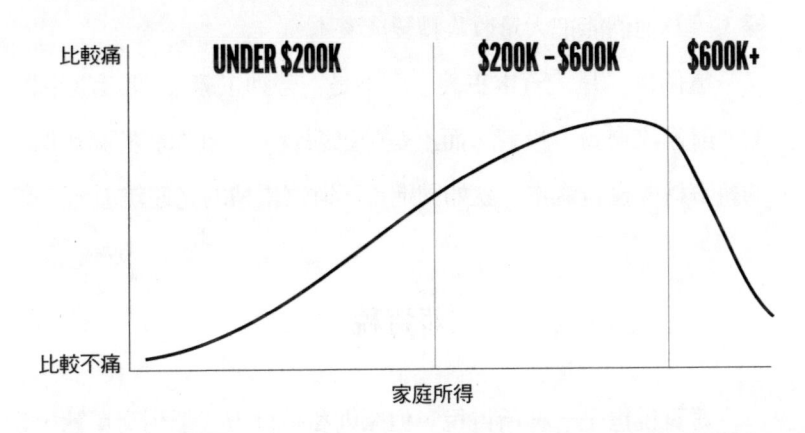

比較痛　UNDER $200K　　$200K - $600K　　$600K+

比較不痛

家庭所得

的支出多半都是奢侈花費。第一個家庭的年收入從500,000美元課稅後變成250,000美元，比第二個家庭的年收入從200萬美元變成100萬美元，感受到的變化會劇烈非常多。

然而，故事只講了一半。如果把時間範圍再拉長，稅金對收入500,000美元的家庭影響會更大，因為收入較高的人能把更多的錢轉換成資本。年收入200萬美元的家庭，每年如果用500,000美元來過生活，他們享有生活品質仍會遠高於年收入500,000美元的家庭（繳稅後只有250,000美元可支配）。就算第二個家庭每個月支出超出40,000美元，每年依然能存下500,000美元。若將這500,000美元投資在報酬率8%的標的，十年後就會擁有近800萬美元的資金，每年產出超過600,000美元的投資收入（以資本利得稅率課稅）。高收入者稅率確實較高，但他

們的生活品質絲毫不受影響，他們創造財富的速度也沒有減緩，因為他們能把大量收入轉變成資本。

這個世界是「資本主義」而不是「勞動主義」，是有原因的。財富來自資本投資，而不是勞動薪資。一旦你能把高比例的薪資轉成投資資本，就如同進入了財富累積的光速航道。

薪資稅

薪資稅也是一種所得稅，但原則和執行方式都相當單純，尤其對受薪階層，薪資稅會自動從每個月的薪資預扣。不過，對自營工作者來說，薪資稅是個討人厭的負擔。

美國聯邦薪資稅有兩種：社會安全保險（social security）與聯邦醫療保險（Medicare）。社會安全保險稅率為12.4%，其中一半由雇主負擔，所以你會在薪資單上看到6.2%的薪資稅。雖然一半由雇主負擔，但別被騙了，你的公司在雇用你的時候就已經把另一半考慮到薪資成本中了。社會安全保險稅有繳納上限，2023年的級距上限為160,200美元，如果你的年收入高於那個金額，在這個睡向上就不需要付更多的稅。醫療保險稅率為2.9%，同樣一半由雇主負擔。但醫療保險稅沒有上限，高收入者的稅率會略高一些。多數的州政府也會課州薪資稅，不過稅率通常很低，課稅上限也很低。

如果你是受薪階層，絕對逃不掉薪資稅，這部分沒有扣除額，甚至連你的退休自提也適用薪資稅規定。如果你是自雇工作者，很容易會忽略薪資稅，但它的負擔其實很大，因為你必須同時繳納雇主與受雇者的稅額，而且課稅級距160,000美元以下的薪資稅率合計為15%。

有效稅率與邊際稅率

所得稅採累進制，而薪資稅有上限，這代表我們收入的每一塊錢並不是以相同的稅率課稅。對某些人來說，這個差異有可能大到足以影響人生重大決定。

最重要的概念在於區分「有效稅率」與「邊際稅率」。聽起來很枯燥，但請你忍耐一下，因為這個觀念對你很重要。有效稅率指的是你實際繳納的稅額，邊際稅率指的是你的收入每增加一美元所增加的稅額。假設有一對夫妻，一方的年收入是200,000美元，另一方負責照顧家庭和孩子。假設他們有房貸，也有明智的節稅規劃，他們的應稅所得額為130,000美元，聯邦所得稅加上薪資稅總額為32,000美元，換算下來，他們的有

效聯邦稅率為16%。*

　　如果夫妻其中一人重返職場呢？原本16%的有效稅率，已經使用了這對夫妻的扣除額、其中一位配偶的社會安全保險稅上限與所得稅級距等優惠，新增的收入會被用較高的稅率課稅。如果重返職場的配偶年收入變成100,000美元，這筆收入全部會被算成應稅所得額，導致這對夫妻要多繳30,000美元的聯邦稅，邊際稅率為30%。如果新增的100,000美元收入用原本的有效稅率16%來計算，會低估14,000美元的稅負。在高稅率州，這個差異還會更大。

　　這類不均衡的結果在稅法中隨處可見，因此單憑現況進行推算是很有風險的。收入增加可能會意外觸發新的稅項，使我們的存款減少。同樣的，稅法的微幅更動可能導致某些節稅策略不再適用，帶來新的規劃機會。因此，掌握時機是稅務規劃很重要的一個面向。

---

* 假設他們的房貸利息和其他扣除額高到足以採用列舉扣除額，再加上退休金提繳上限，他們的應稅所得額為 130,000 美元，因此他們的聯邦所得稅為 19,800 美元，加上薪資稅 12,800，因此他們的有效聯邦稅率為 16%：（19,800+12,800）／200,000。不過請留意，美國稅法每年會更動，上述數字可能會與每年的實際情況不同。

遞延？我連那是什麼都不知道！

掌握時機是稅務規劃的關鍵。基本概念是：把你一生的收入分攤在不同年度，讓有效稅率降到愈低愈好。以一般所得來說，這代表把收入遞延到高收入年度之後（或是從高稅率地區搬到低稅率地區之後再認列）。在高收入年份，你的邊際稅率會很高，以美國聯邦最高稅率為例，應稅所得額門檻是540,000美元，稅率為37%，在高稅率州還要再加10%以上的稅。如果你能將收入從邊際稅率47%的年度遞延到邊際稅率20%的年度，每一美元的收入就能省下27美分，回報率27%的稅務影響是非常驚人的。當你把那27%拿去投資、產生複利效應，光是省下的稅金就可能使你的錢翻倍。

這就是401(k)與IRA退休帳戶的好處，讓你可以控制部分收入的課稅時間點。這些退休計畫主要分為兩類：傳統型與Roth型，哪一種最適合會根據每個人的情況而異。

401(k)與IRA的差別比較容易理解。401(k)是由雇主提供的，雇主會從你的薪資中扣除退休提撥金，存進你的401(k)退休帳戶。IRA帳戶則需要個人自行設定。此外，401(k)的年度提撥上限比IRA高很多，但前提是雇主要願意提供相關的計畫。自由工作者也能設立個人版的401(k)計畫。

傳統型與Roth型退休計畫的區分比較複雜。在傳統型的

傳統型 401(k)	傳統型 IRA
Roth 型 401(k)	Roth 型 IRA

- 現在享減稅優惠
- 59.5歲前提領需繳稅與罰款
- 73歲開始強制提領

- 未來享免稅優惠
- 59.5歲前提領本金無罰款
- 無強制提領規定

- 雇主提供
- 可提撥金額較高

- 自行設立
- 提撥金額上限低

計畫中,你當年度提撥的金額,會從你的應稅所得額扣除。如果你的所得稅率是30%,你撥1,000美元到你的IRA帳戶,你的應稅所得額就會減少1,000美元,幫你省下300美元的稅金。IRA帳戶內的投資獲益也不需要繳稅。當你最後要提領時,再繳所得稅就好。退休帳戶裡的錢要到年滿五十九歲半之後才能提領,在那之前提領不但要繳稅,還要付罰款。而年滿七十三歲後則會開始強制提領。

　　Roth型退休計畫的運作恰好相反。你在提撥當年度無法享有所得稅扣除額,但你將來提領時,就不需要繳稅。此外,你可以隨時提領Roth帳戶中的提撥本金(但不可提領投資收益的部分),也沒有強制提領的規定。Roth IRA僅限中低收入戶參加,而Roth 401(k)則沒有資格限制。

　　在最高收入時期,最好盡量提撥到傳統型401(k)與IRA,

避開高邊際稅率。但在職涯早期，如果你的收入還很低，最好撥款到Roth型IRA或是Roth型401(k)，因為此時的稅率很低，等到你退休時稅率會比較高，因為你屆時已經累積了一些財富。Roth型退休計畫還有另一個優點，需要用錢的時候可以從帳戶提領一部分的錢出來。

還有一些為特定情況設立的儲蓄與節稅計畫。529大學儲蓄計畫能協助家庭為子女儲備教育基金，而享有減稅優惠。健康儲蓄帳戶（HSAs）則可讓醫療支出享有所得扣除。這些計畫是遞延收入、降低稅負的主要方法。資本相較於勞動所得的一大優點是，你能控制報酬發生的時間點：你可以持有資產，直到需要這筆錢的時候再出售，藉此遞延繳稅，而勞動所得必須在你獲得時就繳稅。

透過退休計畫與其他投資工具，你應該把收入視為能在不同時間點移動的資源：在邊際稅率低的時候認列收入，在邊際稅率高的時候遞延收入。在最高收入時期，你的目標通常是想辦法遞延，但正確答案會隨著你的情況而改變。你的目標是設法在這一生繳最少的稅，而不是在某一年繳最少的稅。儘管如此，在職涯早期繳的稅會比在晚期繳的稅更昂貴，因為機會成本的關係（繳出去的稅就無法拿去投資了）。

16
投資老鳥的忠告

不要跟別人走同一條路

當所有人都對著同一棵樹狂吠時，我們會變蠢、最終會賠錢。不要跟別人走同一條路。一開始，資金大量注入某個產業，的確能形成一個市場，因為要啟動一個市場需要一定規模的資本。但很快的，資金愈多，進場的代價就愈大，報酬也會愈來愈少。當大家都在搶買邁阿密的公寓，或是當所有人都能輕易借到學生貸款時，公寓與教育的價格就會上漲（通膨），報酬會減少。自從有學生貸款之後，你付的學費愈多，但你的學位愈來愈不值錢。過去八十年，大學學位曾帶來極高的投資報酬率。然而，數十年來，我和那些受過高等教育的同事們每

天都在問自己:「我如何提高收入,同時減少我的責任?」這種心態造就了高等教育的奢侈品市場定位與學費的暴漲,使大學學位的投資報酬率大幅降低。約有三分之一的人無力償還學貸,因為過度投資重創了報酬。

不要相信你的情緒

任何比銀行存款風險更高的投資,都會有遇到下跌的時候。你要了解這是投資的一部分,不要過度反應。最終,你對虧損的容忍度,會決定你能走到的風險等級有多高。

當你虧錢時,記得從中學到教訓。首先,要學習了解自己。這件事對你的心理衝擊有多大?你需要花多少時間才能走出來?這可以透露你是否適合做主動型投資。其次,要檢視自己的策略。億萬富豪投資人達利歐也非常執著於從虧損中學到教訓,他的著作《原則》(*Principles*)用幾百頁的篇幅教你如何仔細分析你犯的錯,並從中學習。他鼓勵讀者詳細記錄做決定的過程,再回過頭檢視,知道自己錯在哪裡,以及未來如何避免重蹈覆轍:「我觀察到人們最常犯的錯,就是把問題當成一次性的事件處理,而不是透過問題診斷自己的運作機制哪裡出了問題,並加以改善……。徹底且精確的診斷雖然很花時間,但未來會帶來巨大的回報。」我沒有達利歐那樣的自律精

神,事實是很少人能做到,但當我花時間認真思考我犯的錯,關於我做的投資、經營決策、與別人的關係,真的就像達利歐說的,能讓我獲得巨大的回報。

這也適用於順境的時刻。你要願意獲利了結。如果某項投資的績效飆漲,無論是因為你買對了熱門迷因股,還是因為你的新創公司成功上市,你都要適時從那個資產取出部分獲利,再分散投資。心理上你會抗拒這麼做,因為昨天贏了,你會開始相信贏是一種慣性,覺得明天也會贏。但金融世界有兩條鐵律:重力法則與均值回歸。如果你聽過這樣的故事,某位創業家把房子拿去抵押,去買公司的股票,然後變成超級富豪。你也要知道,世界上有好幾百人做了同樣的事但最後破產了。我一再的為我在1997創立的公司「紅包」溢注資金,想救活它,結果在我四十歲的時候,這家公司幾乎使我破產。適時獲利了結,這是你應得的報酬,但願你是希望自己錯在賣太早。

不要當沖

主動投資與接近賭博的當沖交易之間,界線雖然不明顯,但一旦跨越那條線,就會清楚看見不同。其實,很多人也跟你一樣。在牛市,人們常常把運氣誤認為實力,把多巴胺刺激誤當成投資成功,而且這種現象會形成一股旋風。各大交易平台

也樂於推波助瀾，滿足你的成癮行為。糖尿病、高血壓，以及炫耀自己在網路券商「羅賓漢」賺到多少錢的螢幕截圖，這些都是現代工業化社會的文明病。交易不是投資，交易可能讓人覺得是在努力工作，創造生產力，但事實上就是賭博，但勝率更低，也沒有免費飲料招待。一項研究發現，在兩年期間，只有3％的活躍散戶有賺到錢。在最近一波的當沖大流行，數百萬名年輕人（大多是男性）因為新冠疫情被困在家裡，發現了像羅賓漢這樣的應用程式，裡面充滿了令人亢奮的訊息，全天二十四小時可進行交易，變化無常的加密貨幣交易成了他們的毒品。

大多數的當沖者最後只會遭受承擔得起的損失⋯⋯大多數的人。然而，有不少人的結果更為黑暗。年輕男性尤其容易上癮，因為他們比較勇於冒險。九成的當沖交易者是男性，而從事賭博的年輕男性中有14％會上癮（女性為3％）。我們大多數人可以小賭不上癮，就像大多數人喝酒但不會酒精成癮。我是說，大多數的人。

移動

你擁有許多累積財富的工具，其中威力最強大的，是把你最重要的資源（你的時間）配置在可以提供更高報酬的市場，

尤其是趁年輕的時候。過去兩個世紀以來，美國經濟之所以比其他國家成長得更快、更持續，其中一個原因就是「移動」深植於美國人的基因。「年輕人，往西部去吧。」當你年輕時，讓地域性的彈性成為你的優勢，那些比你年長的同儕可能已經落地生根，比較缺乏彈性。但無論你年紀多大，都應該隨時留意遠方的各種機會。

從高稅率州搬家到低稅率州，這樣的稅務規劃有可能改變你的一生。有好幾個州完全不課徵所得稅，包括佛羅里達州、德州與華盛頓州。（華盛頓州最近新增了資本利得稅，但扣除額很高。）所得稅當然不是唯一的考量，州政府需要資金才能運作，所得稅率較低的州，通常會課比較高的營業稅或房屋稅，但每個州的總課稅負擔會根據你的收入與支出情況，有很大的差異。

離開惡名昭彰的高稅率州，像是紐約州和加州，可以讓你的總收入每年多留下10%以上。如果你能維持所得成長軌跡，也能自律地進行節稅型投資，那麼你就已經走上軌道了，一步步朝向你的長期投資目標前進。很顯然，你住在哪裡會對你產生課稅以外的經濟影響，以及重要的個人影響。但至少，在你考慮不同的就業機會、房價和其他因素時，請務必要考慮到稅的影響。

第四部 重點整理

- **把收入轉變成資本。**資本是能「工作」的錢，它能創造價值。投資就是提供資本，來持有那個價值的一部分。要透過投資（而不只是收入）來創造財富。

- **學習了解經濟制度。**從個別企業的經營到聯邦政府的利率走勢，經濟生態系統會影響我們每一個人。這些知識應該幫助了解如何在每一個領域做決定。

- **分散投資讓報酬（而非獲利）最大化。**你的目標是創造長期穩定的利得，發揮複利效應。這代表你要將資本分散投資到不同標的，而不是集中在你認為報酬最高的單一標的。

- **把金錢視為交換時間的工具。**時間是我們最基礎的資產，我們賣掉時間，換來金錢，然後用這些錢來買別人花時間創造的成果。進行投資時，要很重視你做出這個決定所花的時間，如同重視你用來投資的錢。做購買決定時，要考慮的成本是你為了賺那筆錢，付出了多少時間。

- **風險是報酬的代價。**風險是對可能性的一種衡量，關於你賺錢或賠錢的可能性。所有投資都有風險，因此你要確定，投資的潛在報酬與風險等級相當。

- **根據可能性與時間評估報酬**。今天就在你手上的錢，比明天可能拿到的錢更有價值。明天可能拿到的錢，比一年後可能拿到的錢更有價值。可靠來源承諾給你的錢，比未知或不可靠來源承諾給你的錢更有價值。
- **把投資主力放在被動、多元、低成本證券**。ETF（指數股票型基金）是散戶的好朋友。它提供被動、分散與透明的風險。
- **撥一小部分的存款進行主動投資**。我建議把你存到的第一筆10,000美元，拿出20%來買賣個股，進入大宗商品市場，下場參賽。邊做邊學，感受一下賺錢與賠錢的滋味。詳細記錄投資金額、手續費、獲利、損失與稅金。
- **在人生適當的階段買房子**。房地產是資產類別之王，購屋是大多數人投資房地產的主要方式。它是一種強迫儲蓄，你每天都從這筆投資得到價值，它可以成為投資組合的錨。然而，當你想出航時，錨就沒用處了。持有房屋，首先是人生階段的決定，其次才是投資決定。
- **對手續費保持警覺**。金融市場靠手續費運轉，你需要從資本切一小部分，讓你的資本從這個地方移動到那個地方。手續費通常藏在小字裡，按照具誤導作用的微小比例計算，但它累積起來可能會讓你的報酬少一大塊。
- **對稅金保持警覺**。稅金是最大筆的手續費，它可能對你的投資報酬產生巨大的影響。對於任何一筆投資，除非你了解

稅的影響，否則就不算是真正了解這筆投資。
- **掌控納稅時機。**透過傳統IRA或401(k)退休帳戶遞延繳稅時間（可達數十年），進而提高你的報酬。另一方面，透過投資Roth型退休計畫，現在就繳稅，換取未來的免稅收入。根據你現在與未來預期的狀況，來決定哪個方案最適合你。
- **別理會你的情緒。**情緒很寶貴，對於做出好的決定非常重要。但投資激發的強烈情緒有可能會導致你無法冷靜評估。
- **不要當沖。**如果你想要每天做證券交易，就要把它變成你的正職。如果你有這方面的天分，這可以是一份很棒的職業。但如果它只是興趣，絕對不要沉迷。否則你不只會失去金錢，還會失去更有價值的資產：你的時間。

―――― 後記 ――――

人生的全貌

　　人生中有意義的事物，都與別人有關。你支持別人與愛人的能力，樂意讓這些人愛你的意願，都是人生中最有意義的事。獨自一人無法成就任何有深刻意義的事物。

　　當我媽媽第三次被診斷出癌症時，我們知道大概就是這一次了。在她人生的最後一個星期，她一直覺得很冷，無法控制地顫抖。無論我們把恆溫器的溫度調到多高，或是為她蓋多少條毯子，她還是在發抖。最後，我出於直覺，把媽媽抱在懷裡，就像一個父親抱著一個吃晚餐吃到睡著的孩子。然後，她就不再發抖了。癌細胞已經擴散到她的全身，她的體重剩不到36公斤，唯一能讓她得到溫暖的方式，是兒子的擁抱。直到這一刻，我人生中追逐了這麼久的成功與影響力，才終於有了意

義。我是個大人,是別人能倚賴的人。

上個週末,我把所有的時間留給兒子:「你想做什麼都行。」結果,我們去看切爾西(Chelsea)足球賽,去逛巴特西電廠購物中心(Battersea Power Station Mall)和煤礦廠購物中心(Coal Drop Mall)。購物中心⋯⋯不意外,我們買了Nike足球鞋,排隊買義式冰淇淋,然後搭電梯到購物中心的頂樓。劇透一下:所有小孩到任何有「頂樓」觀景台的建築物,就一定要上去看看。

我照顧媽媽和寵愛兒子的能力(我兒子的中間名就是我媽媽的名字),來自人類與父母的本能。而讓這些本能充分發揮作用的能力,來自我的財務保障。我有能力暫時放下工作並調度必要的大量資源,讓媽媽能在家裡安詳辭世,而不是在醫院的刺眼燈光與陌生人的圍繞下離開這個世界。成為你心目中的理想子女或父母,這個能力可能與金錢無關,然而,如果你擁有一些財務保障,就更可能陪伴在家人身邊,不被資本主義社會加諸在你身上的巨大壓力所阻礙。

找到你擅長做、而且別人願意付錢請你做的事,然後全力以赴。花的比賺的少,讓你能逐步累積資本,先是一個小隊、然後是一個師、最後形成一支龐大的資本軍團,在你睡覺的時候,也持續為你和你愛的人奮戰。分散投資,使你有能力承受世界上各種未知的影響。保持長遠的眼光,明白時間會流逝得

比你想像的更快。

做到這些，你會更快抵達真正深刻的人生境界，使你能與同樣深刻的那些重要的人，一同分享時光。這就是人生真正的關鍵所在。

人生是如此的豐富，

史考特

致謝

書和財富一樣，無法靠自己一個人創造。

意識到偉大掌握在他人手中，並且把資本（時間和金錢）用來吸引與留住員工、供應商和人際關係，是一種超能力。在整個Prof G Media團隊的協助之下，本書才能順利完成。感謝以下直接參與其中的所有人：

執行執作人：Jason Stavers, Katherine Dillon；資料研究與第一批讀者：Ed Elson, Claire Miller, Caroline Shagrin, Mia Silvero；平面設計：Olivia Reaney；行政支援：Mary Jean Ribas。

從我們在幾年前第一次提案《四騎士主宰的未來》（*The Four*）以來，我一直與相同的經紀人、出版社與編輯合作：Jim Levine, Adrian Zackheim, Niki Papadopoulos。

謝謝我的好朋友Todd Benson，我在紐約大學史登商學院的同事Sabrina Howell教授，以及熊山資本公司（Bear Mountain Capital）的Joe Day，謝謝他們對整本書的用心建議。封面設計為Tyler Comrie。

我在書中提到了賽・柯德納的故事，他是一位股票經紀人，很關心當時才十三歲的我。導師極其珍貴，不只是因為他

們會給我們很實際的忠告與支持，也因為他們的人情味。柯德納協助我購買第一支股票的四十年之後，因為他以及許多前輩的緣故，我每天都能享受富足的生活，有他們這些前人種樹，我們這些後人才能乘涼。我得到許多導師的祝福，而柯德納就是第一人。

　　David Aaker教授啟發我創立一家品牌策略公司，這家公司非常成功，他功不可沒。我第一次參加企業董事會議，就是Warren Hellman帶我去的，他教我何時該說話、何時該傾聽。Pat Connolly相信我的能力以及我們的第一家公司「先知」，他使我們能在1990年代開始與廚具家用品Williams-Sonoma合作。這個致謝名單可以一直延續到現在。本書的存在是為了向許多人致謝，他們幫助我建立了財務保障，並能夠專注做一個好公民和好父親。

參考資料

序章　財富的底層邏輯

11　**擁有你想要的**：Sheryl Crow and Jeff Trott, "Soak Up the Sun," *C'mon, C'mon*, A&M Records, 2002.

12　**錢不說話**：Bob It's Alright, Ma (I'm Only Bleeding)," *Bringing It All Back Home*, Columbia Records, 1965.

12　**年所得中位數的六倍**：Eylul Tekin, "A Timeline of Affordability: How Have Home Prices and Household Incomes Changed Since 1960?" Clever, August 7, 2022, listwithclever.com/research/home- price-income- historical- study.

13　**首購族的占比**：Ronda Kaysen, "_'It's Never Our Time': First- Time Home Buyers Face a Brutal Market," *New York Times*, November 11, 2022, www.nytimes.com/2022/11/11/realestate/first-time- buyers- housing- market.html.

13　**醫療債務是消費者破產的首因**：Erika Giovanetti, "Medical Debt Is the Leading Cause of Bankruptcy, Data Shows: How to Reduce Your Hospital Bills," Fox Business, October 25, 2021, www.foxbusiness.com/personal-finance/medical-debt-bankruptcy-hospital-bill-forgiveness.

13　**除了最富裕的族群，一般人的結婚率**：Janet Adamy and Paul Overberg, "Affluent Americans Still Say 'I Do.' More in the Middle Class Don't," *Wall Street Journal*, March 8, 2020, www.wsj.com/articles/affluent-americans-still-say-i-do-its-the-middle-class-that-does-not-11583691336.

13　**比他們的父母在同年齡時的收入更高**："The American Dream Is Fading," Opportunity Insights, Harvard University, opportunityinsights.org/national_trends, accessed August 31, 2023.

13　**25%的Z世代**："How the Young Spend Their Money," *Economist*,

343

January 16, 2023, www.economist.com/business/2023/01/16/how- the-young-spend-their-money.

21　**通常比富裕人家的孩子血壓更高：**Gary W. Evans, "Childhood Poverty and Blood Pressure Reactivity to and Recovery from an Acute Stressor in Late Adolescence: The Mediating Role of Family Conflict," *Psychosomatic Medicine* 75, no. 7 (2013): 691–700.

第一部　自律

27　**一個關於英國消費者的研究發現：**John Gatherwood, "Self-Control, Financial Literacy and Consumer Over-Indebtedness," *Journal of Economic Psychology* 33, no. 3 (June 2012): 590–602, doi.org/10.1016/j.joep.2011.11.006.

35　**回顧了研究成功學的文獻：**Stephen R. Covey, *The 7 Habits of Highly Effective People: Powerful Lessons in Personal Change*, 30th anniversary edition (New York: Simon & Schuster, 2020), 18–19.

35　**一項針對一百二十一個研究進行的調查：**Long Ge et al., "Comparison of Dietary Macronutrient Patterns of 14 Popular Named Dietary Programmes for Weight and Cardiovascular Risk Factor Reduction in Adults: Systematic Review and Network Meta- Analysis of Randomised Trials," *BMJ* (April 1, 2020): 696, doi.org/10.1136/bmj.m696.

42　**你的身分，來自於你的習慣：**James Clear, *Atomic Habits: An Easy & Proven Way to Build Good Habits & Break Bad Ones* (New York: Avery, 2018), 36.

47　**樂透得主並沒有比控制組的一般人更快樂：**Philip Brickman et al., "Lottery Winners and Accident Victims: Is Happiness Relative?" *Journal of Personality and Social Psychology* 36, no. 8 (August 1978): 917–27, doi.org/10.1037/0022- 3514.36.8.917.

47　**後續其他研究針對不同的樂透得主：**Erik Lindqvist et al., "Long-Run Effects of Lottery Wealth on Psychological Well- Being," *Review of Economic Studies* 87, no. 6 (November 2020): 2703-26, doi.org/10.1093/restud/rdaa006.

51　**高收入與更高的幸福感有關：**Daniel Kahneman and Angus Deaton,

"High Income Improves Evaluation of Life but Not Emotional Well-Being," *Proceedings of the National Academy of Sciences of the United States of America* 107, no. 38 (September 2010): 16489–93, www.pnas.org/doi/full/10.1073/pnas.1011492107; Matthew A. Killingsworth, "Experienced Well- Being Rises with Income, Even Above $75,000 Per Year," *Proceedings of the National Academy of Sciences of the United States of America* 118, no. 4 (2021): e2016976118, www.pnas.org/doi/full/10.1073/pnas.2016976118; Matthew A. Killingsworth, Daniel Kahneman, and Barbara Mellers, "Income and Emotional Well-Being: A Conflict Resolved," *Proceedings of the National Academy of Sciences of the United States of America* 120, no. 10 (March 2023): e2208661120, www.pnas.org/doi/full/10.1073/pnas.2208661120. *See also* Aimee Picchi, "One Study Said Happiness Peaked at $75,000 in Income. Now, Economists Say It's Higher—by a Lot," CBS News Money Watch, March 10, 2023, www.cbsnews.com/news/money- happiness-study-daniel-kahneman-500000 -versus-75000 (summarizing 2023 paper).

51 **50%的快樂程度**：Espen Roysamb et al., "Genetics, Personality and Wellbeing: A Twin Study of Traits, Facets, and Life Satisfaction," *Scientific Reports* 8, no. 1 (August 2018): doi.org/10.1038/s41598-018-29881-x.

55 **最大的遺憾是：擔心太多事情**：Karl Pillemer, "The Most Surprising Regret Very Old—and How You Can Avoid It," *HuffPost*, April 4, 2013, huffpost.com/entry/how-to-stop-worrying-reduce-stress_b_2989589.

55 **萊恩・霍利得（Ryan Holiday）在《障礙就是道路》（*The Obstacle Is the Way*）中寫道**：Ryan Holiday, *The Obstacle Is the Way* (New York: Portfolio, 2014), 22.

58 **職場體能活動對生產力有實質效益**：Maryam Etemadi et al., "A Review of the Importance of Physical Fitness to Company Performance and Productivity," *American Journal of Applied Sciences* 13, no. 11 (November 2016): 1104–18, doi.org/10.3844/ajassp.2016.1104.1118.

58 **我們花愈多時間運動，就愈有目標感**：Ayse Yemiscigil and Ivo Vlaev, "The Bidirectional Relationship between Sense of Purpose in Life and Physical Activity: A Longitudinal Study," *Journal of Behavioral Medicine* 44, no. 5 (April 23, 2021): 715– 25, doi.org/10.1007/s10865-

021-00220-2.

58 **運動對憂鬱症的療癒效果比心理或藥物治療的效果高出50％：** Ben Singh et al., "Effectiveness of Physical Activity Interventions for Improving Depression, Anxiety and Distress: An Overview of Systematic Reviews," *British Journal of Sports Medicine* 57 (February 16, 2023): 1203–09, doi.org/10.1136/bjsports- 2022- 106195.

58 **運動是巔峰表現的必備條件：** Steven Kotler, *The Art of Impossible: A Peak Performance Primer* (New York: Harper Wave, 2023), 47.

59 **阻力訓練可以改善心情和記憶力：** Regarding flexibility, see: Thalita B. Leite et al., "Effects of Different Number of Sets of Resistance Training on Flexibility," *International Journal of Exercise Science* 10, no. 3 (September 1, 2017): 354–64. For other benefits, see: Suzette Lohmeyer, "Weight Training Isn't Such a Heavy Lift. Here Are 7 Reasons Why You Should Try It," NPR, September 26, 2021, www.npr.org/sections/health-shots/2021/09/26/1040577137/how-to-weight-training-getting-started-tips.

70 **善良可以降低壓力荷爾蒙：** Rollin McCraty et al., "The Impact of a New Emotional Self- Management Program on Stress, Emotions, Heart Rate Variability, DHEA and Cortisol," *Integrative Physiological and Behavioral Science* 33, no. 2 (April 1998): 151–70, doi.org/10.1007/bf02688660; Kathryn E. Buchanan and Anat Bardi, "Acts of Kindness and Acts of Novelty Affect Life Satisfaction," *Journal of Social Psychology* 150, no. 3 (May–June 2010): 235–37, doi.org/10.1080/00224540903365554; Ashley V. Whillans et al., "Is Spending Money on Others Good for Heart?" *Health Psychology* 35, no. 6 (June 2016), 574–83, doi.org/10.1037/hea0000332.

70 **我們會吃得更多：** Yao- Hua Law, "Why You Eat More When You're in Company," BBC Future, May 16, 2018, www.bbc.com/future/article/20180430- why- you- eat- more- when- youre-in-company.

70 **人類是極為擅長模仿的動物：** Nicola McGuigan, J. Mackinson, and A. Whiten, "From Over- Imitation to Super-Copying: Adults Imitate Causally Irrelevant Aspects of Tool Use with Higher Fidelity than Young Children," British Journal of Psychology 102, no. 1 (February 2011): 1–18, doi.org/10.1348/000712610x493115.

71　**模仿朋友的理財習慣**：Ad Council, "New Survey Finds Millennials Rely on Friends' Financial Habits to Determine Their Own," PR Newswire, October 30, 2013, www.prnewswire.com/news- releases/new- survey- finds-millennials-rely-on-friends-financial-habits-to-determine-their- own- 229841261.html.

73　**已婚人士的財富比單身人士高出77%**：Jay L. Zagorsky, "Marriage and Divorce's Impact on Wealth," *Journal of Sociology* 41, no. 4 (December 2005): 406– 24, doi.org/10.1177/1440783305058478.

73　**已婚人士的壽命更長**：Life expectancy: Haomiao Jia and Erica I. Lubetkin, "Life Expectancy and Active Life Expectancy by Marital Status Among Older U.S. Adults: Results from the U.S. Medicare Health Outcome Survey (HOS)," *SSM—Population Health* 12 (August 2020): 100642, doi.org/10.1016/j.ssmph.2020.100642; Lyman Stone, "Does Getting Married Really Make You Happier?" Institute for Family Studies (February 7, 2022), ifstudies.org/blog/does-getting- married- really- make- you- happier.

74　**離婚會使你的財富縮水四分之三**：Zagorsky, "Marriage and Divorce's Impact on Wealth."

74　**最常引起美國夫妻爭吵的話題，第二名就是錢**：Taylor Orth, "How and Why Do American Couples Argue?" YouGov, June 2022, today.yougov.com/society/articles/42707-how-and-why-do-american-couples-argue?.

74　**金錢觀不合的美國夫妻之中**："Relationship Intimacy Being Crushed by Financial Tension: AICPA Survey," AICPA & CIMA, February 4, 2021, www.aicpa-cima.com/news/article/relationship- intimacy- being-crushed-by-financial-tension-aicpa-survey.

74　**離婚率明顯更高**：Nathan Yau, "Divorce Rates and Income," FlowingData, May 4, 2021, flowingdata.com/2021/05/04/divorce- rates-and- income.

第二部　專注

83　**以兩百三十三位百萬富豪為對象的最新研究**：Thomas C. Corley, "I Spent 5 Years Analyzing How Rich People Get Rich—and Found There

Are Generally 4 Paths to Wealth," *Business Insider*, September 3, 2019, www.businessinsider.com/personal- finance/how- people- get- rich-paths-to-wealth.

89　**二十六歲以下的年輕人當中，只有20%的人**：Bill Burnett and Dave Evans, *Designing Your Life: How to Build a Well-Lived, Joyful Life* (New York: Alfred A. Knopf, 2016), xxiv–iv.

89　**研究年輕人志向的研究者**：Sapna Cheryan and Therese Anne Mortejo, "The Most Common Graduation Advice Tends to Backfire," *New York Times*, May 22, 2023, nytimes.com/2023/05/22/opinion/stem- women-gender-disparity.html.

91　**比較適合當愛好，而非職涯選擇**：Oliver E. Williams, L. Lacasa, and V. Latora, "Quantifying and Predicting Success in Show Business," *Nature Communications* 10, no. 2256 (June 2019): doi.org/10.1038/s41467-019- 10213-0; Mark Mulligan, "The Death of the Long Tail: The Superstar Music Economy," July 14, 2014, www.midiaresearch.com/reports/the- death-of-the- long- tail; "Survey Report: A Study on the Financial State of Visual Artists Today," The Creative Independent, 2018, thecreativeindependent.com/artist- survey; Mathias Bartl, "YouTube Channels, Uploads and Views," *Convergence: The International Journal of Research into New Media Technologies* 24, no. 1 (January 2018): 16–32, doi.org/10.1177/1354856517736979; Todd C. Frankel, "Why Almost No One Is Making a Living on YouTube," *Washington Post*, March 2, 2018, www.washingtonpost.com/news/the- switch/wp/2018/03/02/why-almost-no-one-is-making-a-living-on-youtube.

93　**契合值愈高**：Yi Zhang, M. Salm, and A. V. Soest, "The Effect of Training on Workers' Perceived Job Match Quality," *Empirical Economics* 60, no. 3 (May 2021), 2477– 98, doi.org/10.1007/s00181-020-01833-3.

93　**獎勵性神經化學物質會提升你的記憶力**：Steven Kotler, *The Art of Impossible: A Peak Performance Primer* (New York: HarperCollins, 2021), 157.

98　**它們背後的科學根據相當有限**：Adam Grant, "MBTI, If You Want Me Back, You Need to Change Too," Medium, November 17, 2015, medium.com/@AdamMGrant/mbti-if-you- want-me-back-you-need-to-changetoo- c7f1a7b6970; Tomas Chamorro- Premuzic, "Strengths-Based Coaching Can Actually Weaken You," *Harvard Business Review*, January 4, 2016, hbr.org/2016/01/strengths-based- coaching-can-actually-weaken-you.

105 **傳統工作者與創業者**：Bostjan Antoncic et al., "The Big Five Personality–Entrepreneurship Relationship: Evidence from Slovenia," *Journal of Small Business Management* 53, no. 3 (2015): 819–41, doi.org/10.1111/jsbm.12089.

105 **與愛冒險的個性相關**：C. Nies and T. Biemann, "The Role of Risk Propensity in Predicting Self- Employment," *Journal of Applied Psychology* 99, no. 5 (September 2014): 1000–9, doi.org/10.1037/a0035992.

105 **而且是天生的**：Nicos Nicolaou et al., "Is the Tendency to Engage in Entrepreneurship Genetic?" *Management Science* 54, no. 1 (January 1, 2008): 167– 79, doi.org/10.1287/mnsc.1070.0761.

106 **你會想讓二十二歲的自己**：Bill Burnett, "Bill Burnett on Transforming Your Work Life," *Literary Hub*, November 1, 2021, YouTube video, 37:11, www.youtube.com/watch?v=af8adeD9uMM.

109 **75%的全新分子藥物**：Mariana Mazzucato, *The Entrepreneurial State: Debunking Public vs. Private Sector Myths* (London: Anthem Press, 2013).

113 **20%的新創公司在第一年就會失敗**：U.S. Bureau of Labor Statistics, Business Employment Dynamics, www.bls.gov/bdm/us_age_naics_00_table7.txt.

120 **87%的新聞系畢業生**：Joshua Young, "Journalism Is 'Most Regretted' Major for College Grads," Post Millennial, November 14, 2022, thepostmillennial.com/journalism-is-most-regretted-major-for- college-grads.

127 **那隻眼鏡蛇偷渡客**：Derrick Bryson Taylor, "A Cobra Appeared Mid-Flight. The Pilot's Quick Thinking Saved Lives," *New York Times*, April 7, 2023, www.nytimes.com/2023/04/07/world/africa/snake-plane - cobra-pilot.html.

127 **GDP的44%**：Kathryn Kobe and Richard Schwinn, "Small Businesses

參考資料 349

Generate 44 Percent of U.S. Economic Activity," U.S. Small Business Administration Office of Advocacy, January 30, 2019, advocacy.sba.gov/2019/01/30/small- businesses- generate-44-percent-of-u-s-economic-activity.

127 **專利數是大公司的十五倍**：Anthony Breitzman and Patrick Thomas, "Analysis of Small Business Innovation in Green Technologies," U.S. Small Business Administration Office of Advocacy, October 1, 2011, advocacy.sba.gov/2011/10/01/analysis-of-small- business-innovation-in-green-technologies.

128 **基本上就是電氣化專案**："Electricians: Occupational Outlook Handbook," U.S. Bureau of Labor Statistics, May 15, 2023, www.bls.gov/ooh/construction- and- extraction/electricians.htm.

128 **對水電工的需求預估將出現五十萬人的缺口**：Judy Wohlt, "Plumber Shortage Costing Economy Billions of Dollars," *Ripple Effect: The Voice of Plumbing Manufacturers International* 25, no. 8 (August 2, 2022), issuu.com/pmi-news/docs/2022- august- ripple- effect/s/16499947.

128 **從事營建相關的技職工作**：Ryan Golden, "Construction's Career Crisis: Recruiters Target Young Workers Driving the Great Resignation," Construction Dive, October 25, 2021, www.constructiondive.com/news/construction- recruiters- aim-to-capitalize-on-young-workers-driving-great- resignation/608507.

130 **大城市才會衍生足夠的複雜度**：Pierre-Alexandre Balland et al., "Complex Economic Activities Concentrate in Large Cities," *Nature Human Behavior* 4 (January 2020), doi.org10.1038/s41562-019-0803-3.

131 **全球GDP有超過80％來自城市**："Urban Development," World Bank, October 6, 2022, www.worldbank.org/en/topic/urbandevelopment/overview, accessed August 2023.

131 **2022年一項針對長字輩主管的調查**：Aaron Drapkin, "41% of Execs Say Remote Employees Less Likely to Be Promoted," Tech.Co, April 13, 2022, tech.co/news/41-execs- remote- employees- less- likely-promoted; "Homeworking Hours, Rewards and Opportunities in the UK: 2011 to 2020," Office for National Statistics, April 19, 2021, www.ons.gov.uk /employmentandlabourmarket/peopleinwork/labourproductivity/articles/homeworkinghoursrewardsandopportunitiesintheuk2011

to2020/2021-04-19.

132 **寫下你的目標**：Dave Ramsey, *The Total Money Makeover Journal* (Nashville, TN: Nelson Books, 2013), 93.

133 **重點在你的系統**：James Clear, *Atomic Habits* (New York: Avery, 2018), 24.

134 **恆毅力公式經實證可預測人們**：Jennifer Bashant, "Developing Grit in Our Students: Why Grit Is Such a Desirable Trait, and Practical Strategies for Teachers and Schools," *Journal for Leadership and Instruction* 13, no. 2 (Fall 2014): 14–17, eric.ed.gov/?id=EJ1081394.

135 **天賦只是起點**：Steven Kotler, *The Art of Impossible: A Peak Performance Primer* (New York: HarperCollins, 2023), 72; see also Mae-Hyang Hwang and JeeEun Karin Nam, "Enhancing Grit: Possibility and Intervention Strategies," in *Multidisciplinary Perspectives on Grit*, eds: Llewellyn Ellardus van Zyl, Chantal Olckers, and Leoni van der Vaart (New York: Springer Nature, 2021), 77–93, link.springer.com/chapter/10.1007/978-3-030- 57389- 8_5.

138 **肯尼・羅傑斯（Kenny Rogers）那首經典歌**：Don Reid, "The Gambler," by Don Schlitz, performed by Kenny Rogers, United Artists, 1978.

138 **一本書來談放棄的智慧**：Annie Duke, *Quit: The Power of Knowing When to Walk Away* (New York: Portfolio, 2022).

139 **預測新上任執行長能否成功的最佳指標**：David J. Epstein, *Range: Why Generalists Triumph in a Specialized World* (New York: Riverhead Books, 2021).

140 **換工作的人**："Wage Growth Tracker," Federal Reserve Bank of Atlanta, www.atlantafed.org/chcs/wage-growth-tracker, accessed June 2023.

141 **工作者的年資中位數**：Craig Copeland, "Trends in Employee Tenure, 1983– 2018," *Issue Brief no. 474*, Employee Benefit Research Institute, February 28, 2019, www.ebri.org/content/trends-in-employee-tenure-1983-2018.

141 **到了2022年（相差近四十年）下降**：Bureau of Labor Statistics, "Employee Tenure in 2022," U.S. Department of Labor, September 22, 2022, www.bls.gov/news.release/tenure.nr0.htm.

參考資料　351

141 **Z世代的轉職率**：Cate Chapman, "Job Hopping Is the Gen Z Way," LinkedIn News, March 29, 2022, www.linkedin.com/news/story/job-hopping-is-the-gen-z-way-5743786.

142 **「流浪漢症候群」（hobo syndrome）一詞描述**：Sang Eun Woo, "A Study of Ghiselli's Hobo Syndrome," *Journal of Vocational Behavior* 79, no. 2 (2011): 461–69, doi.org/10.1016/j.jvb.2011.02.003.

143 **有研究指出導生制**：Lisa Quast, "How Becoming a Mentor Can Boost Your Career," *Forbes*, October 2012, www.forbes.com/sites/lisaquast/2011/10/31/how-becoming-a-mentor-can-boost-your-career.

144 **我一直有個原則**：James Bennet, "The Bloomberg Way," *Atlantic*, November 2012, www.theatlantic.com/magazine/archive/2012/11/the-bloomberg-way/309136.

147 **頂尖商學院畢業生**：Ilana Kowarski and Cole Claybourn, Find MBAs That Lead to Employment, High Salaries," *US News & World Report*, April 25, 2023, www.usnews.com/education/best-graduate-schools/top-business-schools/articles/mba-salary-jobs.

148 **你需要快速成果讓自己燃起衝勁**：Ramsey, *Total Money Makeover*, 107.

第三部　時間

158 **時間是火，我們都在其中燃燒**：Delmore Schwartz, "Calmly We Walk Through This April's Day," *Selected Poems (1938–1958): Summer Knowledge* (New York: New Directions Publishing Corporation, 1967).

168 **錯覺的菜單**：Brittany Tausen, "Thinking About Time: Identifying Prospective Temporal Illusions and Their Consequences," *Cognitive Research: Principles and Implications* 7, no. 16 (February 2022), doi.org/10.1186/s41235-022-00368-8.

169 **當我們被問到**：Tausen, "Thinking About Time."

169 **對過去表現的記憶會出現正向偏誤**：Daniel J. Walters and Philip Fernbach, "Investor Memory of Past Performance Is Positively Biased and Predicts Overconfidence," *PNAS* 118, no. 36 (September 2, 2021), www.pnas.org/doi/10.1073/pnas.2026680118.

174 **一項關於快樂的研究**：Alex Bryson and George MacKerron, "Are You

Happy While You Work?" *Economic Journal* 127, no. 599 (February 2017), doi.org/10.1111/ecoj.12269.

179 「你無法管理你無法衡量的事物」，據說是：Though Drucker strongly believed in measuring results, there's no evidence he ever actually said this. See Paul Zak, "Measurement Myopia," Drucker Institute, September 4, 2013, www.drucker.institute/thedx/measurement-myopia.

182 人們往往會低估下一週的支出：Ray Charles Howard et al., "Understanding and Neutralizing the Expense Prediction Bias: The Role of Accessibility, Typicality, and Skewness," *Journal of Marketing Research* 59, no. 2 (December 6, 2021), doi.org/10.1177/00222437211068025.

182 忘了算「預期外的花費」：Adam Alter and Abigail Sussman, "The Exception Is the Rule: Underestimating and Overspending on Exceptional Expenses," *Journal of Consumer Research* 39, no. 4 (December 1, 2012), doi.org/10.1086/665833.

191 研究指出，人們在設定儲蓄目標時：Leona Tam and Utpal M. Dholakia, "The Effects of Time Frames on Personal Savings Estimates, Saving Behavior, and Financial Decision Making," SSRN (August 2008), doi.org/10.2139/ssrn.1265095.

199 **56％的美國成年人**：Carmen Reinicke, "56% of Americans Can't Cover a $1,000 Emergency Expense with Savings," CNBC.com, January 19, 2022, www.cnbc.com/2022/01/19/56percent-of-americans-cant-cover-a-1000-emergency-expense-with-savings.html.

206 消費者金融保護局（**Consumer Financial Protection Bureau**）的官網有提供相關服務："What Is Credit Counseling," Consumer Financial Protection Bureau, www.consumerfinance.gov/ask-cfpb/what-is-credit-counseling-en-1451.

208 人們往往會誤以為自己未來的喜好：George Loewenstein, T. Donoghue, and M. Rabin, "Projection Bias in Predicting Future Utility," *Quarterly Journal of Economics* 118, no. 4 (November 2003): 1209–48, doi.org/10.1162/003355303322552784.

208 美國有**20％**的退休人士：Brent Orwell, "The Age of Re-retirement:

Retirees and the Gig Economy," American Enterprise Institute, August 3, 2021, www.aei.org/poverty-studies/workforce/the- age-of-re-retirement- retirees- and- the-gig-economy.

209　**六十五歲後離婚**："The Nation's Retirement System: A Comprehensive Re-Evaluation Is Needed to Better Promote Future Retirement Security," U.S. Government Accountability Office, October 18, 2017, www.gao.gov/products/gao-18-111sp.

210　**從意外學到的教訓**：Morgan Housel, *The Psychology of Money* (Hampshire, UK: Harriman House, 2020), 127–28.

第四部　分散投資

232　**巴菲特以100萬美元為賭注**：Warren Buffett, Berkshire Hathaway Letter to Shareholders 2017, www.berkshirehathaway.com/letters/2017ltr.pdf.

233　**巴菲特實在贏太多了**：Mark Perry, The SP 500 Index Out-Performed Hedge Funds over the Last 10 Years. And It Wasn't Even Close," American Enterprise Institute, January 2021, www.aei.org/carpe-diem/the-sp-500-index- out- performed- hedge-funds-over- the-last-10-years- and-it-wasnt- even- close.

233　**四分之三的加密貨幣交易者**：Raphael Auer et al., "Crypto Trading and Bitcoin Prices: Evidence from a New Database of Retail Adoption," BIS Working Papers, No. 1049, November 2022, www.bis.org/publ/work1049.htm.

233　**94%的大型股基金**：Burton Malkiel, *A Random Walk Down Wall Street* (New York: W. W. Norton & Company, 2023), 180.

233　**同一時間**：Malkiel, *A Random Walk Down Wall Street*, 176.

233　**只有半數的股票基金**：Brian Wimmer et al., "The Bumpy Road to Outperformance," Vanguard Research, July 2013, static.vgcontent.info/crp/intl/auw/docs/literature/research/bumpy-road-to-outperformance-TLRV.pdf.

239　**這十個人**：Robert L. Heilbroner, "The Wealth of Nations," *Encyclopedia Britannica*, www.britannica.com/topic/the-Wealth-of-Nations, accessed June 2023.

240　**以C羅與艾納斯（Al-Nassr）足球俱樂部的合約**：Fabrizio Romano, "Cristiano Ronaldo Completes Deal to Join Saudi Arabian Club Al Nassr," *Guardian*, December 30, 2022, www.theguardian.com/football/2022/dec/30/cristiano- ronaldo-al-nassr- saudi- arabia.

252　**近25兆美元**："Debt to the Penny," FiscalData.Treasury.Gov, fiscaldata.treasury.gov/datasets/debt-to-the-penny/debt-to-the-penny, accessed April 7, 2023.

263　**傳奇投資大師**："Did Benjamin Graham Ever Say That 'The Market Is a Weighing Machine'?," *Investing.Ideas's Blog*, Seeking Alpha, July 14, 2020, seekingalpha.com/instablog/50345280-investing-ideas /5471002- benjamin- graham- ever- say-market-is-weighing-machine.

269　**是最迷人的藝術**：Dina Gachman, "Andy Warhol on Business, Celebrity and Life," *Forbes*, August 6, 2013, www.forbes.com/sites/dinagachman/2013/08/06/andy-warhol-on-business-celebrity-and- life.

284　**管理階層難道以為資本支出是牙仙付掉的嗎**：Warren Buffett, Chairman's Letter, February 28, 2001, www.berkshirehathaway.com/2000ar/2000letter.html.

303　**只有8%的人申報**：Ben Casselman and Jim Tankersley, "As Mortgage-Interest Deduction Vanishes, Housing Market Offers a Shrug," *New York Times*, August 4, 2019, www.nytimes.com/2019/08/04/business/economy/mortgage- interest- deduction- tax.html.

311　**追蹤標普500的報酬率**：J. B. Maverick, "S&P 500 Average Return," Investopedia, May 24, 2023, www.investopedia.com/ask/answers/042415/what- average- annual- return-sp-500.asp.

312　**績效最好的方式**：Robert J. Schiller, "The Life-Cycle Personal Accounts Proposal for Social Security: An Evaluation," National Bureau of Economic Research, May 2005, www.nber.org/papers/w11300. See also Dale Kintzel, "Portfolio Theory, Life-Cycle Investing, and Retirement Income," Social Security Administration Policy Brief No. 2007-02.

319　**只有10%的納稅人**：Laura Saunders and Richard Rubin, "Standard Deduction 2020–2021: What It Is and How It Affects Your Taxes," *Wall Street Journal*, April 8, 2021, www.wsj.com/articles/standard- deduction-

2020-2021- what-it-is-and- how-it-affects-your-taxes-11617911161.

322 **巴菲特就曾說過一句名言**：Chris Isidore, "Buffett Says He's Still Paying Lower Tax Rate Than His Secretary," CNN Business, March 4, 2013, https:// money.cnn.com/2013/03/04/news/economy/buffett- secretary- taxes/index.html.

331 **最常犯的錯**：Ray Dalio, *Principles* (New York: Simon and Schuster, 2017).

333 **只有3%的活躍散戶**：Fernando Chague, R. De-Losso, and B. Giovannetti, "Day Trading for a Living?" June 11, 2020, papers.ssrn.com/sol3/papers.cfm?abstract_id=3423101.

333 **九成的當沖交易者**："Day Trader Demographics and Statistics in the US," *Zippia*, www.zippia.com/day-trader-jobs/demographics, accessed June 2023.

333 **年輕男性中有14%**：Gloria Wong et al., "Examining Gender Differences for Gambling Engagement and Gambling Problems Among Emerging Adults," *Journal of Gambling Studies* 29, no. 2 (June 2013): 171–89, doi.org/10.1007/s10899-012-9305-1.

延伸閱讀

我和我的團隊想透過這本書，全面地呈現如何打造財富。這是全人、整體的計劃，不是在解數學題，也不是一系列的生活小撇步。我們想探討的主題，其實都還有很多可以延伸、深入。以下的書幫助我們深入思考，也推薦給想進一步探索的你。開始盡情探索吧！

▍關於斯多葛哲學與人生技能

Allen, David. *Getting Things Done*, revised edition. New York: Penguin Books, 2015.

Cipolla, Carlo M. *The Basic Laws of Human Stupidity*. New York: Doubleday, 2021.

Clear, James. *Atomic Habits*. New York: Avery, 2018.

Covey, Stephen R. *The 7 Habits of Highly Effective People*. New York, Free Press, 1989.

Dalio, Ray. *Principles*. New York: Simon & Schuster, 2017.

Duhigg, Charles. *The Power of Habit*. New York: Random House, 2012.

Holiday, Ryan. *The Obstacle Is the Way*. New York: Portfolio, 2014.

Kotler, Steven. *The Art of Impossible*. New York: Harper Wave, 2021.

▌關於專注與職涯規劃

Bolles, Richard N. *What Color Is Your Parachute? 2022*. New York: Ten Speed Press, 2021.

Burnett, Bill, and Dave Evans. *Designing Your Life*. New York: Knopf, 2016.

Mulcahy, Diane. *The Gig Economy*. New York: AMACOM, 2016.

Newport, Cal. *So Good They Can't Ignore You*. New York: Grand Central Publishing, 2012.

Tieger, Paul D., Barbara Barron-Tieger, and Kelly Tieger. *Do What You Are*. New York: Little, Brown and Company, 1992.

▌關於財務規劃與投資

Aliche, Tiffany. *Get Good with Money*. New York: Rodale Books, 2021.

Damodaran, Aswath. *Narrative and Numbers*. New York: Columbia University Press, 2017.

Graham, Benjamin. *The Intelligent Investor*. New York: Harper & Row, 1949.

Greenblatt, Joel. *You Can Be a Stock Market Genius*. New York: Simon & Schuster, 1997.

Housel, Morgan. *The Psychology of Money*. Hampshire, UK: Harriman House, 2020.

Malkiel, Burton G. *A Random Walk Down Wall Street*, 13th edition. New York: W. W. Norton & Company, 2023.

Moss, David. *A Concise Guide to Macroeconomics*. Boston: Harvard Business School Press, 2007.

Orman, Suze. *The 9 Steps to Financial Freedom*. New York: Crown Publishers, 1997.

Ramsey, Dave. *The Total Money Makeover: A Proven Plan for Financial Fitness*. Nashville, TN: Thomas Nelson, 2003.

Robbins, Tony. *Money, Master the Game*. New York: Simon & Schuster, 2014.

天下財經 580

蓋洛威教授的人生財富課
The Algebra of Wealth

作　　者／史考特・蓋洛威（Scott Galloway）
譯　　者／廖建容
封面設計／Javick工作室
內頁排版／邱介惠
責任編輯／許　湘

天下雜誌群創辦人／殷允芃
天下雜誌董事長／吳迎春
出版部總編輯／吳韻儀
出　版　者／天下雜誌股份有限公司
地　　址／台北市 104 南京東路二段 139 號 11 樓
讀者服務／（02）2662-0332　傳真／（02）2662-6048
天下雜誌GROUP網址／http://www.cw.com.tw
劃撥帳號／01895001天下雜誌股份有限公司
法律顧問／台英國際商務法律事務所・羅明通律師
製版印刷／中原造像股份有限公司
總　經　銷／大和圖書有限公司　電話／（02）8990-2588
出版日期／2025 年 6 月 4 日第一版第一次印行
定　　價／480 元

THE ALGEBRA OF WEALTH
Copyright © 2024 Scott Galloway
Published by arrangement with author c/o Levine Greenberg Rostan Literary Agency
Complex Chinese Translation copyright © 2025
by CommonWealth Magazine Co., Ltd.
ALL RIGHTS RESERVED

書號：BCCF0580P
ISBN：978-626-7713-03-7（平裝）

直營門市書香花園　地址／台北市建國北路二段6巷11號　電話／02-2506-1635
天下網路書店　shop.cwbook.com.tw　電話／02-2662-0332　傳真／02-2662-6048
本書如有缺頁、破損、裝訂錯誤，請寄回本公司調換

國家圖書館出版品預行編目（CIP）資料

蓋洛威教授的人生財富課／史考特・蓋洛威 (Scott Galloway) 著；廖建容譯 . -- 第一版 . -- 臺北市：天下雜誌股份有限公司 , 2025.06
360 面 ; 14.8×21 公分 . -- （天下財經；580）
譯自：The algebra of wealth
ISBN 978-626-7713-03-7（平裝）

1.CST：個人理財　2.CST：財務管理　3.CST：投資
4.CST：成功法
563　　　　　　　　　　　　　　　　　114004393

天下 雜誌出版
CommonWealth
Mag. Publishing